2

Erfolgreich unterrichten durch Kooperatives Lernen

Neue Strategien zur Schüleraktivierung
Individualisierung – Leistungsbeurteilung
Schulentwicklung

Ludger Brüning/Tobias Saum

Erfolgreich unterrichten durch Kooperatives Lernen, Band 2
Neue Strategien zur Schüleraktivierung –
Individualisierung – Leistungsbeurteilung – Schulentwicklung

Autoren: Ludger Brüning, Tobias Saum

Illustrationen: Katharina Pacyna, Münster
Lektorat: Christiane Schwert, Berlin
Titelfoto: Kay Herschelmann, Berlin
Grafik: Bernd Speckin, Mülheim an der Ruhr

Neue Deutsche Schule Verlagsgesellschaft mbH
Nünningstraße 11
45141 Essen
Fon 0201 2940306
Fax 0201 2940314
Mail: info@nds-verlag.de
www.nds-verlag.de

6. Auflage 2021
ISBN 978387964312-7

Inhalt

Einleitung

Mit Freude beobachten wir, wie sich das Kooperative Lernen in Deutschland und der Schweiz stetig weiter verbreitet. Immer mehr Schulen wählen es als Schwerpunkt der Fortbildung, immer mehr Lehrerinnen und Lehrer machen die Erfahrung, dass es ihren Unterricht wirklich verändert: dass ihre Schüler besser und motivierter lernen, dass sie sich in ihrer Klasse wohler fühlen, dass ihre sozialen Kompetenzen und ihr Selbstwertgefühl gesteigert werden. Und auf der anderen Seite erfahren sie auch, dass sie beim Unterrichten stärker entlastet werden und das Unterrichten insgesamt interessanter, abwechslungsreicher und zufriedenstellender wird.

Im Zuge dieser Ausbreitung des Kooperativen Lernens tauchen immer wieder ganz bestimmte Fragen auf: Wie wird die Leistung beim Kooperativen Lernen bewertet? Wie können die Schülerinnen und Schüler beim Kooperativen Lernen individuell gefördert werden? Wie kann sich ein ganzes Kollegium auf den Weg machen, das Kooperative Lernen zu erlernen und langfristig umzusetzen? Wie verhält sich der Lehrer in den Phasen der Kooperation? Und was sagen empirische Untersuchungen zur Wirksamkeit des Kooperativen Lernens?

Auf diese Fragen sind wir in unserem ersten Band zum Kooperativen Lernen nur am Rande oder gar nicht eingegangen. Dies soll nun im vorliegenden Band geschehen. Außerdem stellen wir in den ersten beiden Kapiteln weitere Methoden und Lernarrangements vor, die sich in der Praxis als sehr erfolgreich und motivierend erwiesen haben. Die Methoden dienen einerseits der Einübung von Inhalten des Unterrichts („Gruppenturnier" und „Gruppenrallye") andererseits auch der Urteilsbildung und Argumentationsschulung („Strukturierte Kontroverse"). Ein weiterer Schwerpunkt liegt auf der Begriffsbildung und Denkschulung („Concept Formation" und „Concept Attainment"). Für Schüler, die im Kooperativen Lernen schon weiter fortgeschritten sind, stellen wir die Methode „Projekte in Kleingruppen" vor. Sie bietet den Schülern die Möglichkeit der freieren Kooperation und des selbstgesteuerten Lernens in Gruppen.

Der Aufbau der Kapitel, in denen Methoden und Lernarrangements dargestellt werden, entspricht dem des ersten Bandes: Wir beginnen mit einer Übersicht der Aspekte, um die es in dem Kapitel geht, und stellen diese auch in einer grafischen Struktur dar. So können Sie sich schnell einen Überblick über das Kapitel verschaffen. Danach können Sie beim „Blick ins Klassenzimmer" sehen, wie die Methode, um die es geht, praktisch in einem unterrichtlichen Zusammenhang angewendet wird.

Nach dem „Blick ins Klassenzimmer" stellen wir dann den Ablauf der Methode Schritt für Schritt vor, so dass Sie die Beschreibung mit in Ihren Unterricht nehmen und direkt umsetzen können. Anschließend berichten wir, was sich bei der Durchführung bewährt hat, stellen Ideen vor, wie die Methode eingeführt und variiert werden kann, und listen einige exemplarische Möglichkeiten auf, wo sie im Unterricht eingesetzt werden kann. Eine Übung und weiteres Zusatzmaterial runden dann jeweils die Darstellungen der Methoden ab.

Wir freuen uns, hier diesen zweiten Band zum Kooperativen Lernen vorlegen und damit das Bild des Kooperativen Lernens abrunden zu können. Wir wünschen Ihnen viel Erfolg beim Umsetzen des Konzepts und viel Freude im Land des Kooperativen Lernens.

Unser besonderer Dank gilt Katharina Pacyna für ihre wunderbaren Illustrationen, Christiane Schwert für ihr engagiertes Lektorat und Herrn Speckin für seine professionelle Grafik.

1. Die Vielfalt des Kooperativen Lernens

„Denken – Austauschen – Vorstellen" ist das Grundprinzip des Kooperativen Lernens.[1] Dieses Grundprinzip wird in einer Fülle verschiedener Methoden ausdifferenziert. Manche führen die Schüler stärker, andere geben ihnen mehr Freiraum. Sie dienen unterschiedlichen Zwecken und fördern das Lernen auf verschiedenen kognitiven Ebenen.

In zahlreichen Studien ist festgestellt worden, dass drei dieser Methoden besonders wirksam sind: das Gruppenturnier, die Gruppenrallye und die Strukturierte Kontroverse. Dies deckt sich mit unseren Erfahrungen. Wir setzen sie in unserem Unterricht vielfach und mit positiver Rückmeldung der Schüler ein. Sie sind eine Bereicherung für den Unterrichtsalltag. Daher werden wir diese Methoden ausführlich und praxisorientiert vorstellen.

An diesen drei Methoden wird besonders deutlich, dass das Kooperative Lernen für ganz verschiedene Unterrichtsziele eingesetzt werden kann: Während Gruppenturnier und Gruppenrallye hervorragend geeignet sind, Wissen nachhaltig zu verankern, schult die Strukturierte Kontroverse vor allem die Fähigkeiten des Perspektivwechsels und des Argumentierens.

Wir stellen in diesem Kapitel aber auch noch weitere, weniger bekannte Methoden des Kooperativen Lernens vor. Sie sind vor allem dadurch gekennzeichnet, dass sie weniger stark strukturiert sind. Auch diese Methoden haben teilweise spezifische Anwendungsbereiche.

So wird es Ihnen möglich sein, Ihren persönlichen Werkzeugkoffer für guten Unterricht zu erweitern. Sie werden nach der Lektüre des Kapitels sicher Lust verspüren, die eine oder andere Methode im eigenen Unterricht zu erproben. Dabei werden Sie bestimmt auch die Wirkungen feststellen, die die Forschung für das Kooperative Lernen insgesamt herausgefunden hat:[2]

1. Die fachlichen Leistungen der Schüler werden enorm gesteigert.
2. Die Beziehungen der Schüler untereinander werden verbessert.
3. Die Schüler fühlen sich in der Schule wohler, ihre sozialen Kompetenzen und ihr Selbstwertgefühl werden erhöht.

[1] Dies haben wir in den ersten drei Kapiteln in „Erfolgreich unterrichten durch Kooperatives Lernen, Bd. 1" ausführlich dargestellt. Vgl. im vorliegenden Band auch Kap 6.

[2] Vgl. S. 150 in diesem Band.

1.1 Das Gruppenturnier

In diesem Kapitel ...

- machen wir Sie mit einer von David DeVries und Keith Edwards 1973 entwickelten Unterrichtsmethode, dem Gruppenturnier, bekannt. Sie wirkt auf fast alle Schülerinnen und Schüler sehr motivierend und führt zu hervorragenden Lernergebnissen.
- erläutern wir die Funktion des Gruppenturniers: Es wird eingesetzt, wenn Unterrichtsinhalte bereits erarbeitet wurden und gefestigt werden sollen.
- soll deutlich werden, dass sich die Freude am gegenseitigen Sich-Messen, am Wettkampf auch für nachhaltiges Lernen in der Klasse nutzen lässt und mehr ist als eine spielerische Auflockerung.

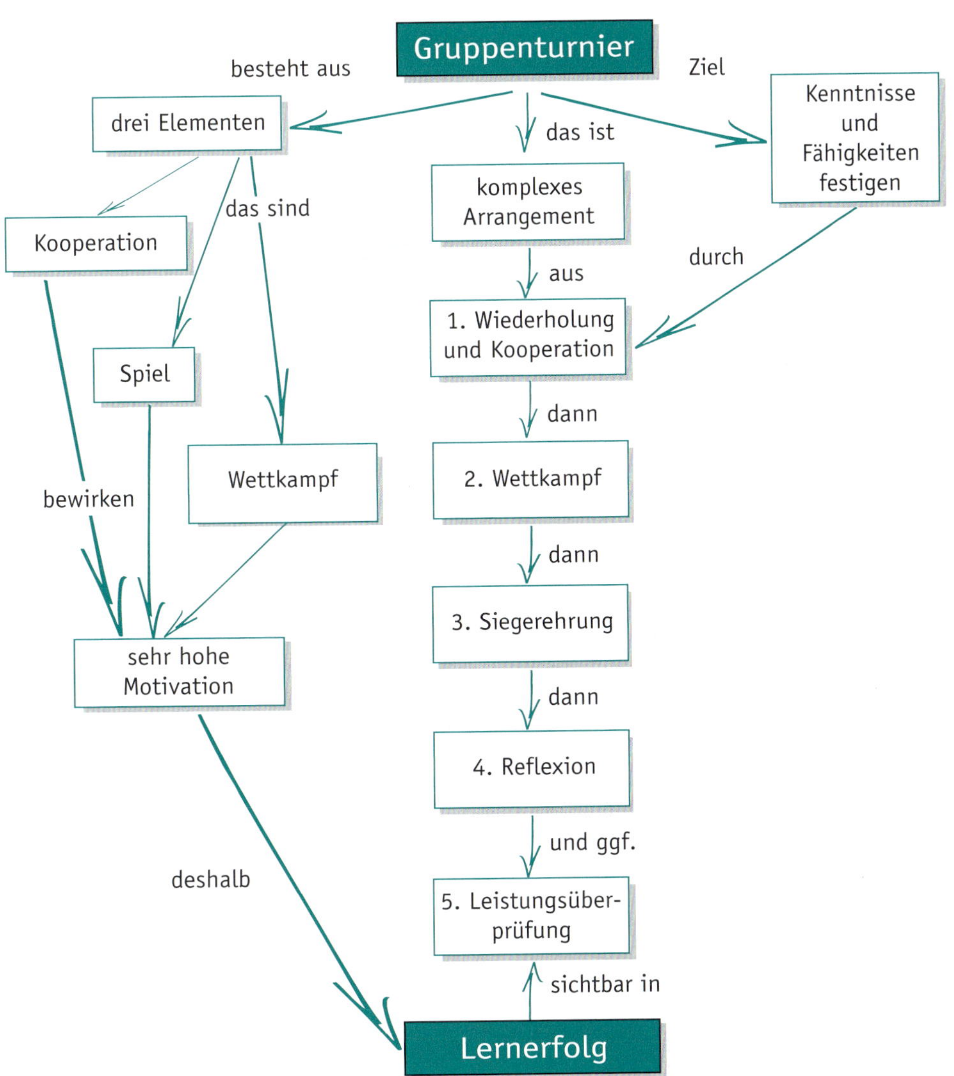

1.1.1 Ein Blick in die Pausenhalle

Patrik Schneider hat Aufsicht in der großen Pausenhalle einer Gesamtschule in Hagen. Er beobachtet Julian, den er in Englisch unterrichtet. Julian geht in die 8. Klasse. Er sitzt mit einer Mitschülerin während der Mittagspause am Rand der Pausenhalle und wiederholt Inhalte aus dem Chemieunterricht. Dazu hat seine Mitschülerin ihr Heft und das Fachbuch auf den Knien. Immer wieder blickt sie auf und stellt Julian einzelne Fragen, die er beantworten muss. Offensichtlich wechseln sich beide ab, denn die Unterlagen wechseln zwischen den Schülern. Sie sind sehr konzentriert und nehmen die vielen Schüler in der Pausenhalle kaum wahr.

Interessiert spricht Patrik Schneider die beiden an und fragt, warum sie denn so eifrig lernen. Sie antworten, dass sie sich auf die nächste Stunde im Fach Chemie vorbereiten. Dort werden sie wieder eine Runde im Gruppenturnier durchführen, bei dem sie augenblicklich den dritten Platz einnehmen. Diesen möchten sie auf jeden Fall verteidigen. Da Herr Schneider sich unter dem Gruppenturnier nichts vorstellen kann, erklären die beiden das Vorgehen. Bei dem Gruppenturnier würden sich alle Schüler gegenseitig an Tischgruppen abfragen und für die richtigen Antworten Punkte bekommen, die sie in ihrem Team zu einem Gesamtergebnis addieren. Die Punkte würden in eine Tabelle eingetragen. Julian berichtet, dass es im Chemieunterricht augenblicklich um „Stoffe und ihre Eigenschaften“ gehe, er sich die vielen Fakten, aber auch Vokabeln – was Herr Schneider ja wüsste – nur schwer merken könne. Deshalb würden sie sich jetzt noch einmal gegenseitig abfragen. So könne er viel mehr behalten und im Wettkampf für seine Tischgruppe viele Punkte erzielen. Nachdem Patrik Schneider wieder den Blick durch die Pausenhalle schweifen lässt, wenden sich Julian und seine Partnerin erneut den Unterlagen zu.[3]

1.1.2 Einführung

Das von David DeVries und Keith Edwards entwickelte Gruppenturnier wird im englischen Sprachraum „Teams – Games – Tournament“, kurz TGT genannt. Diese Bezeichnung ist darauf zurückzuführen, dass in dieser Methode Schüler in Gruppen (Teams) spielerisch (Games) lernen und danach in einen Wettkampf (Tournament) mit anderen Gruppen treten.[4] In der Regel schließt das Gruppenturnier eine Unterrichtssequenz ab. Wenn die Schülerinnen und Schüler wie im obigen Beispiel aus dem Chemie-Unterricht das Thema „Stoffe und ihre Eigenschaften“ behandelt haben, dann können sie ihr dort erworbenes Wissen im Gruppenturnier wiederholen und festigen (vgl. S. 17). Wir waren anfänglich immer wieder verwundert, wie viele Schüler in den Tests nach dem Gruppenturnier überraschend gute Leistungen erbracht haben. Vermutlich wird es Ihnen ähnlich ergehen.

Kommentar

Offensichtlich war Patrik Schneider überrascht, wie engagiert beide Schüler in ihrer Pause gelernt haben. Das ist nicht die Regel, zumal hier weder Test noch Arbeit bevorstand. Unterrichtende, die das Gruppenturnier in ihrem Unterricht einsetzen, berichten allerdings immer wieder von ähnlichen Beobachtungen. Die Schülerinnen und Schüler entwickeln einen mitunter zuvor nicht gezeigten Ehrgeiz und erzielen sowohl in den Wettkämpfen als auch in den sich anschließenden individuellen Leistungsüberprüfungen erstaunliche Lernfortschritte.

1.1.3 So geht es

Bevor das Turnier beginnt, erhalten alle Schüler zunächst Gelegenheit, zu wiederholen, was sie gelernt haben – zuerst in Einzelarbeit und dann in ihrer Gruppe. Das kann in Partner- aber auch in Gruppenarbeit geschehen. Wenn Sie Karten für das Turnier vorbereitet haben, auf denen die Fragen und Antworten stehen, dann bekommen die Schüler diese bereits jetzt. Denn sie sind das ideale Übungsmaterial. Damit können die Schülerinnen und Schüler die Inhalte, die sie beherrschen müssen, lernen und sich dann wechselseitig abfragen – als Probelauf des eigentlichen Turniers. Dabei berichtigen sie sich gegenseitig oder verraten

[3] Der „Blick ins Klassenzimmer“ basiert (manchmal leicht abgewandelt) in der Regel auf unserem eigenen Unterricht. Bei Fächern, die wir nicht unterrichten, haben wir in Rücksprache mit Fachkollegen Stunden entwickelt, die so in diesen Fächern gehalten werden könnten. Die Namen der unterrichtenden Kolleginnen und Kollegen sind immer erfunden.

[4] Vgl. DeVries/Mescon/Shackman 1975, S. 1f.

sich ihre Eselsbrücken und Merkhilfen. Als Abschluss dieser Phase kann noch eine kurze Einzelarbeit folgen, in der jeder die Möglichkeit hat, seine Wissenslücken zu schließen.

Dann geht es in die Wettkampfgruppen. Dort muss jeder seine Kenntnisse unter Beweis stellen. Damit es kein großes Durcheinander gibt, wenn die Schüler ihre Wettkampfgruppen suchen, schlagen wir folgendes Verfahren vor: Nummerieren Sie die Tische und geben Sie den Schülern jeder Gruppe im Uhrzeigersinn Buchstaben von A bis D. Schüler A geht dann einen Tisch weiter, Schüler B geht zwei Tische weiter etc. Der letzte Schüler bleibt am Tisch. In den Wettkampfgruppen sitzen jetzt Schüler aus vier verschiedenen Stammgruppen. In der Mitte des Tisches liegt der neu gemischte Stapel mit den Fragen, die zuvor eingeübt worden sind. Der Wettkampf beginnt, indem Schüler A die erste Frage stellt. Die Schüler B bis D schreiben ihre Lösungen auf. Schüler A liest danach die richtige Lösung vor und die anderen Schüler prüfen ihre Lösung. Für eine richtige Antwort kann sich jeder geprüfte Schüler einen Punkt notieren. Die Rolle des Prüfers wechselt bei jeder neuen Frage im Uhrzeigersinn: Jetzt stellt Schüler B die Frage und die anderen notieren ihre Lösungen. Dieses Vorgehen ist sehr effektiv, da immer drei Schüler gleichzeitig nachdenken. Wenn alle die vorgegebene Anzahl von Fragen beantwortet haben, ist die Wettkampfphase beendet und die Schüler gehen zurück in ihre Stammgruppen. Dort teilt jeder seine Punktzahl mit. Alle Punkte werden zu einem Gesamtergebnis addiert. Anschließend werden die Ergebnisse in der Klasse vorgestellt und die Sieger geehrt.

Eine Gelingensbedingung erfolgreicher Kooperation ist die Reflexion über den zurückliegenden Lernprozess. Daher erscheint es sinnvoll, dass die Schülerinnen und Schüler nach dem Turnier in Einzelarbeit darüber nachdenken, wie sie gelernt haben, was für sie hilfreich und was eher hinderlich war. Wenn die Schüler ein Lerntagebuch führen, können sie ihre Überlegungen hier eintragen. Die Ergebnisse können dann in der Gruppe ausgetauscht und anschließend kurz im Plenum vorgestellt werden. In einer der nächsten Stunden nach dem Gruppenturnier kann noch eine individuelle Leistungsüberprüfung erfolgen, zum Beispiel in Form eines Tests. Denn beim Kooperativen Lernen sollen die Schüler zwar gemeinsam lernen; aber am Ende muss jeder alleine zeigen, was er kann.

TIPP!

Es ist mit dem Gruppenturnier wie mit einem Gesellschaftsspiel: Was anfänglich kompliziert erscheint und den häufigen Blick in die Spielanleitung erfordert, wird schon nach dem ersten Durchgang ganz einfach.

Übersicht

Gruppenturnier

Wiederholung und Festigung der Inhalte

1. Die Schüler eignen sich zunächst in Einzelarbeit das geforderte Wissen an. Dazu bekommen sie entweder Aufgabenblätter mit Lösungen oder greifen auf ihre Aufzeichnungen aus dem Unterricht zurück.

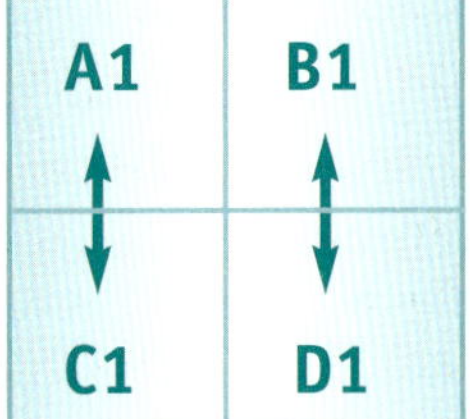

2. Innerhalb der Teams fragen sich immer zwei Partner im Wechsel ab. Hier ist Gelegenheit, sich gegenseitig zu unterrichten.

3. In einem Testlauf fragt ein Teammitglied die drei anderen Schüler der Gruppe ab. Wenn hier jemand eine Frage nicht beantworten kann, erklären die Schüler sich gegenseitig die Aufgabe und ihre Lösung.

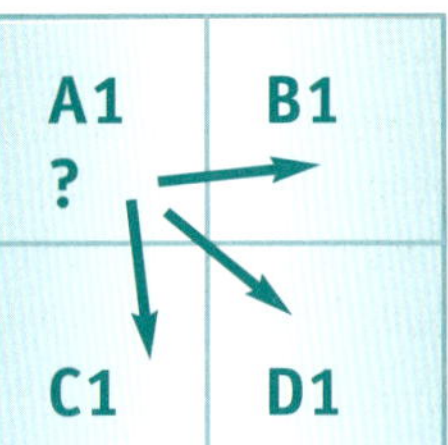

4. Jeder Schüler nimmt das Themengebiet noch einmal in den Blick und schließt für sich letzte Wissenslücken.

Wettkampf

5. Vorbereitung:

- Jeder Gruppentisch bekommt eine Nummer. Jeder Schüler sollte die Tischnummerierung kennen. Tischkarten mit Nummer sind anfänglich hilfreich.
- Die Schüler bilden Wettkampfgruppen und setzen sich dazu neu zusammen: Schüler A geht einen Tisch weiter, Schüler B zwei Tische, Schüler C drei Tische. Schüler D bleibt an seinem Tisch.
- In den neuen Wettkampfgruppen gibt es jetzt rotierende Rollen: Prüfer, Geprüfte und Protokollant.

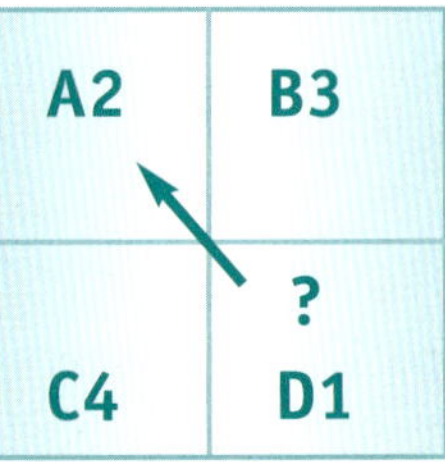

6. Durchführung:

- Ein Schüler zieht eine Karte und liest die Frage vor. Alle anderen schreiben eine Antwort auf. Dann liest der Schüler die Antwort vor und es wird überprüft, welche Antworten richtig sind. Diese Schüler bekommen dann einen Punkt.
- Ein Schüler führt die Protokollliste und notiert die Punkte.
- Nun zieht der nächste Schüler im Uhrzeigersinn eine Frage und stellt sie usw.
- Das Turnier endet, wenn jeder die vom Lehrer vorgegebene Anzahl von Fragen beantwortet hat. Dann zählt jeder seine Punkte zusammen.

Auswertung

7. Die Schüler gehen jetzt in ihre Stammgruppen zurück, in denen sie ursprünglich gelernt haben. Dort werden die erzielten Punkte der Teammitglieder zum Gruppenergebnis addiert.

8. Eine Siegerehrung in der Klasse schließt das Gruppenturnier ab.

Reflexion

9. Wir empfehlen, dass die Schüler danach noch ihre Erfahrungen in den Blick nehmen: Wie habe ich mit der Methode gelernt? Was hat mich motiviert? Was hat mir geholfen? Wo hatte ich Probleme?

1.1.4 Was hat sich bei der Durchführung bewährt?

- **Zeitvorgaben sind hilfreich:** Vor allem bei einfachen Wissensfragen sind Zeitvorgaben sehr sinnvoll. Vokabeln sollten innerhalb von 15 Sekunden genannt werden können. Komplexe Aufgaben benötigen mehr Zeit. Geben Sie hier einen den Aufgaben angemessenen Zeitraum vor, der maximal in Anspruch genommen werden darf.
- **Die Inhalte müssen bereits sachlich richtig eingeführt sein:** Wichtig ist, dass die eigentlichen Inhalte vor dem Gruppenturnier bereits erarbeitet worden sind. Sonst kann es passieren, dass sich die Schülerinnen auf sehr effektive Weise Falsches vermitteln und einprägen. Wenn Sie die Fragen und Antworten vorgeben und die Schülerinnen und Schüler diese bereits in den Stammgruppen zum Lernen verwenden können, besteht diese Gefahr nicht.
- **Materialgrundlage:** Die Antworten auf die Fragen müssen eindeutig sein, damit es in der Gruppe keine Diskussionen gibt, wer für welche Antwort einen Punkt bekommt. Daher müssen Schüler die Testfragen mit Lösungen bekommen, wie dies auch in unserem Beispiel aus dem Chemieunterricht der Fall ist (vgl. S. 17). Diese Fragen können Sie am Computer in einer Tabelle anlegen, so dass links die Frage und rechts die Antwort steht. Wenn die Schüler in den Gruppen die Aufgaben ausschneiden, müssen sie die Antwort nur auf die Rückseite klappen und mit einem Klebestift fixieren. Oder Sie erstellen Karten, auf deren Rückseite sich die Antwort befindet.
- **Vorsicht in Klassen mit Außenseitern:** Wenn Sie das Kooperative Lernen bereits zum festen Bestandteil Ihres Unterrichts gemacht haben, werden Sie bestätigen, dass es das Sozialverhalten der Schülerinnen und Schüler positiv beeinflusst und langfristig zu einem freundlichen Miteinander innerhalb der Klasse beiträgt. Wenn aber in einer Klasse bislang wenig kooperativ gearbeitet wird und der Umgang der Schüler miteinander durch ein geringes Maß an Akzeptanz und Anerkennung gekennzeichnet ist, kann das Gruppenturnier den Druck auf schwache Schüler erhöhen. Die Schüler müssen erkennen, dass sie in positiver Weise voneinander abhängig sind. Sehen sie das nicht, besteht das Risiko, dass sie die schwachen Schüler in ihrer Stammgruppe für ihr schlechtes Gruppenergebnis verantwortlich machen – anstatt zu erkennen, dass jedes Gruppenmitglied dafür Sorge tragen muss, dass die anderen den Stoff beherrschen. Hier empfiehlt sich die Gruppenrallye (vgl. S. 21), bei der gerade die schwachen Schüler viele Punkte sammeln können.
- **Sehr geeignet, wenn es Disziplinprobleme gibt:** Auf der anderen Seite erweist sich das Gruppenturnier als hervorragende Strategie der Klassenführung, wenn zum Beispiel die Schüler-Lehrer-Beziehung problematisch ist.[5] Denn aufgrund der hohen motivierenden Wirkung der Methode disziplinieren sich die Schüler sehr stark selber. Nicht selten führt das Gruppenturnier dazu, dass das Unterrichten leichter wird, da die Schüler bereits die nächste Wettkampfrunde und ihren eigenen Lernfortschritt im Auge haben.
- **Langfristig einsetzen:** Wenn Sie Themengebiete haben, die viele einzelne Detailkenntnisse verlangen oder Sie im Unterricht immer wieder neu Wissensgebiete bearbeiten lassen müssen, dann können mehrere Wettkämpfe im Verlauf mehrerer Wochen oder Monate durchgeführt werden. Dazu erhalten die Schüler einen Auswertungsbogen. Unsere Kopiervorlage (vgl. S. 16) ist so angelegt, dass in ihr insgesamt fünf Wettkampfrunden eingetragen und dabei immer 20 Fragen gestellt werden können. Vielleicht hängen Sie dazu einen Bogen in der Klasse auf, auf dem Sie die Ergebnisse der einzelnen Wettkämpfe dokumentieren. Die Schüler können so verfolgen, wann sie besonders gut waren und viele Punkte bekommen haben. Das erhöht die Motivation. Am Halbjahresende, nach mehreren Wettkämpfen können Sie einen Gesamtsieger ermitteln und besonders ehren.
- **Flexibel unterrichten:** Aus der Lernforschung wissen wir, dass komplexe Anforderungen ohne solide Wissensbasis nicht zu bewältigen sind.[6] Daher hat die Aneignung von Grundwissen eine unbestreitbare Funktion für erfolgreichen Unterricht. Dennoch darf, auch wenn das Gruppenturnier zum festen Bestandteil Ihres Unterrichts geworden ist, nicht aus den Augen verloren werden, dass immer auch höhere kognitive Anforderungen zum Ziel des Unterrichts gemacht werden müssen. Gerade das Gruppenturnier kann dazu verleiten, zum Beispiel im Geschichtsunterricht der Sekundarstufe I, nur noch (historisches) Faktenwissen zu ver-

[5] Vgl. zum Beispiel den Erfahrungsbericht von Gerecke/Opitz 2008.

[6] Vgl. Funke/Zumbach 2006, S. 209.

mitteln und die höheren kognitiven Lernziele aus dem Blick zu verlieren. Guter Unterricht zeichnet sich aber gerade durch einen variablen Einsatz unterschiedlicher Lern-Lehr-Arrangements aus, so dass die Schülerinnen vor dem Hintergrund solider Kenntnisse Einzeldaten zusammenfassen, reorganisieren und dann beurteilen können. Als Unterrichtsprofi haben Sie dazu ein ganzes Bündel an Möglichkeiten, die Sie gezielt und situationsangemessen einsetzen können. Das Gruppenturnier ist dabei ein Mosaikstein von vielen.

1.1.5 Wie können Sie das Verfahren variieren?

- **Alle schreiben gleichzeitig:** Wenn die Fragen auf Karten sind und die Antworten auf der Rückseite, dann kann so verfahren werden: Schüler A hebt eine Karte auf und liest die Frage vor. Danach schreiben alle vier Schüler die Antwort auf. Dann dreht Schüler A die Karte um und liest die Lösung vor. Wer die Frage richtig beantwortet hat, gibt sich einen Punkt. Die nächste Frage kann Schüler B vorlesen und so weiter im Uhrzeigersinn. Geht es hingegen um Aufgaben, deren Lösung der vorlesende Schüler sehen kann, kann dieser natürlich keine Punkte sammeln. Das ist zum Beispiel der Fall, wenn er im Deutschunterricht einzelne Wörter des Grundwortschatzes diktiert oder wenn er im Atlas den Ländernamen zuhält, den die anderen benennen sollen. Dann ist es notwendig, dass diese Rolle im Uhrzeigersinn rotiert.
- **Zahl der Wettkampffragen:** Je komplexer das Themengebiet, desto weniger Prüfungsfragen sollten es sein. Wenn mathematische Aufgaben zu lösen sind, dann reichen mitunter zwei bis drei Aufgaben pro Schüler. Werden hingegen einfache Wissensfragen gestellt, z. B. Vokabeln abgefragt, dann kann jeder Schüler durchaus 20 Prüfungsfragen vorgelegt bekommen.
- **Dreier-Gruppen:** Wichtig ist, dass jede Stammgruppe dieselbe Gesamtpunktzahl erreichen kann. Dreier-Gruppen addieren einfach ihre Punkte, teilen die Summe durch drei und multiplizieren sie mit vier. Diese Punktzahl ergibt dann die Punkte, die sie mit einer vierten Person erzielt hätten. Vielleicht halten Sie einen Taschenrechner bereit.
- **Hausaufgaben:** Die Einzelarbeit kann auch in die Hausaufgaben verlagert werden. Dies empfiehlt sich aber erst, wenn die Schüler bereits mit dem Gruppenturnier vertraut sind.
- **Schüler formulieren ihre Prüfungsfragen:** Das Unterrichtsarrangement wird nachhaltiger, aber auch komplexer, wenn die Schüler am Ende einer Unterrichtseinheit selber Fragen mit Musterantworten entwickeln. Sie müssen diese dann nur noch überprüfen. Dieses Vorgehen gibt dem Unterrichtenden gleichzeitig eine Rückmeldung darüber, was die Schülerinnen und Schüler verstanden haben. Die geprüften Fragen und Antworten können die Schüler in den Computer übertragen und fertig sind die Kopiervorlagen.

1.1.6 Wie können Sie die Methode einführen?

- **Positive Abhängigkeit:** Erklären Sie, dass die Partner voneinander abhängig sind. Damit die Stammgruppe im Turnier erfolgreich ist, muss die Gruppe dafür sorgen, dass alle Mitglieder möglichst kenntnisreich in das Turnier gehen. Ein Hinweis auf Fairness in sportlichen Wettbewerben, die vieles mit dem Gruppenturnier gemeinsam haben, ist sehr hilfreich.
- **Erklären Sie das Vorgehen im Überblick:** Das Gruppenturnier ist eine recht komplexe Unterrichtsmethode. Geben Sie daher zunächst einen Überblick über das Vorgehen; gehen Sie allerdings noch nicht auf Details ein, da dies erfahrungsgemäß zu Verwirrung führt. Konzentrieren Sie sich auf die Hauptschritte. Führen Sie dann Ihre Schülerinnen und Schüler Schritt für Schritt durch die einzelnen Phasen. Achten Sie darauf, dass alle Schüler Ihre Erklärungen und Anweisungen verstanden haben. Ein Check ist hier hilfreich: „Jeder überlegt noch einmal, was er gleich tun soll. In 30 Sekunden rufe ich einen von euch auf, der der Klasse das Vorgehen noch einmal erklären muss."
- **Demonstrieren Sie die Wettkampfsituation:** Gerade wenn Sie die Methode einführen, sollten Sie mit drei Schülern die Wettbewerbsphase vor der Klasse demonstrieren. Erst wenn die Schülerinnen und Schüler sehen, wie sie sich in dieser Phase verhalten sollen, werden sie sich anschließend auch richtig verhalten können.[7]

[7] Vgl. Band 1, S. 162.

1.1.7 Warum ist das Gruppenturnier lernwirksam?

Sicher haben Sie vielfach beobachten können, dass die Schüler bei sportlichen Wettkämpfen, bei denen Teams gegeneinander antreten, sehr engagiert sind und sich innerhalb der eigenen Teams gegenseitig unterstützen, um zu gewinnen. Jeder ist daran interessiert, dass die anderen Teammitglieder ihre Aufgabe gut machen, denn nur dann können alle erfolgreich sein. Beim Gruppenturnier wird dieser Ehrgeiz in den Klassenraum übertragen. Die Schüler stellen in einem Wettbewerb unter Beweis, welche Gruppe in der Klasse ein Themengebiet am besten beherrscht. Dazu bringen sie jedes Mitglied der eigenen Gruppe dahin, dass es in dem Themengebiet möglichst sicher ist. Denn nur dann kann das eigene Team gewinnen. Dies führt zu sehr engagiertem Arbeiten, bei dem nicht nur jeder auf seinen eigenen Fortschritt, sondern auch auf den der anderen achtet.

Aus der wechselseitigen Abhängigkeit entsteht eine intensive Kooperation, in der sich die Schüler gegenseitig unterrichten. Das wirkt sich sowohl auf leistungsstarke als auch auf leistungsschwache Schüler positiv aus. Sie verbessern sowohl ihre sozialen als auch ihre fachlichen Kompetenzen. Der leistungsschwache Schüler profitiert von den Erläuterungen des leistungsstarken Schülers. Dieser wiederum durchdringt den Sachverhalt erneut, wenn er ihn erklärt. Wir können immer wieder beobachten, dass auch leistungsschwache oder am Thema eigentlich nicht interessierte Schülerinnen und Schüler sehr motiviert sind, sich gut vorbereiten und beachtliche Lernfortschritte zeigen. Kurz: Auch diese Form der Gruppenarbeit ist in hohem Maße schüleraktivierend und damit lernwirksam.[8]

Die Forschung hat gezeigt, dass das Gruppenturnier, wie das Kooperative Lernen insgesamt, positive Auswirkungen auf den Lernzuwachs, die sozialen Kompetenzen und das Selbstkonzept der Schülerinnen und Schüler hat. Dabei spielt eine zentrale Rolle, dass die Schüler wahrnehmen, am Erfolg der Gruppe maßgeblich Anteil haben zu können und im Umkehrschluss auch erkennen, dass der Erfolg in der Gruppe wieder positiv auf sie selbst zurückwirkt.[9] Durch die hohe motivierende Wirkung und die damit verbundenen Erfolge machen fast alle Schülerinnen und Schüler Könnenserfahrungen, die sich wiederum in ihrem Selbstkonzept positiv niederschlagen. Vor diesem Hintergrund ist es auch nicht verwunderlich, dass fast alle Schüler durch die Methode angeregt werden, sich mit Unterrichtsgegenständen zu beschäftigen, die sie sonst weniger interessieren würden.

Link

Lesen Sie doch die Ausführungen zur Taxonomie von Arbeitsaufträgen bzw. zu ihrem Anspruchsniveau in Band 1, S. 161.

TIPP!

Es ist selbstverständlich, dass Ihr Unterricht nur dann erfolgreich sein wird, wenn die Lehr-Lern-Arrangements, die Sie wählen, zu Ihnen passen. Sollten Sie noch Vorbehalte gegen das Gruppenturnier haben, so werden Sie sicher noch viele andere Unterrichtsmethoden kennen, die Ihren Unterricht bereichern. Wir setzen die Methode aber gezielt ein und freuen uns nicht nur über den deutlichen Lernzuwachs, sondern auch über die vielen positiven Rückmeldungen unserer Schülerinnen und Schüler. Vielleicht probieren Sie es einfach einmal aus.

1.1.8 Konkurrenz – eine hässliche Seite im Unterricht?

Wer den Wettkampf beim Gruppenturnier ablehnt, sollte bedenken, dass im klassischen Frontalunterricht fast grundsätzlich eine Konkurrenzsituation herrscht, denn es kann immer nur ein Schüler gleichzeitig vom Unterrichtenden aufgerufen werden. Nur wenn dieser Schüler dann eine falsche Antwort gibt, können die anderen hoffen, ihr Wissen noch zeigen zu dürfen. Diese – im Bewusstsein der meisten Lehrerinnen und Lehrer kaum wahrgenommene – Form der Konkurrenz gibt es beim Kooperativen Lernen und auch beim Gruppenturnier kaum.[10] Denn hier geht es vor allem um wechselseitiges Lernen, da nur dann die Teams erfolgreich sein können.

[8] Vgl. Slavin 1999, S. 5f.

[9] Vgl. DeVries/Mescon/Shackman 1975, S. 3f.

[10] Vgl. Wellenreuther 2004, S. 375. Johnson/Johnson 1999, S. 127ff., unterscheiden die positive von der negativen wechselseitigen Abhängigkeit. Während bei ersterer die Abhängigkeit darin besteht, nur miteinander erfolgreich sein zu können, ist bei letzterer der Erfolg nur dann möglich, wenn die anderen Schüler weniger erfolgreich sind. Näheres dazu finden Sie in Kap. 7.

1.1.9 Wann können Sie das Gruppenturnier einsetzen?

- **Es geht in jeder Jahrgangsstufe:** Es gibt im Grunde keine Einschränkungen hinsichtlich des Alters der Schüler. Wir setzen das Gruppenturnier in unserem Unterricht von Jahrgang 5 bis 13 ein. Und auch in der Lehrerfortbildung lässt es sich sehr gut durchführen. Viele Teilnehmer unserer Fortbildungen berichten, dass es sich hervorragend für den Unterricht in der Grundschule eignet.
- **Es geht in allen Fächern:** Das Gruppenturnier kann in allen Fächern eingesetzt werden. Es ist immer dann lernförderlich, wenn das Wissensgebiet oder der Unterrichtsgegenstand präzise einzugrenzen ist und die Fragen eine eindeutige und präzise Antwort erlauben. Kurz gesagt ist es immer dann gut einzusetzen, wenn es um Wissen und seine Anwendung geht.
  - **Fremdsprachen:** Vokabeln, Grammatik und Rechtschreibung
  - **Deutsch:** Grammatik und Rechtschreibung, Fachbegriffe
  - **Geschichte:** Daten, Fakten und Ursache-Wirkungs-Zusammenhänge
  - **Geografie:** Orientierungswissen (Städte, Länder, Hauptstädte usw.)
  - **Mathematik:** Anwendung von überschaubaren Rechenoperationen
  - **Musik:** Allgemeine Musiklehre (Notenschrift, Tonleitern und Intervalle, Akkorde etc.)
  - **Chemie:** Stoffe und ihre Eigenschaften, Periodensystem
  - **Sport:** Handstand und Flugrolle

  Nur noch bedingt einsetzbar ist das Gruppenturnier, wenn es um komplexere kognitive Operationen geht, wie sie in Analyse-, Synthese- oder Beurteilungsaufgaben verlangt werden.
- **Vor allem zum Üben und Wiederholen:** Das Gruppenturnier eignet sich vor allem zur Festigung neuer Lerninhalte, die zuvor im Unterricht eingeführt wurden. So können die Schüler nach der Arbeit mit dem Atlas das neue Orientierungswissen beim Gruppenturnier festigen. Auch die eingeübte Schreibweise einzelner Wörter aus dem Grundwortschatz, neue Vokabeln, Formeln, Rechenwege und viele andere Kenntnisse aus dem Unterricht lassen sich mit dem Gruppenturnier festigen. Auch wenn es darum geht, eingeübte Lösungswege anzuwenden, bietet sich das Gruppenturnier an. Nicht zuletzt können im Sportunterricht erworbene Fertigkeiten im Gruppenturnier unter Beweis gestellt werden.

Bereiten Sie Ihren Unterricht gleich jetzt vor!

Überlegen Sie: In welcher Ihrer Lerngruppen beschäftigen sich die Schüler augenblicklich auch mit der Aneignung von Wissen oder Fertigkeiten?

Klasse: ______________________________

Fach: ______________________________

Thema: ______________________________

Entscheiden Sie: Was ist davon einzugrenzendes Faktenwissen?

____

____

Notieren Sie zentrale Inhalte gleich mit wenigen Stichwörtern. Aus diesen Stichwörtern können Sie direkt 15 Fragen formulieren, auf die Ihre Schüler eine Antwort geben können müssten. Wenn es schnell gehen soll, dann schreiben Sie Ihre Fragen jetzt so auf ein DIN-A4-Blatt, dass rechts noch Platz für die Antworten ist.

Wenn Sie noch Zeit haben, dann überlegen Sie:

- Wie führen Sie das Gruppenturnier ein?

____

____

- Wo erwarten Sie Schwierigkeiten und wie könnten Sie diesen begegnen?

____

____

- Wie möchten Sie die Sieger ehren?

____

____

____

- Wie möchten Sie die Methode mit den Schülern reflektieren?

____

____

TIPP!

Lehrerfortbildung: Wenn Sie anderen Kollegen das Gruppenturnier vorstellen möchten, dann können Sie ihnen zunächst ein eng umgrenztes Themengebiet anbieten, das sich Ihre Kollegen mit Hilfe des Partnerpuzzles aneignen. Zwei kurze Texte zur Bedeutung der Lesekompetenz, Hintergrundwissen zum Behalten, zur Bedeutung positiver Emotionen beim Lernen oder zur Theorie des Kooperativen Lernens sind hier gut möglich. Bereiten Sie jeweils 20 Fragen mit Musterantworten vor, die sich auf die Inhalte des Partnerpuzzles beziehen. Führen Sie dann mit den Teilnehmern das Gruppenturnier durch.

Gruppenturnier

(Punkteblatt)

COPY

Name des Schülers: ____________________

Name der Gruppenmitglieder (Stammgruppe) :

____

____

Wettkampfergebnisse hier eintragen:

Datum des Turniers	Aufgabe/Frage																				Punkte (gesamt)
	1	2	3	4	5	6	7	8	9	10	11	12	13	14	15	16	17	18	19	20	

Die Einzelergebnisse der Gruppenmitglieder hier zusammentragen:

Gruppenergebnis der Stammgruppe					
Datum des Turniers	Schüler 1	Schüler 2	Schüler 3	Schüler 4	Gesamtpunktzahl der Gruppe

TIPP!

Achtung Dreier-Gruppen:

Ihr müsst eure Punkte zunächst addieren. Die Summe teilt ihr dann durch drei. Diese Zahl multipliziert ihr anschließend mit vier. Das Ergebnis ergibt die Gesamtpunktzahl, die ihr mit einer vierten Person erzielt hättet und die auch einzutragen ist.

Vorlage für ein Gruppenturnier im Fach Chemie im Jahrgang 7[11]
Gegenstandsbereich: Stoffe und ihre Eigenschaften

Für das Gruppenturnier findet ihr hier 30 Fragen mit Antworten. Alle Fragen beziehen sich auf den Unterricht der vergangenen Wochen. Wiederholt mit Hilfe der Karten noch einmal den Unterrichtsstoff. Schneidet immer eine Frage und eine Antwort zusammen aus und klappt dann die Antwort auf die Rückseite, damit sie beim Fragen nicht sichtbar ist.

Im Wettkampf werden die Karten gemischt und auf einen Stapel gelegt. Nur 15 der Fragen werden gezogen und müssen dann von euch immer schriftlich beantwortet werden. Wenn ihr alle Antworten aufgeschrieben habt, könnt ihr sie mit den Antworten auf der Rückseite vergleichen.

[11] Dieses Beispiel verdanken wir Ramona Falke, Hagen.

Frage 1 Welche Stoffeigenschaften kannst du auch ohne Hilfsmittel überprüfen?	Antwort 1 Aussehen (Farbe), Geschmack, Geruch, Oberflächenbeschaffenheit
Frage 2 Welche Sinne solltest du bei unbekannten Stoffen nicht benutzen?	Antwort 2 Geschmack, Geruch
Frage 3 Löslichkeit ist eine messbare Stoffeigenschaft. Kennst du Beispiele für Lösungsmittel? Nenne 2!	Antwort 3 Wasser, Öl, Benzin
Frage 4 Nenne zwei Beispiele für einen Stoff, der sich in Wasser lösen lässt!	Antwort 4 Salz, Zucker, Waschmittel, Kleister, Gips, Backpulver
Frage 5 Welche Stoffeigenschaften kannst du unter Wärmezufuhr untersuchen? Nenne zwei!	Antwort 5 Schmelzbarkeit, Verformbarkeit, Aggregatzustände, Schmelz- und Siedepunkte
Frage 6 Wie heißt der Fachbegriff für „Zustandsform" eines Stoffes?	Antwort 6 Aggregatzustand
Frage 7 Welche Aggregatzustände kennst du?	Antwort 7 gasförmig, flüssig, fest
Frage 8 Wie nennt man die Übergangspunkte der Aggregatzustände?	Antwort 8 Schmelz- und Siedepunkt

Frage 9 Welchen Übergang bezeichnet der Schmelzpunkt?	Antwort 9 fest -> flüssig
Frage 10 Welchen Übergang bezeichnet der Siedepunkt?	Antwort 10 flüssig -> gasförmig
Frage 11 Wie nennt man den Übergang von fest zu flüssig?	Antwort 11 Schmelzen
Frage 12 Wie nennt man den Übergang von flüssig zu fest?	Antwort 12 Erstarren
Frage 13 Wie nennt man den Übergang von flüssig zu gasförmig?	Antwort 13 Verdampfen
Frage 14 Wie nennt man den Übergang von gasförmig zu flüssig?	Antwort 14 Kondensieren
Frage 15 Erkläre den Begriff „Lösung"!	Antwort 15 Eine Lösung entsteht, wenn z. B. Salz in Wasser gegeben wird und der Stoff nach dem Umrühren nicht mehr zu sehen ist. (Feststoff in Flüssigkeit gelöst)
Frage 16 Erkläre den Begriff „Suspension"!	Antwort 16 Sind Feststoffe in einer Flüssigkeit fein verteilt, so ist es eine Suspension.
Frage 17 Nenne ein Beispiel für eine Suspension!	Antwort 17 Orangensaft
Frage 18 Erkläre den Begriff „Emulsion"!	Antwort 18 Ist eine Flüssigkeit in einer Flüssigkeit fein verteilt, so ist es eine Emulsion.
Frage 19 In welchem Fall benutzt du ein Sieb? In welchem Fall besser einen Filter?	Antwort 19 Wenn der Stoff, der abgetrennt werden soll, kleine Körner hat, ist ein Filter besser, bei großen Körnern ist ein Sieb günstiger.

Frage 20 Wie kann Salz aus Meerwasser gewonnen werden?	Antwort 20 durch Eindampfen
Frage 21 Warum ist Meerwasser kein Rohstoff?	Antwort 21 Meerwasser ist ein Gemisch aus Wasser und Salz.
Frage 22 Was ist ein Reinstoff?	Antwort 22 Reinstoffe bestehen nur aus einer Stoffart. Reinstoffe lassen sich durch ihre Eigenschaften erkennen.
Frage 23 Destillation nutzt die Zustandsformen von Stoffen. Mithilfe welcher Übergänge wird hier getrennt?	Antwort 23 Destillieren trennt durch Verdampfen mit anschließendem Kondensieren. Dieses Verfahren nutzt die unterschiedlichen Siedetemperaturen von Stoffen aus.
Frage 24 Was ist ein Stoffgemisch?	Antwort 24 Stoffgemische bestehen aus unterschiedlichen Stoffen.
Frage 25 Welches Trennverfahren lässt sich mit dem Liebigkühler durchführen?	Antwort 25 Destillation
Frage 26 Welche Flüssigkeit ist beim Destillieren von Rotwein im Kondensationsrohr zu finden?	Antwort 26 Alkohol, bzw. ein Wasseralkoholgemisch
Frage 27 Welche Flüssigkeit ist beim Destillieren von Rotwein im Kühlmantel zu finden?	Antwort 27 Wasser
Frage 28 Was musst du beim Arbeiten mit einem Bunsenbrenner auf jeden Fall tragen?	Antwort 28 Schutzbrille
Frage 29 Welches Gerät, mit dem man Stoffe erhitzen kann, hast du neben dem Bunsenbrenner noch kennengelernt?	Antwort 29 Dosenbrenner
Frage 30 Bei wie viel Grad liegt bei Wasser der Schmelz- und Siedepunkt?	Antwort 30 Schmelzpunkt: 0°C Siedepunkt: 100°C

Ein Blick zurück

Das Gruppenturnier

In diesem Kapitel haben Sie ...

- das Gruppenturnier als komplexes Lehr-Lern-Arrangement kennengelernt, das vor allem das Üben und Wiederholen von Kenntnissen und Fähigkeiten zum Ziel hat.
- erfahren, dass das Gruppenturnier nicht allein aus dem Wettkampf besteht, sondern vor allem aus einer sorgfältigen Vorbereitung in der Übungsphase. In dieser Phase ist der Wechsel von Einzelarbeit und Kooperation maßgeblich.
- erfahren, dass durch die Wettkampfsituation ein großer Leistungsanreiz geschaffen wird, der sich in der Regel sehr positiv auf den sozialen und fachlichen Lernfortschritt auswirkt.
- lesen können, dass das Gruppenturnier immer wieder eingesetzt und zum festen Element des Unterrichts werden kann. Gleichwohl stellt es nur ein Element erfolgreichen Unterrichts dar und ist hinsichtlich des angestrebten Lernniveaus gezielt einzusetzen.
- wenig darüber lesen können, wie Sie die Siegergruppen belohnen können. Aber dazu fallen Ihnen sicher viele Dinge ein.

1.2 Die Gruppenrallye: Der Lernzuwachs zählt

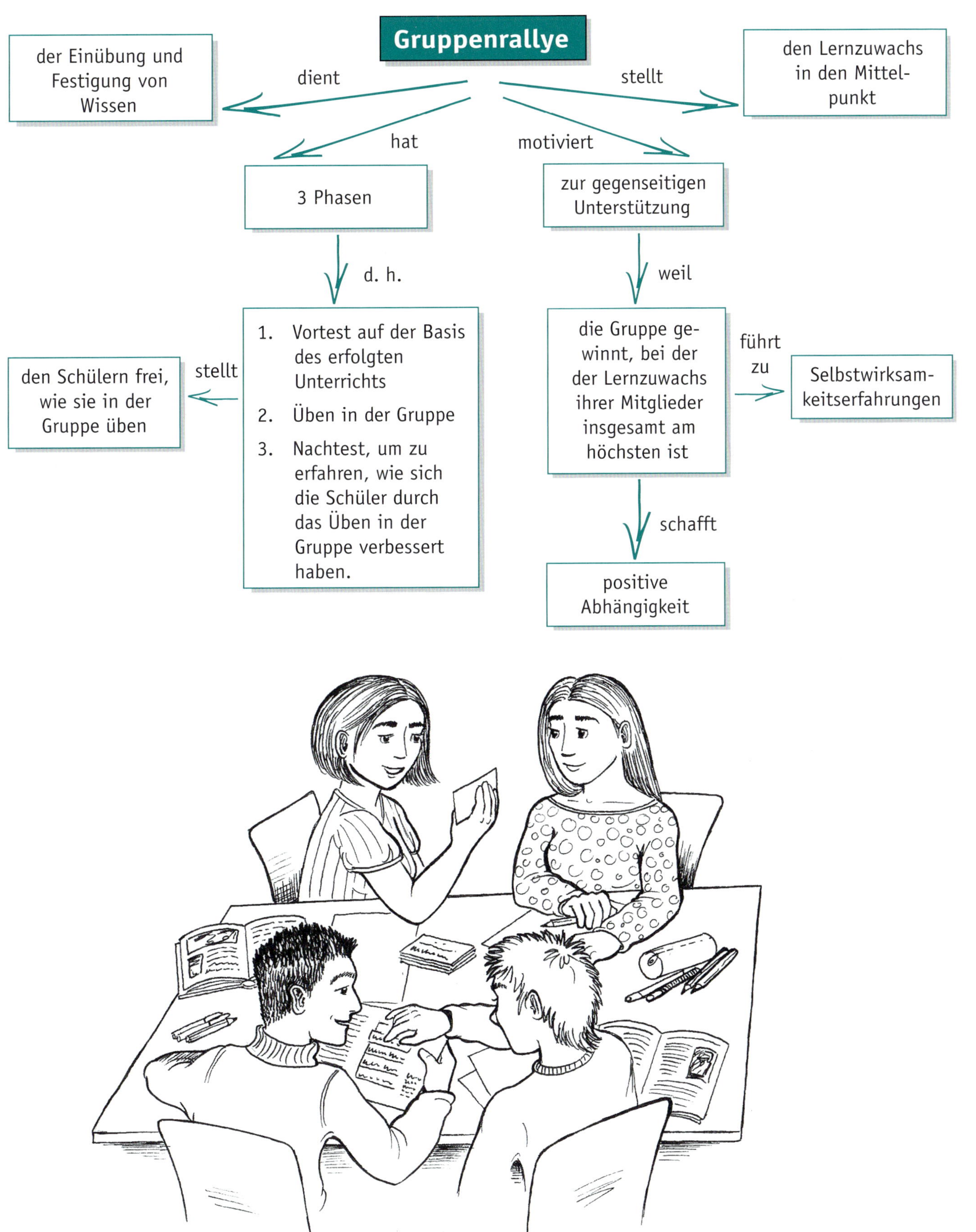

In diesem Kapitel ...

- stellen wir Ihnen die Gruppenrallye als weitere kooperative Methode vor. Sie ist dem Gruppenturnier sehr ähnlich, hat jedoch keine Wettkampfphase.
- machen wir deutlich, dass es bei dieser Methode um den individuellen Lernzuwachs geht. Daher wird dieser auch zu einem Gruppenergebnis addiert. Das kommt den schwächeren Schüler entgegen, die relativ viel zum Gruppenergebnis beitragen können.
- zeigen wir, dass die Gruppenrallye in hohem Maße lernwirksam ist, weil die leistungsstarken Schüler einen Anreiz haben, den Mitgliedern der eigenen Gruppe zu helfen.
- weisen wir darauf hin, dass die Gruppenrallye vor allem der Einübung und Festigung von Wissen dient.

1.2.1 Einführung

Wenn ein leistungsschwacher Schüler in einer Leistungssituation ein mittelmäßiges Ergebnis bringt und sich damit sehr steigert, dann hat er sich stärker verbessert als ein leistungsstarker Schüler, der zwar gute Resultate zeigt, aber diese kaum steigert.

In der Schule darf es nicht nur um den absoluten Leistungsstand der Schüler gehen; vielmehr muss auch der individuelle Lernfortschritt gewürdigt werden. Daher gibt es eine Methode des Kooperativen Lernens, bei der der individuelle Lernzuwachs im Mittelpunkt steht: die Gruppenrallye.[12] Diese Methode wurde an der John Hopkins Universität unter der Federführung von Robert E. Slavin bereits 1978 entwickelt. Bei der Gruppenrallye werden die Schülerinnen und Schüler – wie beim Gruppenturnier – durch einen Wettbewerb motiviert und sind in der Gruppe in positiver Weise voneinander abhängig. Es geht jedoch nicht um das absolute Leistungsvermögen der Teammitglieder, sondern um den individuellen Lernzuwachs. Dieser Lernzuwachs, der auch bei schwachen Schülern relativ gesehen sehr hoch sein kann, geht in das Gruppenergebnis ein. So haben auch die schwachen Schüler in der Gruppenrallye die Möglichkeit, erheblich zum Gesamtergebnis beizutragen.

1.2.2 So geht es

Bei der Gruppenrallye wird zunächst der Leistungsstand der Schüler festgestellt: Wie gut beherrschen sie das zuvor erarbeitete Wissen? Danach bekommen sie die Möglichkeit, erst alleine und dann in der Gruppe noch einmal zu üben und sich dabei gegenseitig zu unterstützen. Wie beim Gruppenturnier ist das die eigentlich bedeutsame Phase, in der intensives Lernen erfolgt, denn durch das gegenseitige Erklären, Abfragen und Diskutieren wird das Wissen nachhaltig gefestigt. Anschließend werden sie erneut getestet, um den Lernfortschritt zu messen. Der Verbesserungswert von jedem Schüler wird ausgerechnet, also der Unterschied von erstem und zweitem Test. Die Verbesserungswerte aller Mitglieder einer Gruppe werden dann zusammengerechnet und durch die Anzahl der Gruppenmitglieder geteilt. Daraus ergibt sich der Lernfortschritt der Gruppe. Die Gruppe mit dem größten Lernfortschritt hat gewonnen. Es kommt also darauf an, dass sich jeder Schüler der Gruppe möglichst viel verbessert. Dies motiviert die Schüler, während der Gruppenarbeit nicht nur für sich selbst zu lernen, sondern auch die anderen zu unterstützen. Weil der Verbesserungswert als Maßstab genommen wird, haben auch die schwächeren Schüler die Möglichkeit, zum Gruppenerfolg beizutragen. Wie beim Gruppenturnier kann am Ende eine Rangliste aller Gruppen erstellt und in Form einer Tabelle ausgehängt werden.

[12] Vgl. zu dieser Methode: Slavin 1999, S. 3-19; Wahl 2004, S. 86ff. und Wellenreuther 2004, S. 379-383.

Übersicht

Gruppenrallye

1. Phase: Aneignung von Wissen

In einer Unterrichtseinheit oder auch in einer nur zweistündigen Sequenz wird neues Wissen eingeführt und erarbeitet.

2. Phase: Feststellen des Leistungsstands

Durch einen Vortest wird festgestellt, wie viel der Einzelne in der Sequenz gelernt hat. Das Ergebnis muss in Punkten ausgedrückt werden, damit am Ende die Verbesserung festgestellt werden kann.

3. Phase: Arbeit in Übungsgruppen

Anhand der in der Leistungsfeststellung gewonnenen Punktwerte werden die Schüler in Gruppen eingeteilt, so dass leistungsstarke und -schwache Schüler in den Gruppen gleichmäßig verteilt sind. In diesen Gruppen üben die Schüler dann die Inhalte, die im Unterricht zuvor erarbeitet und dann in dem Vortest abgefragt worden sind. Sie erklären sich Unverstandenes gegenseitig und schließen so Lücken.

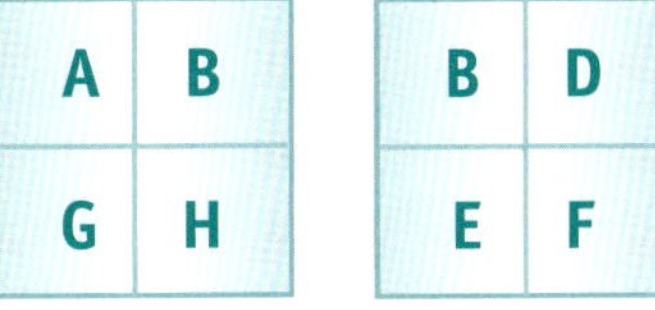

4. Phase: Feststellen des Lernzuwachses

Nach der Übungsphase wird wieder ein Test durchgeführt. Dabei müssen die Aufgabenstellungen und der Schwierigkeitsgrad mit dem Test in der 1. Phase vergleichbar sein.

5. Phase: Berechnung der Zuwachs- und der Gruppenwerte

Für jeden Schüler wird nun der persönliche Lernfortschritt gemessen, indem der Verbesserungswert ermittelt wird: Wie viel hat sich jeder im Vergleich zum Test in Phase 1 verbessert?

Anschließend werden die Ergebnisse der Gruppenmitglieder zusammengezählt und durch die Anzahl der Mitglieder geteilt. Dieser Durchschnitt ist dann das Gruppenergebnis.

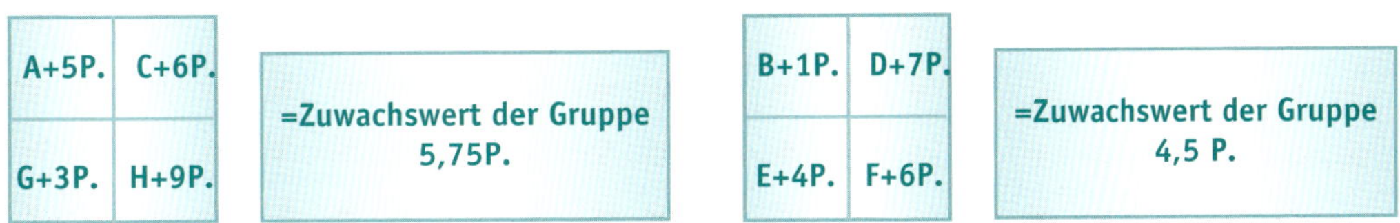

6. Phase: Reflexion

Abschließend reflektieren die Schüler, worauf ihr Ergebnis zurückzuführen ist.

- Woran könnten niedrige bzw. hohe Verbesserungswerte der Einzelnen liegen?
- War die Kooperation in den Gruppen erfolgreich?
- Wie war das soziale Miteinander?
- Welche Konsequenzen ergeben sich daraus für die kommende Kooperationsphase?

1.2.3 Was hat sich bei der Durchführung bewährt?

- **Flexibel unterrichten:** In der Literatur wird angeführt, dass in der ersten Phase die Vermittlung des Wissens auch nur im klassischen Frontalunterricht erfolgen könne.[13] Wir raten aber dazu, auch in dieser Phase schüleraktivierend zu unterrichten und zum Beispiel Frontalunterricht und Kooperatives Lernen zu integrieren.
- **Einzelarbeit nicht vergessen:** Wenn Sie den Schülern für die Gruppenarbeit Materialien zum Üben geben, dann ist es wichtig, dass die Gruppenmitglieder diese zuerst in Einzelarbeit lösen. Danach sollen sie ihre Ergebnisse vergleichen und Fehler korrigieren. Zur Kontrolle benötigen sie Lösungsblätter, wobei sie darauf hingewiesen werden müssen, dass es in ihrem eigenen Interesse ist, damit verantwortungsvoll umzugehen, also nicht zu früh hineinzuschauen.
- **Feststellen des Leistungsstandes:** Als Ausgangwerte für den Vortest können die in einem Test erreichten Punkte oder auch die Fehler in einem Diktat oder Vokabeltest dienen. Im Fach Sport können natürlich auch Weiten, Zeiten oder Treffer zum Bezugswert werden. In jedem Fall muss der anschließende Zuwachs im zweiten Test nummerisch zu beziffern sein.
- **Ergebnisse des Vortests bekannt geben:** Geben Sie die korrigierten Vortests zurück, damit die Schüler ihre Schwächen und Defizite vor der Gruppenarbeitsphase kennenlernen und diese dann mit Hilfe der Gruppenmitglieder gezielt beheben können.
- **Vergleichbare Tests:** Machen Sie nicht den Anfangstest leicht und den Abschlusstest schwer. Die Aufgabenstellungen und der Schwierigkeitsgrad müssen vergleichbar sein, damit der Lernfortschritt in diesen Bereichen festgestellt werden kann.[14]
- **Transparenz:** Wenn Sie in Phase 1 den Leistungsstand feststellen, dann ist es wichtig, den Schülern den Sinn dieses Tests zu erklären. Die Schüler müssen wissen, dass dieser Test einen diagnostischen Zweck hat und nicht der Bewertung dient. Dann demotivieren schlechte Ergebnisse nicht und es wird auch nicht versucht, die Ergebnisse durch Abschreiben etc. zu schönen.
- **Lernkompetenzen einüben:** Damit die Schüler in der Gruppe Lernfortschritte erzielen können, müssen sie Lernkompetenzen beherrschen: sich gegenseitig etwas erklären, zuhören, sich abfragen etc. Das Vorgehen in den Kleingruppen und die Anwendung der Lernkompetenzen müssen mit den Schülern besprochen, eingeübt und reflektiert werden.
- **Üben in Kleingruppen:** In Abhängigkeit von den Unterrichtsinhalten kann in dieser Phase reines Wissen memoriert, aber auch die Anwendung eingeführter Operationen eingeübt werden. Gerade an dieser Stelle lernen die Schüler in hohem Maße durch das Vormachen und Erklären der anderen Schüler und bewältigen erstmals Transferaufgaben.
- **Aufgabenstellungen:** Die Gruppenrallye ist dann sehr erfolgreich, wenn die Aufgaben strukturiert sind und sich mit Hilfe der vorhandenen Schulbücher und Heftaufzeichnungen bearbeiten lassen. Wichtig ist hier, dass keine neuen Inhalte eingeführt werden, die noch nicht im Unterricht thematisiert worden sind.

1.2.4 Wie können Sie das Verfahren variieren?

- **Phasen der Einzelarbeit ergänzen:** Es ist sehr hilfreich, während der Übungsphase Momente der Einzelarbeit einzuschieben. In diesen können die Schülerinnen und Schüler sich besinnen und überlegen, was sie bereits gelernt haben und wo sie noch Lücken haben.
- **Partnerarbeit:** Wenn es darum geht, sich gegenseitig abzuhören, dann kann es sinnvoll sein, dass die Schüler in den Vierer-Gruppen zur Partnerarbeit wechseln, da so der Grad der Aktivierung steigt.
- **Bilden von Übungsgruppen:** Wenn Sie die bestehenden Tischgruppen nicht neu mischen möchten, können Sie darauf verzichten, aufgrund der Punktwerte aus dem Vortest leistungsstarke und -schwache Schüler in den Gruppen gleichmäßig zu verteilen. Aber bedenken Sie dabei, dass in ausgesprochen leistungsstarken Gruppen die Schüler kaum noch etwas dazu lernen können und in den schwachen Gruppen fehlen die Schüler, die den anderen die Zusammenhänge erklären können.

[13] So zum Beispiel Wellenreuther 2004, S. 379f.

[14] Sehr brauchbare Hinweise zur Gestaltung von Tests, nicht nur für die Gruppenrallye, finden sich in Eikenbusch/Leuders 2004, S. 153-184.

Da einige Gruppen besser, andere schlechter harmonieren, sollte nach einer bestimmten Zeit die Zusammensetzung verändert werden, damit die Mitglieder weniger erfolgreicher Gruppen eine Chance für einen Gruppenerfolg bekommen.

- Vortest weglassen: Wenn es Ihnen nicht auf die Verbesserungswerte der Schüler ankommt, sondern auf deren absoluten Lernstand, dann können Sie den Vortest auch weglassen. Dann lernen die Schüler direkt in der Gruppe und bekommen dann einen Test, in dem sie zeigen können, was sie in der Gruppe gelernt haben. Dann ähnelt die Gruppenrallye dem Gruppenturnier sehr stark – mit dem Unterschied, dass das Turnier wegfällt. Das bedeutet etwas weniger Aufwand, aber auch weniger Motivation. Entscheiden Sie nach der unterrichtlichen Situation, in der Sie sich befinden.

1.2.5 Wann können Sie die Gruppenrallye einsetzen?

- Die Gruppenrallye eignet sich für alltägliches schulisches Lernen, denn fast immer geht es im Unterricht auch um die Aneignung einer soliden Wissensbasis. Daher kann die Gruppenrallye – wie auch das Gruppenturnier – in fast jeder Unterrichtseinheit der Sekundarstufe I sinnvoll eingesetzt werden.
- Die Rallye eignet sich für die Verankerung und Festigung fest definierbaren Wissens, das sich die Schüler in dem vorangegangenen Unterricht angeeignet haben. Vokabeln und Grammatik können mit dieser Methode nachhaltig gelernt werden, ebenso die Rechtschreibung. Für Analyse- oder Beurteilungsaufgaben eignet sich die Methode dagegen nicht.

TIPP!

Den Arbeitsaufwand verringern

In der Praxis stellt es natürlich einen hohen Aufwand dar, zuerst einen Vortest schreiben zu lassen und auszuwerten und dann einen Nachtest schreiben zu lassen und auszuwerten. Es gibt verschiedene Möglichkeiten, wie man dem begegnen kann: Da sich die Gruppenrallye nur für eindeutig abfragbare Inhalte eignet, können die Schüler auch mit einem Lösungsbogen oder einer Lösungsfolie, die aufgelegt wird, die Ergebnisse selbst auswerten. Wenn man die Tests einer Gruppe immer in die nächste Gruppe reicht und dort auswerten lässt, dann gibt es damit auch in der Regel keine Probleme. Denn warum sollte der Nachbartisch Punkte an eine Gruppe verschenken, mit der man im Wettbewerb steht? Danach bekommt jede Gruppe ihre Tests zurück, prüft die Auswertung und rechnet die Punktzahl zusammen.

1.2.6 Warum ist die Gruppenrallye lernwirksam?

Die Gruppenrallye hat sich in vielen empirischen Untersuchungen als eine Lehr-Lernform erwiesen, die dem herkömmlichen Unterricht überlegen ist. Dafür gibt es mehrere Gründe:

- Dieses Verfahren schafft für die leistungsstarken Schüler einen Anreiz, den Mitgliedern der eigenen Gruppe zu helfen. Weil der Einzelne nur dann erfolgreich ist, wenn alle Mitglieder seiner Gruppe erfolgreich sind, sind die Schüler in einer positiven Weise voneinander abhängig.
- Die Schüler machen die Erfahrung der Selbstwirksamkeit, da sie im Kooperativen Prozess sich gegenseitig unterstützen und so zum Beispiel erfahren, dass ihre Erklärungen die Teammitglieder voranbringen. Und sie erleben deutlich den persönlichen Lernfortschritt. Beides, Selbstwirksamkeit und Lernfortschritt, ist im Sinne einer Psychologie der eigenen Wirksamkeit in hohem Maße motivierend.
- Die hohe Autonomie der Schülerinnen und Schüler in der Übungsphase gilt als weitere Erklärung für die ungewöhnliche Wirksamkeit der Methode. Denn die Lernenden wählen ihre Kooperationsstrategien selber aus und können sie so den Bedürfnissen ihrer Gruppe gut anpassen. Allerdings trifft diese Erklärung wohl nur für solche Schülerinnen und Schüler zu, die bereits über ausreichende Lernkompetenzen verfügen und im Kooperativen Lernen geübt sind.

Neben den ausgesprochen positiven Auswirkungen auf den kognitiven Lernzuwachs weisen die einschlägigen Studien viele weitere positive Auswirkungen der Gruppenrallye auf die Schülerinnen und Schüler nach. So verbessert sich das Lernklima in den Klassen, verringern sich die Angstwerte in den untersuchten Gruppen und steigt das Selbstwertgefühl der einzelnen Schüler. Alles zusammen wirkt sich vorteilhaft auf die sozialen Beziehungen und nicht zuletzt auf das kognitive Lernen aus.

Ein Blick zurück

Die Gruppenrallye

In diesem Kapitel haben Sie ...

- die Gruppenrallye als komplexes Lehr-Lern-Arrangement kennengelernt, das vor allem dem Üben und Wiederholen dient.
- die Gruppenrallye als Methode kennengelernt, bei der der individuelle Lernzuwachs im Mittelpunkt steht.
- erfahren, dass die Gruppenrallye in hohem Maße lernwirksam ist, weil die leistungsstarken Schüler einen Anreiz haben, den Mitgliedern der eigenen Gruppe zu helfen.

1.3 Kooperation zur Lösung kognitiver Konflikte: Die Strukturierte Kontroverse

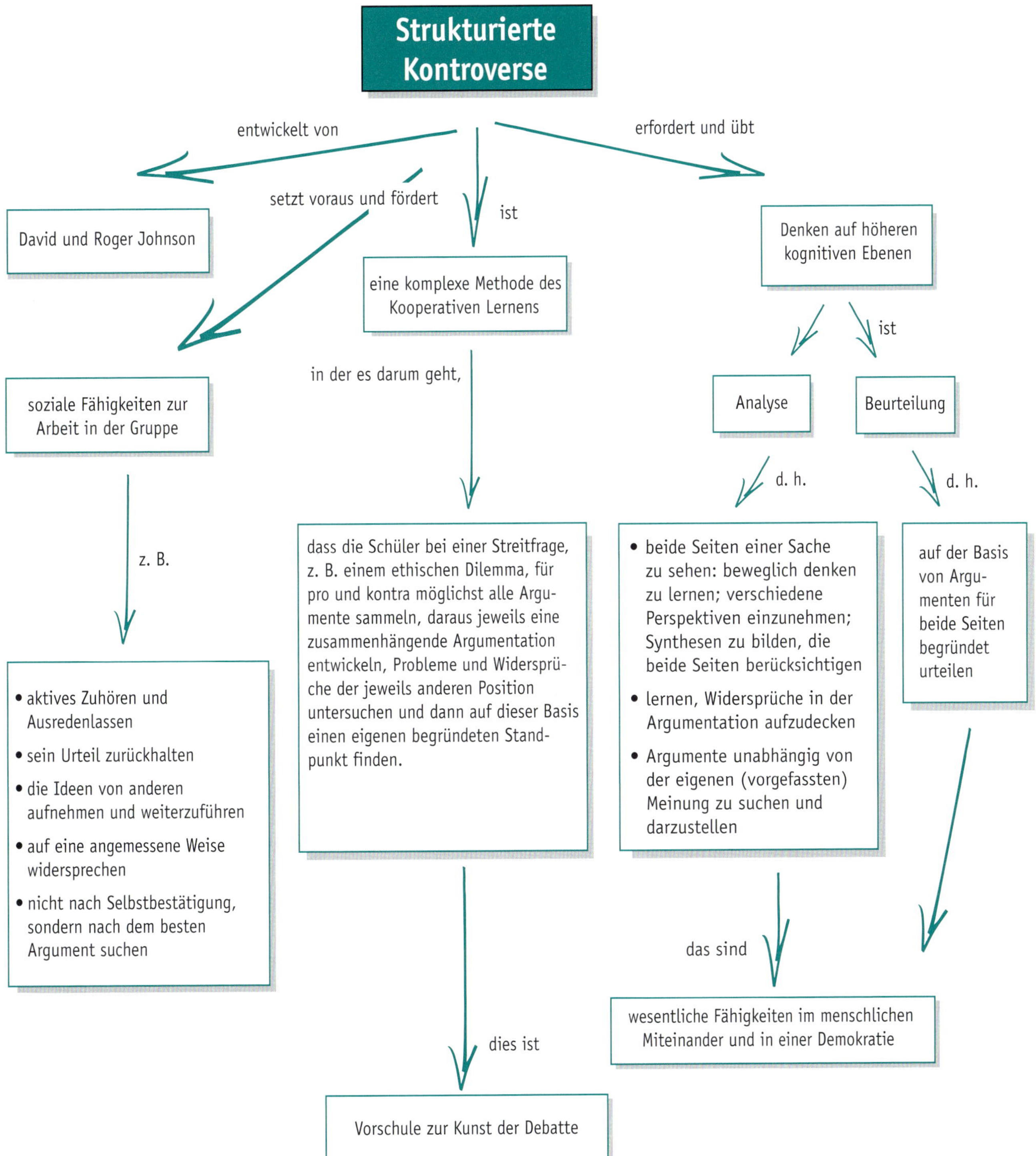

In diesem Kapitel ...

- machen wir Sie mit einer von David W. und Roger T. Johnson 1973[15] entwickelten Unterrichtsmethode, der Strukturierten Kontroverse, bekannt, bei der die Lösung eines kognitiven Konflikts im Mittelpunkt steht und die auf fast alle Schülerinnen und Schüler sehr motivierend wirkt.
- erläutern wir die Funktion der Strukturierten Kontroverse: Sie wird eingesetzt, wenn es darum geht, dass die Schülerinnen und Schüler ein kontroverses Thema von zwei Seiten in den Blick nehmen und dabei die Kompetenz des Perspektivwechsels vertiefen sowie ihre argumentativen Fähigkeiten und ihre sachliche und moralische Urteilsfähigkeit verbessern sollen.
- soll deutlich werden, dass die Methode kognitiv, methodisch, sozial und personal sehr lernwirksam ist und daher die Entwicklung der Schülerinnen und Schüler ganzheitlich fördert.
- zeigen wir auf, wie Sie die Methode im Unterricht ein- und durchführen können und worauf Sie in der Praxis achten sollten.
- möchten wir Sie davon überzeugen, dass es gewinnbringend ist, die bislang im deutschen Sprachraum wenig bekannte Methode vermehrt im Unterricht einzusetzen.

1.3.1 Ein Blick ins Klassenzimmer

Philosophie – Ethik

Im Philosophieunterricht in einer westfälischen Gesamtschule neigt sich das erste Halbjahr des 12. Jahrgangs dem Ende zu. Die Schülerinnen und Schüler haben sich in diesem Halbjahr mit dem Thema Ethik beschäftigt und dazu die verschiedenen Grundpositionen kennengelernt. Danach haben sie sich mit aktuellen ethischen Problemen beschäftigt. Seit einigen Stunden arbeiten sich die Schüler in die mit der Gentechnik zusammenhängenden Fragen ein. Da sie die biologischen Grundlagen aus dem Biologieunterricht kennen, konnte daran angeknüpft werden.

In der heutigen Doppelstunde soll die Frage diskutiert werden, ob an Embryonen geforscht werden darf. Die Schüler haben schon in der letzten Stunde die Implikationen dieser Frage kennengelernt, einerseits die Hoffnung, mit Hilfe von embryonalen Stammzellen die unterschiedlichsten Krankheiten heilen zu können, andererseits die Idee der Menschenwürde und die strittige Frage, ob Embryonen solche Menschenwürde zukommt. Heute sollen die Schüler diese Argumente in einer Strukturierten Kontroverse anwenden und abschließend zu einer eigenen Position in dieser Frage kommen.

Um die Meinungen der Schüler vor der Strukturierten Kontroverse abzufragen, wendet die Lehrerin Adriana Schilf die Vier-Ecken-Methode an: Jede Ecke steht für eine bestimmte Position; so treffen sich an der Tür alle Befürworter der Forschung an embryonalen Stammzellen und gegenüber am Fenster alle, die noch unentschieden sind, aber eher zur Befürwortung neigen. Auf der anderen Seite sammeln sich die zur Ablehnung Neigenden, bzw. die mit einer klar ablehnenden Haltung. Die Schüler verteilen sich relativ gleichmäßig. In den Ecken können die Schüler kurz darüber sprechen, warum sie sich dort hingestellt haben. Danach gehen sie wieder in ihre Gruppen zurück.

Adriana Schilf leitet nun die Strukturierte Kontroverse Schritt für Schritt an. Die Paare einer Vierergruppe vertreten jeweils gegensätzliche Positionen. Die Partner erarbeiten zunächst die Argumente für diese Position in Einzelarbeit, besprechen sie dann, stellen sie dem anderen Paar vor und diskutieren anschließend. Auch bei der Diskussion dürfen sie nur die zugeteilte Position vertreten. Es fällt den Schülern nicht leicht, da es sehr ungewohnt ist und an einigen Tischen muss Frau Schilf die Schüler auch daran erinnern. Danach kommt der entscheidende Schritt, der Perspektivwechsel. Die Schüler tauschen dafür ihre Plätze und diskutieren erneut – nur dass jedes Paar jetzt die andere Position vertritt. Dadurch erforschen die Schüler die Argumente für beide Seiten intensiv und sind gezwungen, auch die Position einzunehmen, die nicht ihre ist. Da Frau Schilf den Schülern den Sinn dieser Methode schon bei der Einführung in einer der letzten Stunden erklärt hat, gibt es auch keine Widerstände - auch wenn die Schüler lieber einfach frei diskutieren und ihre Meinung vertreten würden. Doch sie haben verstanden, dass es so wirkungsvoller ist, da man bei normalen Diskussionen gewöhnlich nur seine eigenen Argumente sieht.

[15] Vgl. Johnson/Johnson 1992.

Abschließend können die Schüler dann frei diskutieren und ihre eigene begründete Meinung vorstellen. Diese ist nicht immer dieselbe wie vor dem Prozess. Um dies sichtbar zu machen, gehen die Schüler nach der Strukturierten Kontroverse wieder in die vier Ecken. Es melden sich die Schüler, die nicht mehr in derselben Ecke stehen wie am Anfang. Es sind einige. Manche sind nicht mehr unentschieden, sondern jetzt klarer für die eine oder andere Position. Andere haben ihre Meinung ganz geändert. Dies zeigt, dass durch den Prozess der Strukturierten Kontroverse viel in Bewegung gekommen ist...

1.3.2 Einführung

Ein Mann kam zu einem Fluss und wollte hinüber. Er sah aber weder eine Brücke noch eine Fähre. Da sah er einen Menschen auf der anderen Seite des Flusses und rief hinüber: „Wie komme ich zu der anderen Seite des Flusses?“ Der andere rief zurück: „Sie sind auf der anderen Seite.“

Wenn man Diskussionen verfolgt – unter Politikern, in Talkshows oder auch häufig zwischen Schülern in Klassenzimmern –, dann drängt sich der Eindruck auf, dass es vor allem darum geht, recht zu behalten. Auf keinen Fall darf dem anderen in einem Aspekt recht gegeben werden. Und nur selten versucht jemand, die Sache aus der Perspektive des anderen zu betrachten. Auf der anderen Seite sollen unsere Schüler lernen, tolerant gegenüber anderen Meinungen und Lebensentwürfen zu sein. Denn dies ist ein Wesensmerkmal unserer demokratischen Gesellschaft. Dazu müssen sie andere Menschen verstehen und in der Lage sein, Sachverhalte auch aus anderer Perspektive zu betrachten. Konflikte lösen sich leichter, wenn man sieht, dass die Position des anderen ebenso berechtigt ist wie die eigene. So kann man eine alle Interessen berücksichtigende Entscheidung treffen. Und natürlich gehört zur Erziehung in der Demokratie auch die Vermittlung von Werten: Es geht im Miteinander der Menschen nicht um recht haben und Macht, sondern um Ausgleich der Interessen, Kompromiss und Konsens.

In der kognitiven Taxonomie (vgl. Bd. 1, S. 161) sind es die höheren Fähigkeiten, die hier zum Tragen kommen. Es reicht eben nicht, wenn Schüler Texte verstehen und Inhalte zusammenfassen, verknüpfen und wiedergeben können. Sie müssen auch ein Problem von allen Seiten unvoreingenommen analysieren und dann begründet ein Urteil fällen können. Zwar ist es für jüngere Schüler entwicklungspsychologisch gesehen eine Errungenschaft, eine eigene Meinung zu haben und diese zu vertreten. Aber im weiteren Prozess ihrer Entwicklung dürfen die Heranwachsenden nicht auf dieser Stufe stehen bleiben. Sie müssen lernen verschiedene Standpunkte, nicht nur den eigenen, einzunehmen. Dies können sie mit der Strukturierten Kontroverse, einer komplexen Methode des Kooperativen Lernens, einüben.

Bei der Strukturierten Kontroverse geht es darum, bei einer Streitfrage nicht direkt die eigene Meinung zu vertreten, sondern unvoreingenommen nacheinander die beiden gegensätzlichen Standpunkte einzunehmen und so im Perspektivwechsel Argumente für beide Seiten kennenzulernen. Erst dann erfolgt eine diskursive Auseinandersetzung. Auf dieser Basis können sie dann ein ausgewogenes und begründetes Urteil fällen.

In enger Beziehung zur sachlichen steht die moralische Urteilsfähigkeit. Dabei wird unter einer ausgeprägten moralischen Urteilsfähigkeit verstanden, dass sich der Einzelne an umfassenden ethischen Prinzipien orientiert und sein Handeln danach ausrichtet. Kooperative Lernformen im Allgemeinen und die Strukturierte Kontroverse im Besonderen sind hier positiv wirksam.[16] Denn gerade weil die Schüler lernen, nicht nur ihren Standpunkt argumentativ zu vertreten, sondern zuvor gegensätzliche Positionen einnehmen und beide Sichtweisen abwägen, entwickeln sie in hohem Maße ihre moralische Urteilsfähigkeit. Aber diese entsteht nicht von selbst. Die Strukturierte Kontroverse ist hier eine wirksame Methode, die im Unterricht immer wieder eingesetzt werden kann.

In methodischer Hinsicht ist die Strukturierte Kontroverse eine Vorschule zur Kunst der Debatte, bei der das bewegliche Denken, das Einnehmen verschiedener Sichtweisen und Standpunkte die zentrale Kompetenz ist, wenn es nicht nur darum gehen soll, Meinungen gegenüberzustellen. Aus didaktischer Sicht weist die Strukturierte Kontroverse gegenüber anderen Diskussionsmethoden den Vorteil auf, dass sich alle Schülerinnen und Schüler in einen aktivierenden Prozess der kognitiven Durchdringung begeben und einen Perspektivwechsel vornehmen.

[16] Vgl. Dürr 1988, S. 434ff.

1.3.3 So geht es

Bevor die Schüler mit der Kontroverse beginnen können, müssen sie das eigentliche Themengebiet im Unterricht erschlossen haben. Nur dann sind sie in der Lage, die Frage, die diskutiert werden soll, inhaltlich zu erfassen und angemessen zu argumentieren.

Die Methode lässt sich in fünf Phasen unterscheiden. In der ersten Phase wird die Argumentation vorbereitet. Dabei sitzen sich immer zwei Paare in Vierergruppen gegenüber. Die eine Seite sammelt Pro-Argumente zu einer ethischen Streitfrage, die andere Kontra-Argumente. Zunächst arbeiten die Schüler alleine. Anschließend entwickeln sie mit dem Partner eine gemeinsame Argumentation.

Für die zweite Phase wird ein Schüler pro Paar per Zufall ausgewählt. Dieser stellt dem anderen Paar die eigene Argumentation vor. Die beiden anderen notieren sich die Argumente. Anschließend stellt das andere Paar seine Position vor. In beiden Fällen hört die Gegenseite aufmerksam zu. Danach sollen die Schüler diskutieren, wobei sie aber ihre Positionen beibehalten. Dies dient der Einübung der Anwendung der Argumente.

Die dritte Phase beginnt mit dem entscheidenden Schritt. Die Teilgruppen tauschen die Positionen. Die Paare, die zunächst die Kontra-Argumente gesammelt haben, müssen jetzt die Pro-Argumente vertreten und umgekehrt. Dies wird sichtbar, indem die Paare die Plätze der anderen einnehmen. Gleichzeitig geht immer ein Paar eines Tisches jeweils einen Tisch weiter. Dann kommt es nicht nur zu einer bloßen Wiederholung der Argumente, die das andere Paar schon gesagt hat, sondern man hört, welche Argumente eine andere Gruppe gefunden hat und wie sie diese präsentiert. Das ist für die Schüler spannender als der bloße Wechsel.

Wenn diese Rotation und der Platzwechsel stattgefunden hat, bekommen alle Zeit, sich in ihre neue Position hineinzudenken und die Argumentation durchzugehen. Aus den Überlegungen der Einzelarbeit entwickeln die Partner wieder eine gemeinsame Argumentation. Diese Argumentation stellen sich die Paare wieder wechselseitig vor. Jetzt stellt der vor, der in der ersten Phase noch nicht vorgestellt hatte.

In der vierten Phase können die vier Schüler am Tisch frei über das Problem diskutieren. Das eigentliche Ende wird durch die persönliche Stellungnahme markiert. Dazu stellen die Schüler dann ihren eigenen Standpunkt am Gruppentisch vor. Dabei darf niemand unterbrochen und auch nicht weiter diskutiert werden.

Den Abschluss bildet die Methodenreflexion. Viele Schüler werden anfänglich ihre Irritation zum Ausdruck bringen. Das sehr strukturierte Vorgehen verlangt ein hohes Maß an Disziplin. Gleichzeitig ermöglicht es aber erst den Perspektivwechsel. Auch das erkennen sehr viele Schüler und teilen dies in der Plenumsphase auch mit (Kopiervorlage S. 40).

Einzelne Ergebnisse können danach im Plenum vorgestellt werden und Ausgangspunkt für die Weiterarbeit sein. Häufig bietet es sich auch an, eine Hausaufgabe zu erteilen, in der die Schüler in einer Stellungnahme die Problemfrage erörtern. Diese Texte können dann in der nächsten Stunde in der Klasse oder in der Kleingruppe vorgelesen und besprochen werden oder vom Lehrer eingesammelt und beurteilt werden. Natürlich können die Schüler zur Weiterarbeit mit Texten arbeiten, in denen das Problem vertieft wird.

In dieser kurzen Beschreibung wird deutlich, dass die Schüler in jeder Phase aktiv sind – sowohl in der Einzelarbeit als auch im Austausch mit dem Partner. Beim Austausch entsteht etwas Neues – eine gemeinsame Argumentation. Beide Partner werden allein schon deshalb konzentriert daran arbeiten, weil sie nicht wissen, wer sie dann vorstellen muss. Wenn einzelne Schüler versuchen, sich diesem Prozess zu entziehen, fällt es sehr schnell auf. Sie als Lehrkraft können die Zeit des Prozesses der Strukturierten Kontroverse nutzen, die Arbeit der Gruppen zu beobachten und einzelne Argumentationen zu verfolgen. Durch den in der Struktur der Methode angelegten Perspektivwechsel denken sich die Schüler intensiv in die Argumentation ein und finden oftmals zu sehr differenzierten Beurteilungen.[17]

[17] Vgl. Johnson/Johnson 1994, S. 66ff.

Übersicht

Die Strukturierte Kontroverse

I. Vorbereitung der Argumentation

Eine Streitfrage, die vorher im Unterricht thematisch erarbeitet worden ist, wird klar formuliert. Jede Vierergruppe wird in zwei Paare geteilt. Das eine Paar soll möglichst viele Pro- und das andere Paar möglichst viele Kontra-Argumente finden – ungeachtet ihrer persönlichen Position.

1. **Einzelarbeit:** Zunächst sammelt jede/r Schüler/in in Einzelarbeit Argumente für die Position, die seiner/ihrer Seite zugeteilt ist.

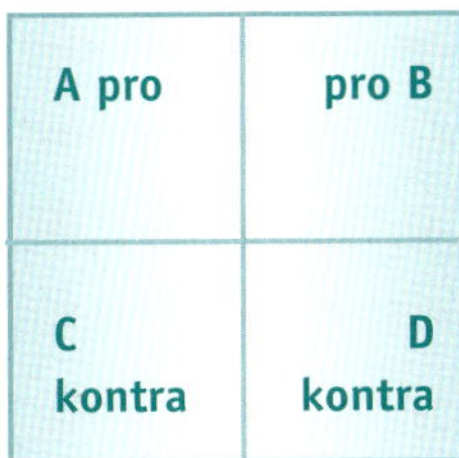

2. **Partnerarbeit:** Dann stellen sich die Partner, die dieselbe Seite vertreten sollen, ihre Argumente vor und erarbeiten eine gemeinsame Argumentation.

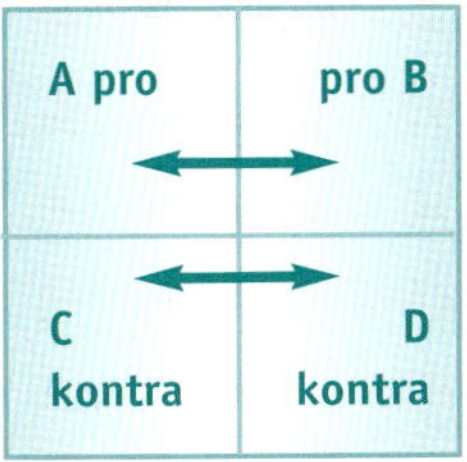

II. Vorstellung der Argumentation und Diskussion

3. **Gruppenarbeit:** Eine Person jedes Paars stellt seine Position dem anderen Paar vor, das sich die Argumente notiert. Dabei dürfen sie nicht unterbrochen werden. Nach der Vorstellung können Verständnisfragen gestellt werden.

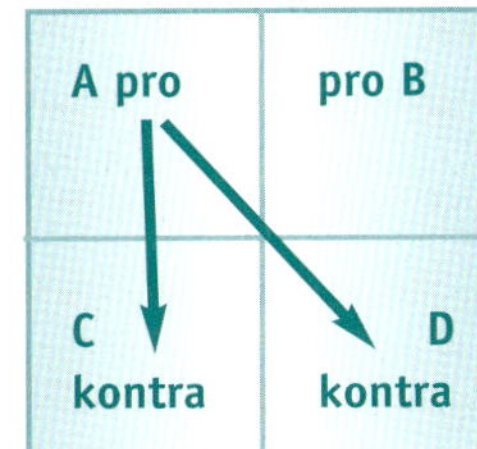

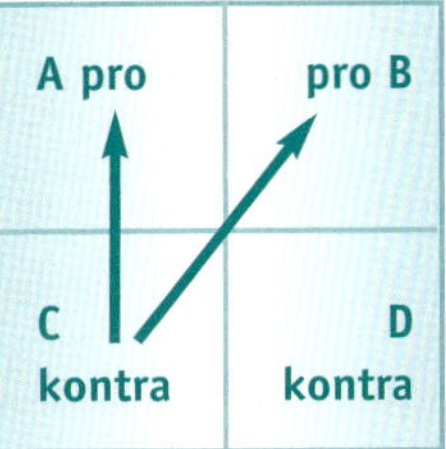

4. **Partnerarbeit:** Die Paare diskutieren das Problem. Dabei dürfen sie aber nur die Position vertreten, die sie vertreten sollen.

III. Wechsel der Position

Die Teilgruppen wechseln die inhaltlichen Positionen. Wer zuvor die Pro-Seite vertreten hat, muss jetzt die Kontra-Seite übernehmen. Um dies sichtbar zu machen, tauschen sie ihre Plätze.

5. **Einzelarbeit:** Zunächst denkt sich jeder in die neue Position hinein und sammelt Argumente dafür.
6. **Partnerarbeit:** Die Paare stellen sich wieder ihre Argumente vor und erarbeiten eine überzeugende Argumentation.

IV. Wechsel der Tischgruppe

Im Uhrzeigersinn wechselt von jedem Tisch ein Paar zum Nachbartisch. Vorschlag für die Anweisung durch den Unterrichtenden: „Die Pro-Paare bleiben sitzen, die Kontra-Paare gehen im Uhrzeigersinn einen Tisch weiter."

7. **Gruppenarbeit:** Die beiden Paare stellen sich ihre Positionen vor.

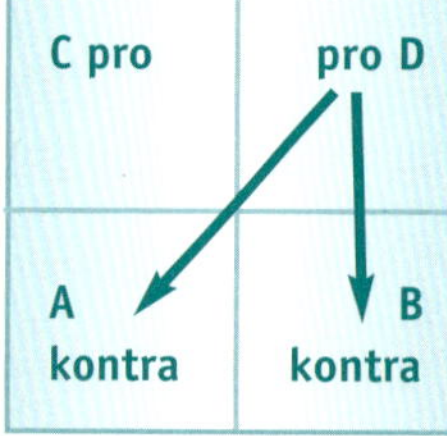

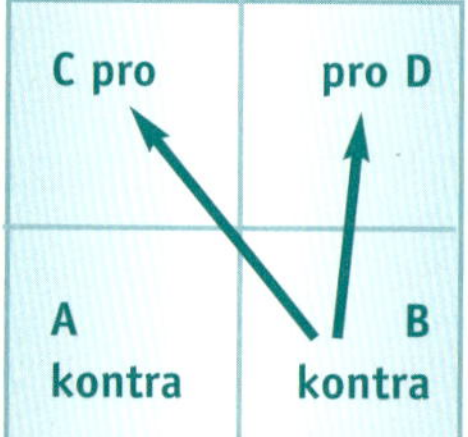

V. Den eigenen Standpunkt begründen und einen Konsens finden

Die Schüler gehen zurück in ihre Stammgruppen.

8. **Gruppenarbeit:** Nun kann die Gruppe frei über das Problem diskutieren.
9. **Gruppenarbeit:** Abschließend stellen alle Gruppenmitglieder nacheinander ihre persönlichen Positionen vor, ohne von den anderen unterbrochen zu werden. Dabei ist es nicht das Ziel, sich auf eine Position zu einigen.

VI. Methodenreflexion

10. **Plenum:** Erfahrungen mit der Methode werden ausgetauscht, ihr Sinn und Zweck wird reflektiert.

1.3.4 Was hat sich bei der Durchführung bewährt?

- **Die Kontroverse vorbereiten:** Die Argumente können vorher aus verschiedenen Quellen erarbeitet werden, so dass die Kontroverse dazu dient, die Argumente anzuwenden. Die erste Sammlung der Argumente kann auch zu Hause gemacht werden, weil die Schülerinnen und Schüler oft viel Zeit dafür brauchen.
- **Schritt für Schritt moderieren:** Die Methode verlangt auch vom Unterrichtenden ein konzentriertes Vorgehen. Legen Sie sich daher anfänglich die Übersicht (S. 31f.) aufs Pult und moderieren Sie so Schritt für Schritt durch den Prozess. Achten Sie darauf, dass die Schüler die Rollenzuweisungen und Zeitvorgaben einhalten.
- **Aufgaben zuweisen:** Legen Sie fest, dass zum Beispiel die Paare, die mit dem Rücken zum Fenster sitzen, zunächst Pro-Argumente sammeln, und die anderen Paare die Kontra-Argumente. Und damit die Partner sich beide auf die Vorstellung der Argumentation vorbereiten, sollte per Zufall bestimmt werden, wer jeweils die Argumentation vorstellt.
- **Transparenz schaffen:** Wenn den Schülern eine Position, für die sie Argumente finden sollen, zugeteilt wird, dann sind sie meist enttäuscht, weil sie lieber ihre eigene Position vertreten. Erklären Sie ihnen deshalb, dass sie später die Möglichkeit haben, die andere Seite zu vertreten. Und machen Sie ganz deutlich: Es geht darum, eine kluge und abgewogene Beurteilung treffen zu können.
- **Tiefes Verständnis fördern:** Die zentrale Herausforderung dieser Methode liegt für die Schüler darin, die andere Auffassung wirklich zu erkunden und nicht nur formal Argumente zu nennen. Machen Sie Ihren Schülerinnen und Schülern deutlich, dass in der neutralen Untersuchung von Argumenten eine hohe Kompetenz liegt, die man nur nach einiger Übung erwirbt.
- **Arbeitsblätter kopieren:** Damit der Prozess der Kontroverse für die Schüler übersichtlicher wird, können Sie Arbeitsblätter vorbereiten, in denen Felder zum Ausfüllen für die einzelnen Schritte vorgesehen sind (vgl. Kopiervorlage, S. 39).
- **Kooperative Fähigkeiten voraussetzen:** Die Schüler sollten Erfahrungen mit einfachen Formen des Kooperativen Lernens haben und dabei grundlegende soziale Fähigkeiten erworben haben. Denn der Ablauf der Strukturierten Kontroverse verlangt ein hohes Maß an Disziplin. Schüler wie Erwachsene neigen bei diesem Verfahren leicht dazu, die Form aufzubrechen und frei zu diskutieren.
- **Argumentation einüben:** Ja nach Alter und Lernziel können Sie mit Ihren Schülern einüben, wie eine Argumentation aufgebaut ist (These – Begründungen – Schlussfolgerung, Argumente ordnen, z. B. der Wichtigkeit nach).

1.3.5 Wie können Sie das Verfahren variieren?

- **Stärker strukturieren:** Es gibt auch die Möglichkeit, die Methode noch stärker zu strukturieren.[18] Dabei wird den Schülern erst am Ende erlaubt zu diskutieren. Davor stellen sie nur ihre Position dar. Außerdem bekommen sie Zeit, Widersprüche und Gegenargumente zu finden und darzulegen. Diese Variante strukturiert noch stärker das Denken, erfordert aber von den Schülerinnen und Schülern noch mehr Disziplin. Der strenge Ablauf hemmt den Drang, Argumente nicht nur darzustellen, sondern auch zu diskutieren. Das kann auf die Schülerinnen und Schüler mitunter etwas unnatürlich wirken. Aber probieren Sie die Variante aus und machen Sie ihre eigenen Erfahrungen. Der Ablauf ändert sich ab Punkt 5: (...)

5. Jede Teilgruppe bedenkt für sich die Probleme und Widersprüche der Position der anderen und formuliert Gegenargumente.
6. Die Paare stellen sich gegenseitig die gefundenen Probleme und Widersprüche vor.
7. Die Paare wechseln die Positionen. Um dies sichtbar zu machen, tauschen sie ihre Plätze. Jetzt muss jedes Paar die andere Seite vertreten. Dazu entwickelt zunächst jeder für sich eine Argumentation, in der er versucht, die zuvor gefundenen Probleme und Widersprüche aufzulösen.
8. Dann entwickelt jedes Paar wieder eine gemeinsame Position.
9. Die Paare stellen sich ihre Argumentationen vor. (...)

Jetzt geht es weiter im oben beschriebenen Ablauf mit IV.

[18] Diese Variante ist dargestellt in: Bennett/Rolheiser/Stevan 1991, S. 308ff.

♦ **Meinungen sichtbar machen:**

- Vier-Ecken-Methode: Zur Vorabfrage der Meinungen vor dem Prozess der Strukturierten Kontroverse bietet es sich an, die Vier-Ecken-Methode anzuwenden: Jede Ecke des Klassenraumes wird für eine bestimmte Meinung reserviert (ich bin dafür – ich bin unentschieden, aber eher dafür – ich bin unentschieden, aber eher dagegen – ich bin dagegen). Die Schüler verteilen sich dann je nach ihrer Position. Wenn sie dies am Ende des Prozesses wieder machen, werden Veränderungen sehr deutlich.
- Meinungslinie: Die Positionen können Sie auch mit einer Meinungslinie verdeutlichen. Dazu kleben Sie mit Krepp-Klebeband im Raum eine Linie auf. Diese wird in gleichen Abständen mit Zahlen von 1-10 beschriftet. An den Enden befinden sich auf Papier zwei gegensätzliche Positionen. Die Schüler ordnen sich diesen Positionen gleichsam wie auf einer Skala zu.

♦ **Redeanteile begrenzen:** Wenn die Schüler diskutieren, dann können Sie durch Redekärtchen dafür sorgen, dass die Redeanteile ausgeglichen sind.[19]

♦ **Situationen simulieren:** Für die Schüler kann der Prozess noch lebendiger werden, wenn er in ein Rollenspiel eingebettet wird. Wenn es z. B. darum geht, ob ein Kraftwerk in der Umgebung des Wohnorts gebaut werden soll, dann kann man die Rollen der Befürworter (z. B. Kraftwerksbetreiber oder Vertreter des Wirtschaftsausschusses der Stadt) und Gegner (z. B. Vertreter einer Bürgerinitiative) unter den Schülern verteilen.

1.3.6 Wie können Sie die Methode einführen?

♦ **Kommunikative Fähigkeiten vertiefen:**

- Bewusstsein schaffen: Eine zentrale Fähigkeit beim Diskutieren ist, dass man versucht, sich in die Denkweise des anderen hineinzuversetzen und dies ihm auch zu signalisieren. Mit der Kopiervorlage „Wie reagieren Sprecher auf ihre Gesprächspartner?“ (vgl. S. 37) können Sie bei Ihren Schülern ein Bewusstsein für diese Art zu diskutieren wecken. Die Aussagen unterscheiden sich: Entweder sieht der Sprecher nur seine eigene Position oder er macht deutlich, dass er auch die Position des anderen sieht und versteht. Dies heißt nicht, dass der Sprecher nicht sein Argument für überzeugender halten kann. Aber er akzeptiert, dass es auch andere Sichtweisen und Standpunkte zu der Streitfrage geben kann. Die zur Kopiervorlage passende Methode (Concept Attainment) wird in Kapitel 2 eingehend erläutert.
- Die T-Tabelle einsetzen: Im ersten Band haben wir eine Möglichkeit vorgestellt, die sozialen und kommunikativen Fähigkeiten der Schüler zu fördern (vgl. Bd. 1, S. 134). Mit dieser Methode können die Schüler auch einüben, sich immer auf den Beitrag der Vorredner zu beziehen oder Kritik in freundlicher Weise zu äußern.

1.3.7 Warum ist die Strukturierte Kontroverse lernwirksam?

Die Strukturierte Kontroverse ist eingehend erforscht worden und dabei wurde stets deutlich, dass die Schüler und Schülerinnen in vielfacher Hinsicht von dieser Methode profitieren. Die Gebrüder Johnson verweisen darauf, dass in mehr als einem Dutzend von Studien nachgewiesen wurde, dass der Lernzuwachs im Vergleich zur einfachen Debatte aber auch zum klassischen Unterricht wesentlich höher ist.[20] Das ist auch nicht verwunderlich. Denn die Schüler, die an der Strukturierten Kontroverse teilnehmen, rufen immer wieder ihr Wissen in Erinnerung. Sie sind aber auch besser in der Lage, Wissen auf neue Situationen zu übertragen. Es ist nachgewiesen, dass sie häufiger metakognitive Strategien benutzen und auf hohem kognitivem Niveau denken. Sie können besser Prinzipien generalisieren und auf andere Situationen übertragen, als dies vergleichbare Schüler durch den herkömmlichen Unterricht können. Dass die zwischenmenschliche Beziehung sowie das persönliche Wachstum und Wohlbefinden der Schülerinnen und Schüler durch die Strukturierte Kontroverse gefördert wird, ist eigens nachgewiesen aber kaum noch verwunderlich.[21]

[19] Die Redekärtchen werden erklärt in: Band 1, S. 33f.

[20] Johnson/Johnson 1999, S. 71f.

[21] Johnson/Johnson 1999, S. 73.

1.3.8 Wann können Sie die Strukturierte Kontroverse einsetzen?

Die Strukturierte Kontroverse kann eingesetzt werden, um zur Diskussion stehende Fragen aus unterschiedlichen Perspektiven zu betrachten. Daher ist die Methode immer dann sinnvoll, wenn es darum geht, die Urteilsbildung und Moralentwicklung der Schüler zu fördern.

Nahezu jeder Unterricht bietet eine unendliche Fülle an Kontroversen und multiperspektivischen Zugängen. Diese können – natürlich in der täglichen Praxis immer nur exemplarisch – zum Unterrichtsgegenstand werden. Daher sind die folgenden Beispiele nur als Anregung zu verstehen, bei welchen Unterrichtsinhalten die Strukturierte Kontroverse eingesetzt werden kann:

- **Deutsch und Fremdsprachen:** Erörterungen, auch im Zusammenhang mit Ganzschriften.
- **Englisch**: Students consider the issue of civil disobedience. They learn that in civil rights movement in the United States, individuals broke the law to gain equal rights for minorities.
- **Geschichte:** War die Athener Demokratie wirklich demokratisch? Trägt Deutschland die Verantwortung für den Kriegsausbruch 1914 (Fischer-Debatte)? War der Nato-Einsatz im Kosovo-Krieg 1999 gerechtfertigt?[22]
- **Religion:** Ist das Kopftuch Ausdruck religiöser Selbstbestimmung oder der Unterdrückung der Frauen?
- **Ethik/Philosophie/Religion:** Gibt es Situationen, in denen man lügen darf? Soll man es einem Lehrer sagen, wenn ein Freund etwas Kriminelles gemacht hat? Darf man foltern, wenn damit Leben gerettet werden kann?
- **Politik:** Sind Formen der direkten Demokratie eine Antwort auf die Politikverdrossenheit?
- **Biologie/Erdkunde:** Sind gentechnisch veränderte Pflanzen eine angemessene Antwort auf die Nahrungsmittelknappheit?
- **Physik:** Atomkraft oder erneuerbare Energie – was sollte Vorrang haben?
- **Chemie/Biologie:** Methan verstärkt den Treibhauseffekt – ist der Verzicht auf fleischliche Lebensmittel ein Ausweg?

Am Ende des Kapitels finden Sie ausformulierte Streitfragen, die Sie zum Ausgangspunkt Ihres Unterrichts machen können (vgl. S. 41).

[22] Wie dies konkret aussehen kann, wird dargestellt in: Roemer 2008, S. 57ff.

TIPP!

Streitschlichter schulen

Neben dem Kooperativen Lernen beschäftigen sich die Gebrüder Johnson mit den Möglichkeiten zur Streitschlichtung in Schule. Dazu haben sie ein Modell entwickelt, erprobt und vielfach evaluiert, das auf drei Säulen beruht:

1. Etablierung eines kooperativen Umfeldes. Das beginnt mit der Einführung des Kooperativen Lernens im Unterricht und führt zu einer Kultur der kooperativen Schule hin.
2. Einführung der Strukturierten Kontroverse: Durch die gezielte Einführung der Methode lernen die Schüler, wie sie kognitive Konflikte bewältigen und dabei ihre Motivation und ihren Lernzuwachs steigern können.
3. Die Schulen etablieren ein Streitschlichterprogramm (Peacemaker-Program), in dem die Schüler lernen, wie sie eigene Konflikte konstruktiv lösen und zwischen anderen Schülern vermitteln können.

Die Ergebnisse der Metastudie sind sehr ermutigend. Sie zeigen auf, dass sich in Kooperativen Schulen der Umgang miteinander signifikant verbessert. Die Ergebnisse machen deutlich, dass diese Verbesserungen nicht beim sozialen Miteinander Halt machen, sondern sich in ganz erheblichem Maße auch auf die kognitiven Leistungen der Schülerinnen und Schüler auswirken.

Informieren Sie sich doch einmal auf der Homepage der Gebrüder Johnson über ihr Modell zur Streitschlichtung. Dort finden Sie auch eine umfassende Metastudie, in der die hier nur angedeuteten positiven Ergebnisse genau nachzulesen sind.[23]

[23] Vgl. Johnson/Johnson 2000 b.

1.3.9 Übung

Kennen Sie die „Fishbowl-Methode“? Sie findet sich in unterschiedlichen Varianten in vielen Methodenhandreichungen. Bei dieser Methode sitzen fünf diskussionsbereite Schüler in der Mitte des Klassenraums. Die anderen Schüler bilden die Beobachtergruppe. Ein weiterer leerer Stuhl ist für freiwillige Teilnehmer aus der Beobachtergruppe. Sie können dort kurzzeitig Platz nehmen und einen Beitrag in die Diskussion einbringen. Anschließend müssen sie wieder in den Außenkreis gehen. Die anderen Schüler der Klasse sitzen um die Diskussionsgruppe und beobachten die Diskussion und das Gesprächsverhalten der Schüler. Fishbowl heißt diese Methode, weil die Diskutierenden vergleichbar den Fischen in einem Aquarium beobachtet werden.

Aufgabe:

Vergleichen Sie die Strukturierte Kontroverse mit dem Fishbowl-Verfahren. Füllen Sie dazu zunächst die folgende Tabelle aus:

	Fishbowl-Debatte	**Strukturierte Kontroverse**
Gleichzeitige Aktivierung aller Schüler		
Grad der individuellen Verantwortung für das Gelingen der Methode		
Veranlassung zum Perspektivwechsel		
Druck auf zurückhaltende Schüler bei Diskussion		
für Lehrkraft beobachtbares Diskussionsverhalten		
erforderliche Sitzordnung		
Anforderungen an die Lehrkraft		

Nehmen Sie jetzt noch einmal beide Methoden in den Blick. Wann würden Sie die beiden Verfahren im Unterricht einsetzen?

Unseren Lösungsvorschlag finden sie auf S. 175.

Wie reagieren die Sprecher auf ihre Gesprächspartner?

1. Alleine denken:

Im Folgenden finden Sie acht Äußerungen in einer Diskussion. Finden Sie heraus, welche gemeinsamen Merkmale die Aussagen mit den geraden Zahlen und welche gemeinsamen Merkmale die Aussagen mit den ungeraden Zahlen besitzen! Tragen Sie Ihre Ergebnisse unten auf dem Blatt in das vorgesehene Feld ein.

1. Die Steuern für die Unternehmen müssen erhöht werden, damit auch die Armen etwas vom Wirtschaftsaufschwung haben.	*2. Ich glaube auch, dass möglichst alle etwas von den Gewinnen der Unternehmen haben sollten, aber wenn die Steuern für die Unternehmen erhöht werden, dann können sie nicht mehr investieren und es gibt mehr Arbeitslose oder die Unternehmen gehen ins Ausland. Und dann gibt es keinen Wirtschaftsaufschwung mehr.*
3. Man muss andere Kulturen tolerieren und sensibel für ihre Eigenheiten sein, anstatt alle nach unseren westlichen Maßstäben zu beurteilen.	*4. Ich sehe ein, dass man die Eigenheiten aller Kulturen schützen muss, aber wollen die Menschen der anderen Kulturen nicht auch Freiheit und Gewaltlosigkeit?*
5. Freundschaft ist ein hoher Wert. Man muss auch zu dem Freund stehen, wenn der was gemacht hat, was man nicht so gut findet.	*6. Ich stimme mit dir überein, dass Freundschaft wichtig ist, aber man muss auch an die Folgen denken, wenn man das kriminelle Handeln des anderen deckt.*
7. Es ist gut für die Wirtschaft, wenn der Staat neue Schulden macht und Steuern senkt.	*8. Ich verstehe, dass die Menschen für Steuersenkungen sind. Aber dann leben wir auf Kosten unserer Kinder und Enkel.*

Merkmale der Aussagen in der linken Spalte (1, 3, 5, 7):	Merkmale der Aussagen in der rechten Spalte (2, 4, 6, 8):

2. Austausch:

Stellen Sie Ihre Ergebnisse reihum den Teammitgliedern vor.

Finden Sie ein gemeinsames Ergebnis.

Merkmale der Aussagen in der linken Spalte (1, 3, 5, 7):	Merkmale der Aussagen in der rechten Spalte (2, 4, 6, 8):

3. Alleine denken:

Testen Sie Ihre Ergebnisse an den folgenden Beispielen, indem Sie diese jeweils den geraden oder ungeraden Zahlen zuordnen.

A. *Sicherlich ist es unter dem Gesichtspunkt der Macht besser, so zu handeln. Aber ich finde, dass eine Partei sich an den vor der Wahl gegebenen Versprechen orientieren muss.*

B. *Es ist mir völlig unklar, wie man gegen eine Vermögenssteuer sein kann. Das ist doch gerecht.*

C. *Toleranz ist von hohem Wert, aber wir müssen uns auch fragen, was passiert, wenn wir Intoleranz tolerieren.*

Ordnen Sie hier zu:

Wie die Aussagen der linken Spalte	Wie die Aussagen der rechten Spalte

4. Austausch:

Entscheiden Sie nun gemeinsam, wo die drei obigen Testsätze zugeordnet werden müssen. Jeder übernimmt einen Satz und stellt seinen Standpunkt in der Gruppe vor. Die Gruppe versucht nach jeder Vorstellung zu einem Konsens zu kommen. Nach dem Zufallsprinzip wird später ausgewählt, wer das Ergebnis vorstellt.

5. Vorstellen:

Stellen Sie Ihr Ergebnis nun in der Klasse zur Diskussion. Begründen Sie und stellen Sie dar, wie Sie zu dem Ergebnis gekommen sind.

Arbeitsblatt zur Sammlung der Argumente bei der Strukturierten Kontroverse

Datum: ______________________

Name: ______________________

Zentrale Streitfrage: ______________________

____

____

I. Pro - Argumente ______________________

____

1. ______________________

____

2. ______________________

____

3. ______________________

____

4. ______________________

____

5. ______________________

II. Kontra - Argumente ______________________

____

1. ______________________

____

2. ______________________

____

3. ______________________

____

4. ______________________

____

5. ______________________

____

Meine persönliche Position zum Thema mit Begründung (Fortsetzung Rückseite): ______________________

____

____

COPY

Reflexion nach der Strukturierten Kontroverse

Hat sich mein Standpunkt im Laufe des Prozesses der Strukturierten Kontroverse verändert und wenn ja, wie? Kreuze eines der Felder an und begründe im vorgesehenen Feld:

1. Ich habe meine Meinung geändert. ☐

2. Ich habe meine Meinung behalten, bin aber sicherer in ihr geworden. ☐

3. Ich habe meine Meinung nicht geändert, bin aber nachdenklicher geworden und vielleicht ändere ich meine Meinung noch. ☐

4. Bei mir hat sich beim Prozess der Kontroverse nichts verändert. ☐

5. Bei mir hat sich Folgendes getan, was oben nicht genannt worden ist.

____

____

____

____

Begründung

____

____

____

____

____

____

____

Ich habe innere Widerstände beim Argumentieren für eine Position, die nicht meine ist, gespürt. Welche?

____

____

____

____

____

Streitfragen für die Strukturierte Kontroverse

Themenbereich 1: Freundschaft

TEXT 1: Justins Problem

Justin und Kick sind gute Freunde. Kick heißt eigentlich Florian. Er wird aber Kick genannt, weil er andere oft tritt. Er ist auch häufig mit anderen in Kämpfe verwickelt. Aber mit Justin hat er nie Probleme gehabt. Auch Justin mag ihn. Kick hat ihm schon oft gegen Stärkere beigestanden.

Eines Tages sieht Justin, wie Kick einen jüngeren Schüler aus einer anderen Schule verprügelt und erst aufhört, als der ihm seinen Geldbeutel gibt. Kick rennt davon, bevor Justin etwas tun kann.

Am nächsten Tag kommt die Polizei mit dem beraubten Jungen in die Schule. Sie fragt, wer gesehen habe, wie der Junge verprügelt und beraubt wurde. Der Junge entdeckt Justin. Er deutet auf ihn und sagt, er habe Justin zusammen mit dem gesehen, der ihn überfallen habe und dass Justin den Überfall auch gesehen haben muss.

Der Polizist fordert Justin auf, den Namen des Täters zu nennen, sonst würde er sich als Mitwisser strafbar machen.

TEXT 2: Katjas beste Freundin

Katja, 16 Jahre alt, war mit Monika, ihrer besten Freundin, in die große Pause gegangen. Sie geht allein zum Schulbäcker, um sich ihr Pausenbrot zu kaufen. Als sie vom Bäcker zurückkommt, sieht sie, wie ein fremder Junge Monika einen 50-Euro-Schein gibt und die ihm ein Päckchen Drogen zusteckt. Katja kann es nicht fassen, dass ihre beste Freundin mit Drogen handelt. Katja will Monika zur Rede stellen. Aber da klingelt es und Monika geht in die Schule. Als Katja ihr folgen will, steht plötzlich ein Lehrer vor ihr. „Da wurde doch bestimmt mit Drogen gehandelt.“, meint dieser. „Du hast das doch gesehen? Wir können das Drogendealen an unserer Schule nicht zulassen. Sag mir, hat Monika Drogen verkauft?“

Themenbereich 2: Politik

TEXT 3: Darf das Flugzeug abgeschossen werden?

Am 18. Juni 2004 hat der Bundestag ein Gesetz beschlossen, das es erlaubt, ein entführtes und mit Passagieren voll besetztes Flugzeug abzuschießen, wenn es als Waffe gegen das Leben anderer Menschen eingesetzt zu werden droht. Um sich klar zu machen, was das heißt, kann man sich folgenden Fall vorstellen: Eine Passagiermaschine fliegt auf das Zentrum von Frankfurt zu. Der Kapitän konnte gerade noch melden, dass es entführt worden ist. In dem Flugzeug sitzen über 300 Menschen. Man weiß nicht, was die Entführer vorhaben. Die entscheidende Frage für die Regierung lautet nun: Darf das Flugzeug abgeschossen werden? Darf ein Staat 300 unschuldige Menschen in den sicheren Tod befördern, um das Leben vieler anderer zu retten?

TEXT 4: Putins Dilemma

Erster Schultag an einer Schule in Beslan. Die Schule ist voller Menschen, wie es bei einer Einschulung eben ist: Nicht nur die Kinder und Lehrer/innen, auch Eltern und Großeltern sind in der Schule, insgesamt über 1000 Menschen. Dann dringen Geiselnehmer in die Schule ein, sie sind brutal und fordern, dass Terroristen, die Menschen umgebracht haben, freigelassen werden. Sonst würden sie die Geiseln in der Schule töten. Nun muss der Präsident des Landes, Putin, entscheiden. Wenn er nachgibt, kann er damit rechnen, dass die Geiseln freikommen. Dann aber muss er Terroristen aus dem Gefängnis entlassen. Wenn er nicht nachgibt, muss er die Schule stürmen lassen und dabei würden wahrscheinlich viele Unschuldige ihr Leben lassen. Was soll er tun?

Ein Blick zurück

Die Strukturierte Kontroverse

In diesem Kapitel haben Sie ...

- die Strukturierte Kontroverse als komplexe Methode kennengelernt, die vor allem die Entwicklung der argumentativen Fähigkeiten sowie die Einübung in den Perspektivwechsel und die Urteilsbildung zum Ziel hat.
- erfahren, dass der Unterrichtende vor allem dafür Sorge tragen muss, dass die Struktur der Methode sorgfältig umgesetzt wird, damit der Unterricht gelingt.
- Beispiele dafür kennengelernt, dass die Methode in fast jedem Unterricht eingesetzt werden kann.
- gelesen, dass die Schülerinnen und Schüler über grundlegende kooperative Kompetenzen verfügen sollten, wenn Sie die Methode im Unterricht einführen, und einen Vorschlag bekommen, wie man bestimmte kommunikative Fähigkeiten einüben kann.
- einen Einblick in die sehr positiven Forschungsergebnisse zur Strukturierten Kontroverse bekommen.
- eine Möglichkeit der Reflexion im Anschluss an die Strukturierte Kontroverse kennengelernt.

1.4 Strukturierte Debatte

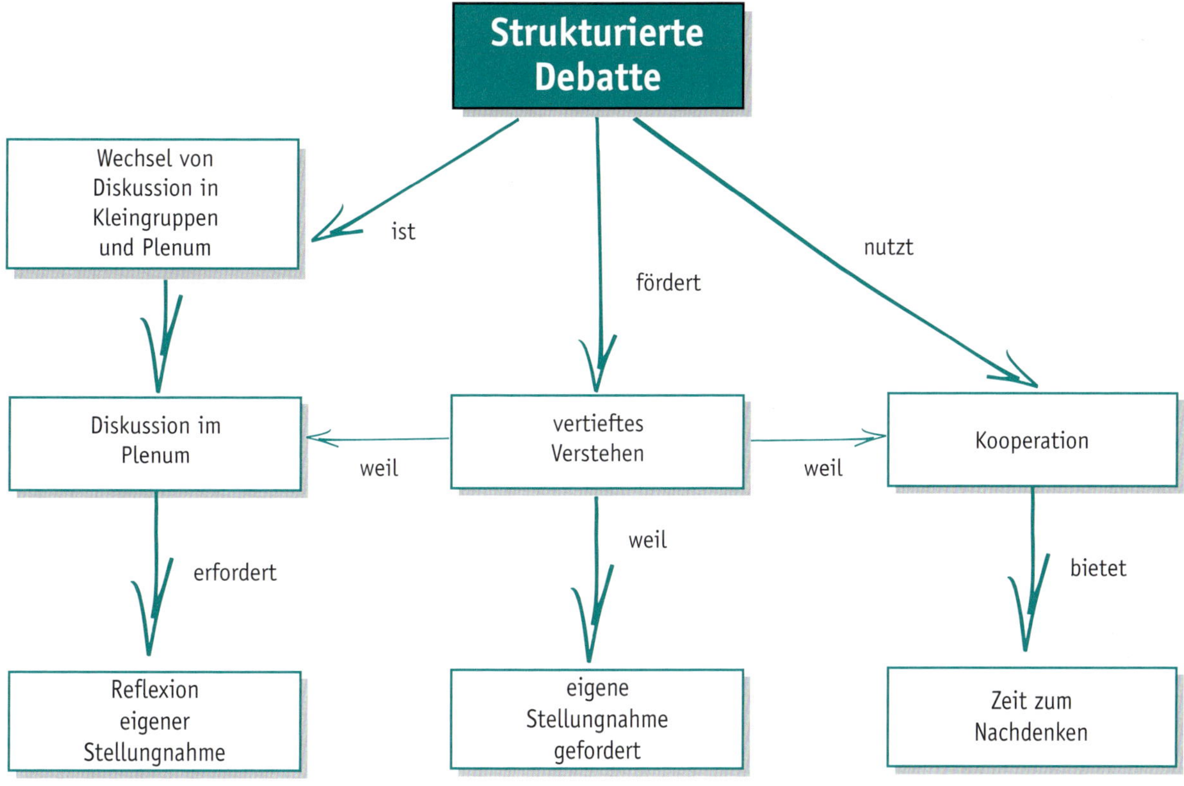

In diesem Kapitel ...

- möchten wir Ihnen die „Strukturierte Debatte" vorstellen, die wie die Strukturierte Kontroverse der Schulung der Argumentationsfähigkeit und der Urteilsbildung dient, aber dies auf eine andere Weise erreicht.
- bei der Strukturierten Debatte stellen die Schülerinnen und Schüler ihre in Einzel- und Gruppenarbeit gebildeten Positionen im Plenum vor. Die anderen Schüler sollen darauf reagieren. Zuvor haben sie aber die Möglichkeit, ihre Reaktion in einer erneuten Einzel- und Gruppenarbeit vorzubereiten.

1.4.1 Einführung

Der kanadische Lehrer Richard Elson hat die Strukturierte Debatte entwickelt. Diese Methode ist relativ unbekannt und auch in der einschlägigen Literatur nur mit Mühe zu finden.[24] Doch ihr Einsatz im Unterricht ist sehr lohnenswert. Sie ist etwas schwungvoller als die Strukturierte Kontroverse, aber sie zwingt die Schüler nicht zum Perspektivwechsel.

Bei der Strukturierten Debatte geht es darum, dass die Schüler einüben, kritisch zu denken, zu argumentieren und aufeinander einzugehen und zu urteilen. Im Vergleich zur Strukturierten Kontroverse ist die Abfolge der Phasen bei dieser Methode weniger kleinschrittig. Die Schüler müssen im Verlauf der Methode zu einer Streit- oder Problemfrage eigene Stellungnahmen entwickeln und auf andere Stellungnahmen reagieren. Gerade letzteres wird oft von den Schülern nicht beherrscht. Sie können zwar ihre eigene Meinung vorstellen, aber nicht auf andere eingehen. Daher bekommen sie bei dieser Methode nach der Präsentation einer Stellungnahme erneut etwas Zeit, um erst alleine und dann in der Gruppe eine Reaktion zu entwickeln.

1.4.2 So geht es

Stellungnahmen entwickeln

1. Einzelarbeit: Jeder liest einen vorliegenden Text für sich, arbeitet die Kerngedanken heraus und formuliert zu dem im Text dargestellten Sachzusammenhang eine Stellungnahme.
2. Austausch: Eine Person stellt ihr Ergebnis in der Kleingruppe vor, z. B. Schüler D. Die anderen stimmen zu, korrigieren und ergänzen, bis die Gruppe ausgehend von dem Ergebnis von Schüler D ein gemeinsames Ergebnis bezüglich der Kerngedanken hat. Die Gedanken fließen in eine gemeinsame schriftliche Stellungnahme der Kleingruppe, die in der Regel stichwortartig oder mittels einer Visualisierung festgehalten wird.

Ergebnisse zur Diskussion stellen

3. Präsentation: Eine Gruppe stellt zunächst ihre Gedanken im Plenum vor. Die Zuhörer machen sich Notizen, um präsent zu haben, was die Gruppen vorgestellt haben.

Auf die Stellungnahmen reagieren

4. Einzelarbeit: Jeder Schüler bedenkt die vorgestellten Gedanken. Dabei sollte er möglichst auf alle Argumente eingehen – entweder zustimmend oder ablehnend, aber immer begründet. Außerdem kann er Neues ergänzen.
5. Austausch: Die Gruppenmitglieder stellen in der Kleingruppe nacheinander vor, was sie sich überlegt haben. Dann entwickeln sie möglichst eine gemeinsame Reaktion auf die Präsentation.
6. Plenum: Eine Gruppe stellt nun ihre Reaktion auf die Stellungnahme vor. Anschließend können andere ergänzen, korrigieren oder widersprechen.

Weiterführung

7. Danach beginnt der Prozess von vorne: Eine weitere Gruppe stellt ihre Gedanken im Plenum vor. Wieder müssen die anderen Schüler darauf reagieren. Grundsätzlich kann dieser Prozess solange weiter-

[24] Der ursprüngliche Name ist Team Analysis; dargestellt in Bennett/Rolheiser 2001, S. 319ff., teilweise jedoch von uns verändert. Denn dort wird z. B. empfohlen, dass der Lehrer die Beiträge immer unmittelbar benotet. Davon würden wir Abstand nehmen.

geführt werden, bis die Problematik tief genug durchdrungen ist. In der Praxis erweist es sich als sinnvoll, drei oder vier Durchgänge einzuplanen.

1.4.2 Tipps für die Praxis

- Die Gedanken an der Tafel sammeln: In den unteren Jahrgängen ist es mitunter sinnvoll, die von den Schülern vorgestellten Kerngedanken an der Tafel zu sammeln oder auf einer Folie mitzuschreiben. Die Folie kann in der anschließenden Phase auf den TLP gelegt werden. Das entlastet die zuhörenden Schüler, die mit dem Anfertigen von Gesprächsnotizen noch überfordert sind. Wenn es aber die Kompetenzen der Schüler zulassen, dann achten Sie darauf, dass die Schüler sich immer Notizen machen.
- Den Ablauf etwas beschleunigen: Wenn die Diskussion etwas mehr Schwung bekommen soll, kann auf eine gemeinsame Stellungnahme der Gruppen verzichtet werden. Dann dienen die Kooperationsphasen vor allem als Ideengeber. In der Kleingruppe kann jeder seine Argumentation vorbereiten und Sicherheit gewinnen.
- Redeanteile begrenzen: Geben Sie vor, dass erst dann ein Schüler während der Kleingruppenarbeit das zweite Mal reden darf, wenn alle anderen Mitglieder seiner Gruppen etwas beigetragen haben. So erhöhen Sie die Aktivierung aller. Denn auch wenn einer in der Kleingruppe eloquent argumentieren kann, heißt das noch nicht, dass die anderen diese Gedanken auch später darstellen können. Die Schüler können hierzu Redekärtchen bekommen (vgl. Bd. 1, S. 33). Diese können sie auch in der Phase des Austauschs nutzen.
- Beiträge nach dem Zufall einfordern: Erhöhen Sie auch bei dieser Methode die individuelle Verantwortung, indem Sie die Gruppen und die präsentierenden Gruppenmitglieder immer selbst auswählen oder den Zufall bestimmen lassen.
- Die mündlichen Beiträge beurteilen: Erarbeiten Sie Kriterien mit den Schülerinnen und Schülern für die Stellungnahmen und Reaktionen: Klarheit der Darstellung und Genauigkeit in der Argumentation, Komplexität, Originalität, Bezugnahme auf Vorhergehendes etc.
- Redundanzen sind erwünscht: Einzelne Gedanken werden sich wiederholen. Das ist durchaus gewünscht, denn erst dadurch werden den Schülern die Argumente so geläufig, dass sie frei damit umgehen können und sie sich diese tiefer einprägen. Aus der Unterrichtserfahrung wissen wir, dass es häufig nicht ausreicht, wenn ein Argument einmal genannt wurde. Erläutern Sie den Schülern dies im Vorfeld. Dabei können Sie auf öffentliche Debatten verweisen, in denen sich Argumente ständig wiederholen. Manchmal überzeugt ein Argument erst, wenn man es ein zweites oder drittes Mal hört – oder manchmal entdeckt man erst dann den Knackpunkt.
- Vor der Klasse sprechen: Bitten Sie die Schüler für die Stellungnahme nach vorne. Dann bekommt jeder Beitrag einen gewichtigen Charakter. Und halten Sie die Schüler, die die Reaktionen vorstellen, an aufzustehen. Dass sie sich auf die Vorredner beziehen und diese direkt ansprechen, sollte immer wieder betont werden.

Ein Blick zurück

Strukturierte Debatte

In diesem Kapitel haben Sie ...

- die Strukturierte Debatte kennengelernt. Dabei sollte deutlich werden, dass es sich hier um eine Form der Diskussion handelt, bei der die Teilnehmer immer erst Gelegenheit zum Nachdenken bekommen, bevor sie auf die Beiträge der anderen reagieren.
- lesen können, dass durch die Strukturierte Debatte die Fähigkeit zur reflektierten Diskussion gefördert wird.
- haben wir deutlich gemacht, dass die Strukturierte Debatte im Grunde in jeder Jahrgangsstufe einsetzbar ist.

1.5 Kleinprojekte in Gruppen

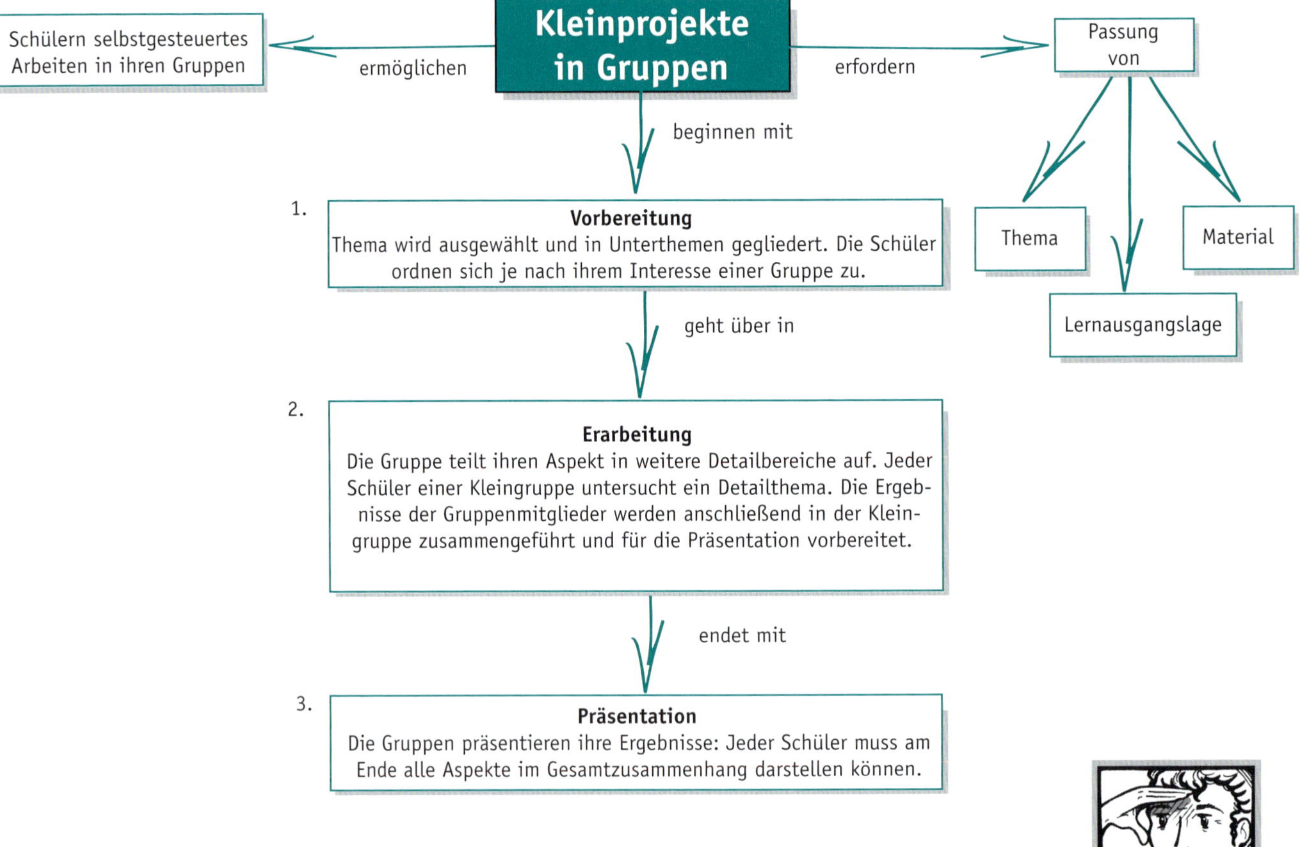

In diesem Kapitel ...

- stellen wir Ihnen die Methode Kleinprojekte in Gruppen als Verfahren vor, mit dem Schüler frei und interessegeleitet arbeiten können.
- geben wir Ihnen viele praktische Hinweise zur Durchführung, damit sich nicht die typischen Probleme der herkömmlichen Gruppenarbeit einschleichen (also z. B nicht ein Schüler die Arbeit für alle macht oder die Gruppen nur wenig leisten).
- erläutern wir Ihnen, welche Voraussetzungen die Schüler mitbringen müssen, um im Rahmen dieser Methode arbeiten zu können.

1.5.1 Ein Blick auf eine Studienfahrt

Kleingruppenprojekt in Weimar

Die Schüler des Leistungskurses Deutsch sind auf Studienfahrt in Weimar. Hier wollen sie die Welt der Klassiker erkunden und vor Ort sehen, in welcher Welt diese gelebt haben. Im Unterricht haben sie sich vorher mit dem Epochenumbruch vom 18. zum 19. Jh. beschäftigt. Auf der anderen Seite werden sie sich auch mit dem Abgrund des Menschlichen auseinandersetzen – bei einem Besuch der Gedenkstätte des ehemaligen KZs Buchenwald.

Wir begleiten sie auf dem ersten Teil der Reise, bei der Erkundung der Welt der Klassiker in Weimar. Die Welt der Goethezeit ist so vielfältig, dass sich der Lehrer – nennen wir ihn Adrian Bern – dafür entschieden hat, die Schüler in Gruppen unterschiedliche Aspekte erkunden zu lassen und diese dann an den Orten, um die es geht, den anderen vorzustellen. So gestalten die Schülerinnen und Schüler des Kurses selbst eine Stadtführung.

Da die Schüler die Vielfalt der möglichen Themen nicht kennen, bekommen sie nach dem Frühstück eine Liste, die Adrian Bern in Zusammenarbeit mit einem Kooperationspartner vor Ort erstellt hat. Zu jedem Thema gibt es Material, das durch eigene Nachforschungen ergänzt werden soll. Nach der Vorstellung der Themen gibt jeder Schüler auf einem Zettel ein Wunschthema und ein Ersatzthema an. Danach werden dann die Gruppen gebildet, keine größer als vier Personen. Wenn zu viele Schüler sich für ein Thema interessieren, entscheidet das Los:

- Klassizistische Architektur in Weimar
- Der Park an der Ilm als englischer Landschaftspark
- Goethes Haus am Frauenplan
- Goethes Gartenhaus
- Friedrich Schiller in Weimar
- Der Herzog Carl August von Sachsen-Weimar-Eisenach

Nach der Gruppenbildung bekommen die Schülerinnen und Schüler die Materialien. Sie setzen sich zunächst zusammen und planen ihre Arbeit. Sie überblicken ihr Material und unterteilen dann ihr Thema in vier Unterthemen. Jeder übernimmt eines davon. Wir begleiten die Gruppe, die den Park an der Ilm vorstellen will. Mathis übernimmt in dieser Gruppe das Thema „Die Gestaltung des Parks im Überblick“, Solveig „Das Felsentor und die Felsentreppe“, Orhan „Die künstliche Ruine und das Tempelherrenhaus“ und Lisa „Der Schlangenstein, das Borkenhäuschen und das Shakespeare-Denkmal“. Zunächst gehen die vier Schüler in das neue Studienzentrum der Herzogin Anna Amalia Bibliothek, um nähere Informationen zu ihrem Thema zu bekommen. Sie finden drei Bücher über den Park, aus denen jeder die entsprechenden Seiten für sein Thema kopiert und dann wichtige Informationen herausarbeitet. Die herrliche neue Bibliothek lädt mit ihrer Ruhe zu konzentrierter Arbeit ein. Danach gehen sie gemeinsam in den Park und trennen sich dort, damit jeder seine Orte aufsuchen und sie genau untersuchen kann, um die Mitschüler auch auf das ein oder andere Detail aufmerksam machen zu können. Der Himmel ist wolkig, ein frischer Wind weht, doch es bleibt trocken. Nach einer Stunde treffen sie sich wieder und gehen in ein Café, wo sie sich etwas zu trinken bestellen und auch eine Kleinigkeit essen. Hier präsentiert jeder seine Ergebnisse. Die anderen stellen Rückfragen und es wird deutlich, dass noch einige Informationen fehlen. Doch bevor sie diese klären, stimmen sie eine Reihenfolge ab, in der sie morgen die Orte des Parks vorstellen werden. Dann gehen sie noch einmal in das Studienzentrum, wo sie sich gegenseitig helfen, die fehlenden Informationen zu finden. Anschließend bereiten sie die Präsentation vor. Adrian Bern hat zur Vorgabe gemacht, dass keiner das präsentieren darf, wozu er selbst recherchiert hat. Daher stellt jetzt jeder die Ergebnisse seiner Recherche vor und es wird entschieden, wer was präsentiert. Jeder bekommt die entsprechenden Informationen, die er für sich so aufbereitet, dass er sie präsentieren kann. Dann machen sie – als eine Art Generalprobe – den Gang durch den Park und an jedem Ort präsentiert einer der drei, die dazu nicht recherchiert haben. Die anderen geben ihm Rückmeldung und noch Tipps zur Präsentation.

Am nächsten Morgen beginnt dann die Stadtführung. Jeder hat etwas zu schreiben mit, um sich wichtige Informationen zu notieren. Sie beginnen in Goethes Haus am Frauenplan, da es dort einer Voranmeldung bedurfte. Die Vortragenden stellen auch Fragen, über die die Schüler erst alleine und dann in ihren Gruppen nachdenken. Außerdem unterbrechen sie immer wieder ihre Präsentationen, damit die Mitschüler rekapitulieren können, was sie gehört haben, und sich dann darüber austauschen können. Durch diesen lebendigen Wechsel und die geübte Art und Weise der Präsentationen erhalten alle einen bleibenden Eindruck von dem Gesehenen und Gelernten. Wenn eine Gruppe fertig präsentiert hat, bekommt sie von ihren Mitschülern eine Rückmeldung. Dazu haben sie schon im Unterricht Kriterien erarbeitet.

Jeder Schüler führt ein Reisetagebuch, in das er alles Gelernte einträgt; außerdem schreibt er noch eigene Beobachtungen und Erfahrungen hinein, macht kleine Skizzen und vieles mehr.

Die Schülerinnen und Schüler des Kurses sind sich einig, dass sie diese Form des Lernens einer traditionellen Stadtführung vorziehen. Alexander formulierte es am Ende der Studienfahrt so: „Ich habe nicht gedacht, dass man in fünf Tagen so viel lernen könnte ...“

Kommentar

Adrian Bern hat auf dieser Studienfahrt die Methode „Kleinprojekte in Gruppen“[25] angewandt. Seine Schüler waren in Methoden des Kooperativen Lernens sehr geübt, daher entschied er sich dafür, sie in dieser freien Weise miteinander kooperieren zu lassen. Jeder Schüler war aktiv und hat eine Aufgabe übernommen. Er ist mit dieser Aufgabe aber nicht alleine gelassen worden, sondern hatte eine Gruppe, die ihn unterstützt hat, sowohl bei der Erarbeitung als auch bei der Vorbereitung der Präsentation. Bevor die Einzelnen vor der Großgruppe auftraten, konnten sie in der Kleingruppe ihre Präsentation üben und Sicherheit gewinnen. Jeder Schüler wusste, wenn Probleme bei der Erarbeitung seines Themas auftraten, dann würden die anderen ihm noch vor der Präsentation helfen.

Bei dieser Methode wird deutlich, wie die Verantwortung des Einzelnen und die Unterstützung der Gruppe so zusammenwirkten, dass die Schüler selbstständig, effektiv und motiviert lernten. Und durch die Anwendung von Verfahren des Kooperativen Lernens bei der Präsentation werden auch diese Phasen sehr intensiv und lernwirksam.

1.5.2 Einführung

Ziel des Kooperativen Lernens ist, dass die Schülerinnen und Schüler in ihren Gruppen selbstgesteuert arbeiten. Sie sollten irgendwann in der Lage sein, ein Thema gemeinsam in der Gruppe zu bearbeiten, jeden dabei einzubeziehen und diese Arbeit selbstständig zu planen und zu gestalten, auch ohne eine vom Lehrer vorgegebene Struktur. Die Schüler erreichen durch das Kooperative Lernen irgendwann den Punkt, an dem sie in dieser Weise freier miteinander kooperieren können. Wenn Sie den Eindruck haben, dass Ihre Schülerinnen und Schüler soweit sind, ihre Arbeit selbständig und verantwortlich zu gestalten, dann können Sie die Methode Kleinprojekte in Gruppen einführen.

Bei dieser Methode arbeiten die Gruppen zu verschiedenen Aspekten eines Themas. Innerhalb jeder Gruppe wird die Arbeit verteilt, so dass jeder etwas zum Ergebnis beiträgt. Die Gruppe sorgt also selber dafür, dass sich keiner der Arbeit entzieht. Aus diesen Einzelbeiträgen wird dann ein Ergebnis für die Präsentation vorbereitet. Von jedem Schüler werden in diesem Prozess hohe Kompetenzen selbstständiger Arbeit verlangt. Die Anforderungen bei dieser Methode sind höher als beim Gruppenpuzzle (vgl. Bd. 1, S. 111f.), bei dem auch Arbeitsteilung in der Gruppe stattfindet. Denn für den Einzelnen gibt es keine Möglichkeit mehr, sich in einer Expertengruppe über sein Thema auszutauschen. Daher ist die Methode nur für Schüler zu empfehlen, die schon länger erfolgreich kooperativ arbeiten und die die entsprechenden Kompetenzen erworben haben.

Ziel der Methode ist, dass die Schüler selbständig etwas erforschen. Dazu müssen sie recherchieren und die gefundenen Informationen verarbeiten, sinnvoll verknüpfen und präsentieren. In solcher Weise selbstständig Arbeits- oder Forschungsprojekte durchzuführen, ist eine Fähigkeit, die sie später im Berufsleben oder an der Universität benötigen.

1.5.3 So geht es

Kleinprojekte in Gruppen untergliedern sich in verschiedene Phasen. Der Lehrer stellt zu Beginn das Oberthema vor. Alternativ kann die Klasse es auch selbst wählen, wenn dies im Rahmen der unterrichtlichen Vorgaben möglich ist. Anschließend überlegen die Schülerinnen und Schüler, welche Fragen sie zu diesem Thema interessieren. Diese Fragen werden dann im Plenum gesammelt und geordnet und zu Unterthemen gebündelt.

Drei bis vier Schüler finden sich zu einem Unterthema zusammen. Bevor die Gruppen dann ihre Arbeit beginnen, stellt der Lehrer die Rahmenbedingungen und den Zeitplan für das Kleinprojekt vor.

Die Gruppenmitglieder bearbeiten anschließend ihre Aufgaben selbständig und tragen ihre Ergebnisse zusammen: Dazu entwirft jede Gruppe einen Zeit- und Arbeitsplan. Das Thema wird so weiter aufgefächert, dass jeder Schüler nur einen Bereich des Gruppenthemas selbstständig bearbeiten muss. Er muss Quellen suchen, in denen er Informationen zu seiner Fragestellung bekommen kann, diese auswerten und aufbereiten, das Neue mit dem Vorwissen verbinden und vieles mehr.

[25] Die Methode „Kleinprojekte in Gruppen“ (engl.: Group Investigation) geht zurück auf John Dewey und wurde von Shlomo und Yael Sharan weiterentwickelt. Vgl. Sharan/Sharan 1999, S. 97ff.

In regelmäßigen Abständen stellen sich die Gruppenmitglieder den bisherigen Stand ihrer Arbeit vor und geben sich Rückmeldungen. Wenn sie das eigene Wissen darstellen, festigen und klären sie es noch weiter; und durch die Fragen der anderen wird jedem klar, wo er noch genauer nachforschen muss. Manchmal können sich die Gruppenmitglieder auch noch Hinweise geben oder etwas ergänzen und so sich gegenseitig beim Erfüllen der eigenen Aufgaben unterstützen. Die Anzahl dieser Treffen hängt vom Umfang der Arbeit und vom Zeitplan ab.

Nach Abschluss der Arbeit der einzelnen Gruppenmitglieder stellt jeder seine Ergebnisse in der Kleingruppe vor. Daraus entwickelt die Gruppe ein Gesamtergebnis. Jetzt muss das, was der Einzelne einbringt, hinsichtlich seiner Bedeutung für das Ganze bewertet werden. Es muss entschieden werden, was aufgenommen und was weggelassen wird und wie die verschiedenen Informationen und Konzepte in einen in Bezug auf das gemeinsame Ziel sinnvollen Zusammenhang gebracht werden.

Die Gruppe überlegt dann, wie sie ihr Ergebnis der Klasse präsentieren kann und bereitet diese Präsentation vor. Jedes Gruppenmitglied sollte an der Präsentation beteiligt sein. Dabei geht es nicht darum, alles gefundene Wissen weiterzugeben. Denn bei angenommenen sieben Kleingruppen wäre dies für alle Schüler der Klasse unmöglich kognitiv zu verarbeiten. Daher müssen die Schüler ihr Wissen auf das Wesentliche reduzieren.

Es ist empfehlenswert, wenn die Gruppen lernen, bei Präsentationen nicht nur vorzutragen, sondern auch die Zuhörer zu aktivieren. Auf jeden Fall sollten sie den Mitschülern immer wieder Zeit zur Verarbeitung der Informationen alleine und in der Gruppe geben und die Gelegenheit für Nachfragen bzw. Rückmeldungen.

Alle Gruppenergebnisse werden nun zusammengeführt. Denn schließlich sollen die Schüler zusammenhängendes Wissen erwerben. Diese Zusammenführung sollte erst jeder in Einzelarbeit machen, denn es ist ein individueller Prozess der Wissenskonstruktion. Sehr gut eignet sich dazu eine Grafik, in der die Schüler den Gesamtzusammenhang strukturiert visualisieren. Die Schüler stellen sich ihre Grafiken in der Gruppe vor. Missverständnisse und Lücken können hier schnell entdeckt und verbessert werden. Später kann der Lehrer die Grafiken dann einsammeln. So bekommt er einen Überblick darüber, was die Schüler gelernt haben und was noch thematisiert werden muss. Alternativ können alle Ergebnisse in Form einer Projektzeitung veröffentlicht werden. Oder die Schüler werden aufgefordert, eine Zusammenfassung oder einen Essay zu dem Oberthema zu formulieren.

Abschließend reflektieren alle, welches Wissen sie erworben und welche Erfahrungen sie im Prozess gemacht haben.

1.5.4 Was hat sich bei der Durchführung bewährt?

- **Die Methode einführen:** Wählen Sie zu Anfang nicht zu umfangreiche Themen und stellen Sie das Material zur Verfügung. Dann können sich die Schüler auf die eigentliche Erarbeitung ihrer Sachgebiete konzentrieren. Erst wenn die Schüler über viele Kompetenzen des selbstständigen Arbeitens verfügen, können Sie die Kleingruppenprojekte in der oben beschriebenen Form durchführen.

- **Hinführung zum Thema:** Stellen Sie das Thema zum Beispiel durch entsprechende Überblickstexte, Bildersammlungen, Exkursionen oder Filme vor. So werden die Schüler mit dem Thema vertraut. Erst dann können sie eigene Fragen entwickeln, bei denen sich die unterrichtliche Auseinandersetzung lohnt. Wenn das Thema selber als Problemfrage formuliert wird, dann motiviert dies besonders zum Forschen.

- **Gruppen bilden:** Für die Gruppenbildung ist es sinnvoll, dass die Schülerinnen und Schüler in einer Einzelarbeitsphase aufschreiben, welcher thematische Aspekt sie interessiert. Jeder notiert zum Oberthema drei Unterthemen, so dass der Lehrer dann die Vierergruppen so bilden kann, dass jeder Schüler ein von ihm favorisiertes Thema bearbeiten kann. Natürlich sind auch Sympathiegruppen möglich. Diese haben aber ihre eigenen Regeln; nicht immer steht das Thema im Mittelpunkt.

- **Innere Differenzierung:** Innerhalb der Kleingruppen können die Fragen entsprechend der Leistungsstärke der Gruppenmitglieder verteilt werden. Dann bekommt der eine vielleicht ein komplexeres, der andere ein einfacheres Thema. Es ist eine große Leistung, wenn die Gruppe in dieser Weise differenziert. Der Lehrer wird sie

Übersicht

Kleinprojekte in Gruppen

Gemeinsame Planung und Gruppenbildung

1. Das Thema, das erarbeitet werden soll, wird vorgestellt.

2. Fragen werden zu dem Thema gesammelt bzw. Unterthemen, die dazu bearbeitet werden sollen, benannt.

3. Die Schüler wählen das Unterthema, das sie interessiert und werden der entsprechenden Gruppe zugeordnet.

4. Der Lehrer stellt den Zeitplan der Bearbeitung vor.

Die Arbeit in der Gruppe

5. Die Gruppe überlegt zunächst, welche Fragen sie zu ihrem Thema beantworten möchte bzw. in welche Unterthemen sie es aufteilen möchte. Jedes Gruppenmitglied übernimmt dann eine Frage bzw. ein Unterthema.

6. Jeder arbeitet an der Beantwortung seiner Frage, sammelt dazu Informationen und bereitet diese auf.

7. In regelmäßigen Abständen stellen sich die Gruppenmitglieder den bisherigen Stand ihrer Arbeit vor und geben sich Rückmeldungen.

8. Nach Abschluss der Arbeit der Gruppenmitglieder stellt jeder seine Ergebnisse in der Gruppe vor und die Gruppe macht daraus ein Gesamtergebnis, das sie präsentieren kann.

Präsentation, Reflexion und Weiterarbeit

9. Die Gruppen präsentieren nacheinander; die Zuhörer machen sich Notizen; nach jeder Präsentation wird jede gemeinsam nach einem gemeinsam erstellten Kriterienraster beurteilt.

10. Jeder stellt die Ergebnisse aller Präsentationen nun alleine im Gesamtzusammenhang dar, z. B. in einer Grafik. In der Gruppe können die Schülerinnen und Schüler sich ihre Grafiken gegenseitig vorstellen und vergleichen.

11. Abschließend reflektieren alle, welche Erfahrungen sie im Prozess gemacht haben. Der Lehrer kann die Gesichtspunkte der Reflexion vorgeben.

12. Es kann sich noch ein Test anschließen, zu dem auch die einzelnen Gruppen zu ihren Themen Fragen beisteuern können.

dabei unterstützen müssen, da er die Anforderungen und auch die Leistungsfähigkeit der Schülerinnen und Schüler sicher einschätzen kann.

- **Organisation:** Kleingruppenprojekte lassen sich gut im Fachunterricht integrieren. Für den Austausch in den Kleingruppen werden dann Unterrichtsstunden genutzt. Die individuelle Erforschung des eigenen Unterthemas wird aber in der Regel außerhalb der Unterrichtszeit liegen. Wenn Unterrichtsstunden dafür genutzt werden, dann muss sichergestellt sein, dass jeder Schüler Material hat, das er bearbeiten möchte. Ansonsten führt der Leerlauf bei einigen Schülern zu Störungen der anderen.

  Umfassende außerschulische Arbeiten lassen sich an Ganztagsschulen neben dem alltäglichen Unterricht nur mit Mühe realisieren. Daher sind an diesen Schulen vor allem Themenwochen oder Projekttage ideale Formen, in denen Kleingruppenprojekte realisiert werden können.
- **Rolle des Lehrers:** Der Lehrer sollte den gesamten Prozess begleiten. Dazu gehört, dass er sich von den Kleingruppen den Arbeitsplan vorlegen lässt. So kann er frühzeitig beraten, damit die meist knappe Zeit sinnvoll genutzt wird. Bei umfassenden Projekten sollte er sich regelmäßig von der Gruppe über den Stand der Arbeit berichten lassen, damit nicht erst bei der Präsentation deutlich wird, wenn eine Gruppe nicht viel geschafft hat. Wenn er Gruppen berät, dann sollte er nicht die Arbeit übernehmen oder Lösungen vorgeben. Seine Aufgabe besteht darin, den Arbeitsprozess durch entsprechende Impulse anzuregen. Im Zusammenhang mit einer das Projekt begleitenden Reflexion wird vielen Schülern bewusst, was zum erfolgreichen selbstständigen Arbeiten notwendig ist. Nicht selten sind solche Phasen Ausgangspunkt für weiteres Lernen.
- **Einzelkompetenzen sind hilfreich:** Gerade in der Sekundarstufe I scheitern Kleinprojekte häufig, weil die Schüler noch nicht über die Einzelkompetenzen verfügen, die für ein bestimmtes Vorhaben oder auch eine bestimmte Projektdauer notwendig sind: die Fähigkeit zum selbstständigen Recherchieren, Auswerten und Aufbereiten der gesammelten Informationen, Ausdauer, Motivation und Reflexionsfähigkeit. Hier ist der Unterrichtende gefordert, sehr sorgfältig auf die Schüler zu blicken und angemessene Themen vorzuschlagen. Unterrichtende, die immer darauf warten, dass die Schüler ausreichende Kompetenzen aufweisen, werden kaum Kleinprojekte durchführen. Demgegenüber ist zu bedenken, dass die Schüler vor allem während des Projektes neu Kompetenzen erwerben oder vorhandene vertiefen. Daher können schon bereits in der Grundschule Kleinprojekte durchgeführt werden. Entscheidend ist – wie bei allen didaktischen Entscheidungen – die Passung von Lernausgangslage, Thema und Unterrichtsmaterial.
- **Wechselseitig unterrichten:** In den Kleinprojekten lernen die Schüler durch die Arbeitsteilung in hohem Maße voneinander. Daher werden an die gegenseitige Vermittlung besondere Maßstäbe gelegt. Werden für die Präsentation Visualisierungen verwendet? Bekommen die Zuhörer eine Kopie mit einer Zusammenfassung? Gibt es ausreichend Zeit für die Zuhörer, die Informationen zu notieren? Sind die Inhalte so aufbereitet, dass sie zu verstehen sind? Eine Beurteilung der Vortragsqualität der Kleingruppen ist häufig sinnvoll. In den hohen Jahrgangsstufen können die Schüler die Präsentationen nach einem gemeinsam erstellten Kriterienraster beurteilen (vgl. S. 129).
- **Nachhaltigkeit:** Offene Unterrichtsformen, in denen sich die Schüler gegenseitig unterrichten, stellen hohe Herausforderungen im Hinblick auf nachhaltiges Lernen dar. Nicht selten hören die Schüler in den Vermittlungsphasen zwar zu, aber da es sich nicht um das eigene Schwerpunktthema handelt, ist die kognitive Durchdringung und Verarbeitung naturgemäß schwierig. Damit das erworbene Wissen im Anschluss an das Projekt nicht verloren geht, sind Vertiefungen und Wiederholungen der Kernergebnisse bedeutsam.

  Die persönliche Reflexion hinsichtlich des Lernergebnisses gibt – in der Klasse vorgetragen – häufig Aufschluss über den Lernzuwachs der Schülerinnen und Schüler. Die folgenden Fragen können Ausgangspunkt einer solchen Evaluation sein:

  - Glaubst du, die Hauptgedanken der Präsentation verstanden zuhaben?
  - Welche Aussagen hast du bis jetzt noch nicht verstanden?
  - Fühlst du dich ausreichend vorbereitet auf eine Leistungsüberprüfung?

- Kannst du in einer Überblicksvisualisierung Querverbindungen zwischen den Unterthemen ziehen? Oder neigst du zu einer Mind Map, in der die Unterthemen nebeneinander stehen?

Auch könnte mit der Klasse ein Gruppenturnier durchgeführt werden, mit dem die zentralen Inhalte wiederholt werden. Und natürlich sind auch andere Quizformen hierzu geeignet.

Natürlich sind auch schriftliche Leistungsüberprüfungen mit vorheriger individueller Vorbereitung möglich. Sehr sinnvoll und gleichzeitig erleichternd ist es, wenn jede Gruppe zum Beispiel drei zentrale Fragen mit Lösungen aus ihrem Themengebiet beisteuert. Und wenn es beabsichtigt ist, dann kann der Unterrichtende durch zusätzliche Fragen, bei denen die Schüler Schlüsse ziehen oder Urteile abgeben sollen, die kognitiven Anforderungen erhöhen.

1.5.5 Wie können Sie das Verfahren variieren?

- **Unterthemen kooperativ finden lassen:** Lassen Sie die Unterthemen im kooperativen Dreischritt zusammentragen. Dazu schreibt erst jeder Schüler allein mögliche Unterthemen auf. Anschließend werden sie in der Kleingruppe vorgestellt. Die Gruppe sammelt alle Vorschläge. Durch diesen Austausch kommen den Schülern oft weitere Ideen, die noch aufgenommen werden können. Diese Liste wird dann dem Lehrer übergeben, der eine Übersicht mit Unterthemen zusammenstellt. Damit alle Unterthemen etwa gleich umfangreich sind, können sie auch vom Unterrichtenden durch Problemfragen konkretisiert werden.
- **Themen und Unterthemen vorgeben:** Wenn der Lehrer – z. B. aufgrund curricularer Vorgaben – möchte, dass bestimmte Aspekte bearbeitet werden, dann kann er auch die Themen und Unterthemen vorgeben bzw. weitere ergänzen. Wenn viele Themen zur Auswahl stehen, finden die Schülerinnen und Schüler auch hier meist solche, die sie interessieren.
- **Material (teilweise) vorgeben:** Wenn die Schüler noch nicht so viel Erfahrung mit der selbstständigen Recherche haben, dann kann der Unterrichtende ausgewähltes Material zur Verfügung stellen. Und nicht selten ist es sinnvoll, dass ganz bestimmte Quellen einbezogen werden, die er vorgibt.

1.5.6 Warum sind Kleinprojekte in Gruppen lernwirksam?

Die Schüler entwickeln die Fähigkeit des selbstgesteuerten und selbstverantwortlichen Arbeitens – in der Gruppe und alleine. Die Arbeit, die jeder alleine leistet, wird dadurch verbindlicher, dass die Ergebnisse in die Gruppe einfließen und das Gruppenergebnis nicht vollständig sein kann, wenn einer seine Arbeit nicht gut macht.

Wenn die Schüler die Materialien nicht vom Lehrer bekommen, sondern selber suchen müssen, werden sie in noch höherem Maße als bei anderen Themen aktiviert.

Bei Kleinprojekten in Gruppen bearbeiten die Schüler die Themen nach ihrem Interesse. Und selbst wenn der Lehrer die Themen zur Auswahl gibt, können die Schüler wählen, was sie davon machen wollen. Das führt zu einer hohen intrinsischen Motivation. Die wird noch verstärkt, da sie selbstgesteuert nach ihrem eigenen Plan und in ihrem eigenen Rhythmus arbeiten können.[26]

1.5.7 Wann können Sie Kleinprojekte in Gruppen einsetzen?

Offene Lernsituationen wie Kleinprojekte sind natürlich auch keine universellen Unterrichtsmethoden. Wenn es um die Vermittlung von genau festgelegten Fertigkeiten oder genau beschriebenen Lösungsschritten geht, sind andere Formen des Unterrichts überlegen. Lernen in Kleinprojekten braucht Zeit. Enge Lernziele in vorgegebener, knapper Zeit lassen sich in der Regel besser mit anderen kooperativen Methoden erreichen. In Projekten zu lernen hat für die Schülerinnen und Schüler aber viele Vorteile: Entscheidungsfähigkeit, Selbstvertrauen, Kooperationsfähigkeit und Zutrauen in die eigenen Fähigkeiten werden – neben den inhaltlichen Aspekten – im Projektlernen befördert.[27]

Deutsch

- verschiedene Aspekte eines Epochenumbruchs oder einer Epoche, eines Dramas oder eines Romans
- verschiedene Dramen zu einem Thema, z. B. zum Thema Wissenschaft (Brecht, Dürrenmatt, Zuckmayer, Kipphardt etc.)

[26] Vgl. Deci/Ryan 1993, S. 223ff.

[27] Vgl. Frey 1999, S. 160.

Englisch

- verschiedene Aspekte eines Landes, z. B. Kanadas, oder eines literarischen Werks

Naturwissenschaften

- unterschiedliche Formen regenerativer Energien
- Ursachen und Wirkungen der Erderwärmung
- Wie gewinnt man Metalle? Kupfer, Eisen, Silber, Gold, Zink und Blei
- verschiedene Konzepte gesunder Ernährung
- Landwirtschaft und Nahrungsmittel

Erdkunde

- die Erde und ihre Klimazonen
- Menschen prägen ihren Lebensraum: USA, GUS, Japan und Deutschland

Geschichte

- Leben der Römer im römisch-germanischen Grenzgebiet
- der Nationalsozialismus vor Ort: auf den Spuren der nationalsozialistischen Verbrechen im Heimatort

Philosophie

- verschiedene Ansätze der Moralphilosophie oder der Staatsbegründung und -konzeption

Ein Blick zurück

Kleinprojekte in Gruppen

In diesem Kapitel haben Sie ...

- die Methode Kleinprojekte in Gruppen kennengelernt. Dabei sollte deutlich werden, dass es sich hier um eine sehr offene Unterrichtsform handelt.
- lesen können, in welchen Schritten Kleinprojekte durchgeführt werden und Hinweise zur Rolle des Unterrichtenden bekommen.

1.6 Lehr- und Lernkompetenz im kooperativen Unterricht

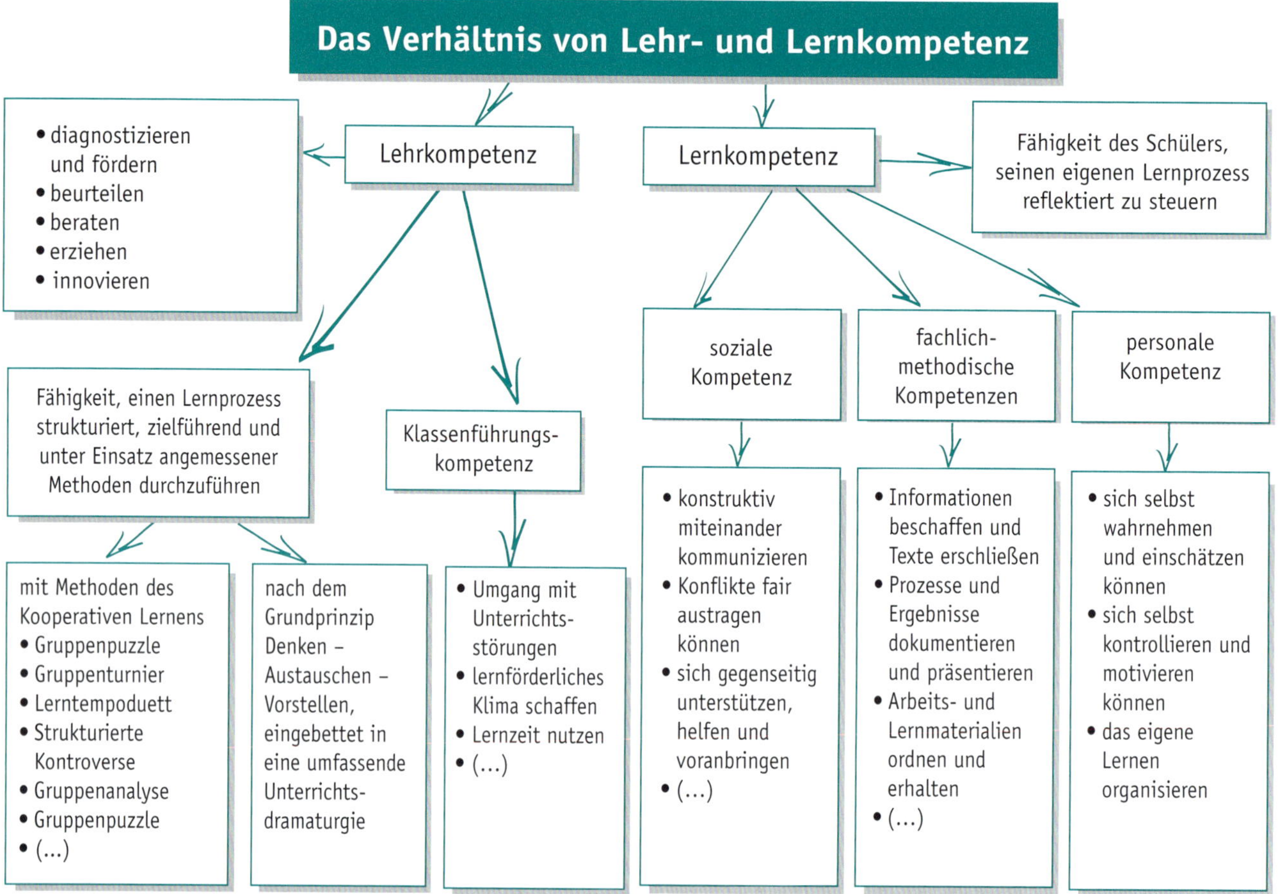

Bei den Methoden des Kooperativen Lernens handelt es sich um Strategien für wirksamen und erfolgreichen Unterricht. Sie bieten Lehrerinnen und Lehrern die Möglichkeit, ihre Lehrkompetenz zu erweitern. Aber kaum anders als beim herkömmlichen Unterricht gilt auch für das Kooperative Lernen, dass die Schüler vor allem dann entsprechend große Lernfortschritte machen, wenn sie über ausreichende Lernkompetenzen verfügen. Für ein erfolgreiches Gruppenpuzzle müssen sie zum Beispiel in der Lage sein, einen Text zu erschließen und seine Hauptgedanken herauszuarbeiten. Außerdem müssen sie die Kerngedanken so vermitteln können, dass die anderen Schüler diese verstehen, ohne den Text gelesen zu haben. Die Schüler, denen dieser Text vorgestellt wird, sind aufgefordert, genau zuzuhören und sich dabei Notizen zu machen. Nur wenn die Schüler diese Lernkompetenzen beherrschen, kann sich beim Gruppenpuzzle die ganze Lernwirksamkeit entfalten. Wenn ein Gruppenpuzzle kaum zu Lernfortschritten führt – und auch von dieser Erfahrung berichten Lehrer hin und wieder –, liegt dies nicht selten an den fehlenden Lernkompetenzen. Wer die Methoden des Kooperativen Lernens in seinem Unterricht einsetzt, muss daher auch immer bedenken, welche Kompetenzen seine Schüler bereits beherrschen.

1.6.1 Kooperatives Lernen verlangt Lehrkompetenz

In dem von uns vorgestellten Konzept des Kooperativen Lernens lenken wir den Blick zuerst auf die Unterrichtskompetenz, d. h. auf die Lehrkompetenz der Lehrenden. Wie kann ich als Unterrichtender meinen Unterricht so gestalten, dass alle Schüler beteiligt sind? Was ist hilfreich, wenn Lernergebnisse nicht in Vergessenheit geraten sollen? Wie kann ich dafür sorgen, dass das Selbstwertgefühl der Schülerinnen und Schüler gestärkt wird? Mit welcher Lehrmethode können neue Wissensinhalte vermittelt werden. Oder wie ist der Unterricht zu gestalten, wenn die Schüler vor dem Hintergrund vorhandener Kenntnisse ein bislang unbekanntes Problem lösen sollen? Das alles sind Fragen, die vor allem die Lehrkompetenz der Unterrichtenden betreffen und auf die sich im Kooperativen Lernen Antworten finden. Lehrkompetenz meint also die Steuerung des Unterrichts durch den Lehrer, die Auswahl der Medien oder die Klassenführungskompetenz.

1.6.2 Lernkompetenzen erleichtern Kooperatives Lernen

Wenn hingegen von Lernkompetenz die Rede ist, dann steht das Verhalten und Lernen der Schüler im Mittelpunkt. Lernkompetenz umfasst fachlich-methodische, soziale und personale Kompetenzen.[28] Zu den personalen Kompetenzen gehört beispielsweise, ausdauernd und beharrlich ein Ziel zu verfolgen, Schwierigkeiten als Herausforderungen zu begreifen, sich in schwierigen Situationen zu beherrschen und das eigene Lernen organisieren zu können. Dass beim Kooperativen Lernen soziale Kompetenzen eingeführt und trainiert werden, ist leicht einsichtig.[29] Und zu den fachlich-methodischen Fähigkeiten zählen alle Kompetenzen, die die Schüler brauchen, um die Aufgaben fachlich angemessen zu bewältigen.

Ohne grundlegende Lernkompetenzen können Schüler in der Schule nicht erfolgreich sein. Und je mehr und sicherer die Schüler über unterschiedliche Lernkompetenzen verfügen, desto erfolgreicher können sie lernen. Lernkompetenzen stellen sich jedoch nicht zwangsläufig ein. Sie gezielt zu vermitteln und durch ihre konsequente Anwendung zu fördern, gehört daher zur Kernaufgabe von Unterricht.

Die zentrale Aufgabe der gezielten Förderung der Lernkompetenz unserer Schülerinnen und Schüler ist heute im Bewusstsein vieler Lehrer. Wenn die Lernkompetenzen nach der Einführung im alltäglichen Fachunterricht immer wieder eingefordert werden, wenn das Markieren in Texten, das Visualisieren oder Vortragen für die Schülerinnen und Schüler selbstverständlich wird, erwachsen daraus echte Lernkompetenzen. Insofern wird auch hier wieder die Lehrkompetenz der Unterrichtenden zum Schlüssel erfolgreichen Unterrichts. Denn vor allem die Lehrer, die bei der Planung des Unterrichts immer auch die Förderung der Lernkompetenzen in den Blick nehmen, werden ihre Schüler mit hoher Wahrscheinlichkeit zu erfolgreichen Bildungskarrieren verhelfen.

1.6.3 Lernkompetenzen beim Kooperativen Lernen üben

Die Schülerinnen und Schüler müssen nicht schon bestimmte Lernkompetenzen perfekt beherrschen, um im Rahmen der Methoden des Kooperativen Lernens erfolgreich arbeiten zu können. Die Kinder bringen aus dem Kindergarten, aus der Grundschule oder auch aus der Sekundarstufe I schon bestimmte Fähigkeiten mit. Wenn der Unterricht diesen vorhandenen Kompetenzen angepasst wird, kann Kooperatives Lernen schon ab der ersten Klasse der Grundschule erfolgreich eingesetzt werden.

Erwerb, Ausbau und Förderung dieser Kompetenzen sind ein kontinuierlicher Prozess. Sie werden beim Kooperativen Lernen gefördert. Daher ist es nicht notwendig, mit der Umsetzung einer Methode zu warten, bis die Schüler die darin angewendeten Kompetenzen beherrschen. Das Kooperative Lernen bietet viele Übungsmöglichkeiten, den Gebrauch der eingeführten Lernkompetenzen zu verbessern.[30]

[28] Vgl. zu diesem Begriff von Lernkompetenz: Czerwanski/Solzbacher/Vollstädt 2002, S. 29-34.

[29] Ein Verfahren dazu haben wir im ersten Band dargestellt, S. 134-140.

[30] Vgl. dazu auch unsere Vorschläge in Band 1, S. 62-65; S. 108-110; S. 130.

2. Das Denken der Schüler anleiten: Die Bildung von Begriffen in kooperativen Verfahren

In diesem Kapitel ...

- erläutern wir, dass Kategorien- und Begriffsbildung ein zentraler Bestandteil des Lernens ist.
- machen wir deutlich, dass rund 25 % aller unterrichtlichen Tätigkeiten daraus bestehen, die Begriffsbildung der Schülerinnen zu fördern.
- stellen wir eine kooperative Methode vor, bei der die Schüler Begriffe bilden können, indem sie Material nach selbst gefundenen Kriterien ordnen (Concept Formation).
- stellen wir eine weitere Methode vor, bei der das Material so arrangiert wird, dass die Schüler die gemeinsamen Merkmale von Beispielen finden müssen und so bestimmte Begriffe herausarbeiten (Concept Attainment).
- stellen wir viele Beispiele aus verschiedenen Fächern für die Methode Concept Attainment vor.
- geben wir viele Tipps und Hinweise zur Durchführung dieser Methoden im Fachunterricht.

2.1 Durch die Bildung von Begriffen die Welt verstehen

2.1.1 Einführung

Es steht außer Frage, dass beim Kooperativen Lernen die sozialen und kommunikativen Fähigkeiten der Schülerinnen und Schüler gefördert werden. Sie werden in die Lage versetzt, im Team zu arbeiten und außerdem durch die Erfahrung von Selbstwirksamkeit emotional gestärkt. Zudem arbeiten sie meist engagiert im Unterricht mit, weil Kooperatives Lernen auch motivational positive Auswirkungen hat. Aber auch im Hinblick auf die kognitive Förderung bietet das Kooperative Lernen ein hohes Anregungspotential. Dies steht im Mittelpunkt dieses Kapitels. Eine zentrale Tätigkeit des Denkens ist die Bildung von Begriffen. Dazu werden wir im Folgenden sehr lernwirksame Methoden vorstellen.

Die Begriffe im Kasten rechts – und viele andere – werden in unterschiedlichen Fächern eingeführt und für den weiteren Unterricht und letztlich für das Verstehen von Zusammenhängen in unserer Welt benötigt. Jeder der aufgeführten Begriffe steht für ein bestimmtes Phänomen oder eine Struktur. Immer wenn etwas die Eigenschaften dieses Phänomens hat oder die entsprechende Struktur, kann es mit dem Begriff bezeichnet werden. Bestimmte Formen mathematischer Gleichungen nennen wir quadratisch, eine spezifische Form der Redewiedergabe ist indirekt, Tiere mit bestimmten gemeinsamen Merkmalen nennen wir Säugetiere, einzelne Herrschaftsformen weisen Merkmale auf, aufgrund derer wir sie als Diktatur bezeichnen usw.

Bitte lesen Sie einmal die folgenden Begriffe:

Quadratische Gleichung, indirekte Rede, Säugetier, Diktatur, Hochdruckgebiet, Subjekt, Regenwald, Satz, zyklische Konjunkturpolitik, Adjektiv, Rechteck, Genitiv, chemische Reaktion, Laubbaum, Stoffgemisch, Umlaut, Energie, innerer Monolog, $f(x) = ax + b$, Klimazone, Proportionalität, natürliche Zahl, Akkord, Hochkultur, Gedicht

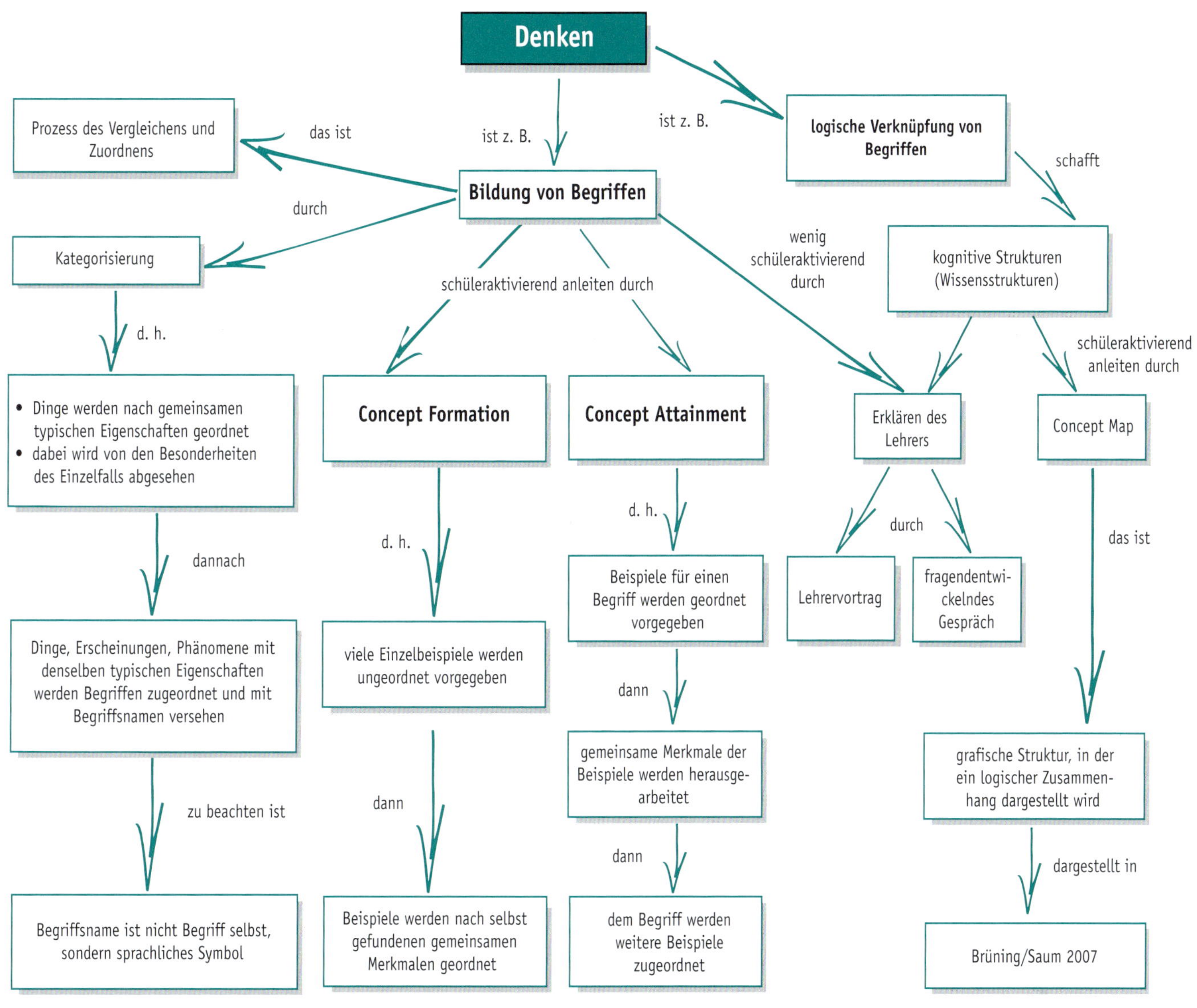

Um den Schülern diese Begriffe zu vermitteln, müssen wir sie anleiten, sie zu bilden, d. h. sie mental zu konstruieren. Darüber nachzudenken, wie man dies methodisch machen kann, ist in hohem Maße bedeutsam, …

- weil sich hinter der Über- und Unterordnung, der Abgrenzung und Zuordnung von Dingen, Phänomenen und Erscheinungen eine Grundform des Lernens verbirgt.
- weil wir die Welt nicht erfassen können, ohne Begriffe zu bilden und dies auch außerhalb von Schule ständig tun.
- weil Begriffsbildung nicht auf bestimmte Fächer beschränkt ist. Im Gegenteil: Es ist sehr bedeutsam in der Mathematik, aber in gleicher Weise in Deutsch, in Chemie, in Geografie oder Kunst.
- weil vermutlich auch Sie rund ein Viertel Ihrer unterrichtlichen Arbeit darauf verwenden, Ihre Schüler zur Begriffsbildung anzuregen, obwohl dazu in der Fachliteratur kaum methodische Vorschläge existieren.
- weil Ihre Schüler darauf angewiesen sind, die Begriffe angemessen zu bilden, um die Unterrichtsinhalte zu verstehen und damit intelligent umgehen zu können.

Daher halten wir es für notwendig, sich mit dem Prozess der Begriffsbildung zu beschäftigen. Auf den folgenden Seiten werden wir die Theorie der Begriffsbildung einführen und anschließend Methoden zur Begriffsbildung mit vielen Beispielen darstellen, so dass Sie diese selbst in Ihrem Unterricht anwenden können. Wir möchten Sie ermutigen, diesen Weg mit uns zu gehen. Die vorgestellten Verfahren gehören zu den faszinierendsten Methoden, die wir kennen!

> Begriffe sind die Instrumente, die uns die Welt sehen und verstehen lassen. Sie sind die Werkzeuge, mit deren Hilfe wir sie analysieren.
>
> *(Hans Aebli, 1983, S. 246)*

2.1.2 Warum bilden wir Begriffe?

Begriffe sind die Werkzeuge des Denkens. Je mehr mit Anschauung und Beispielen gefüllte Begriffe ein Mensch unterscheiden kann, desto differenzierter sieht er die Welt, desto genauer kann er über sie sprechen und desto mehr versteht er sie auch. Und es ist ein Grundbedürfnis des Menschen, die Welt zu verstehen, indem er die Vielfalt der Erscheinungen ordnet. Um Orientierung zu gewinnen, versuchen die Menschen Ähnliches in Verschiedenem zu entdecken, so dass den Dingen die Fremdheit genommen wird. Wenn man etwas einem Begriff zuordnen kann, versteht man es besser und kann es einschätzen. Dies bedeutet eine kognitive und emotionale Entlastung, weil die Welt vertrauter wird und man nicht immer alles neu untersuchen muss, sondern es einfach schon vorhandenen Kategorien zuordnen kann.

Mit Hilfe der Begriffe ordnen wir die Erscheinungen. Wer sich nicht in der Meteorologie auskennt, der sieht am Himmel einfach nur Wolken; wer aber Begriffe für die unterschiedlichen Erscheinungen hat, der sieht Cumulus-, Zirruswolken usw. Wer eine Stadt besichtigt, der sieht vielleicht einfach nur verschiedene Kirchen. Wer kunstgeschichtliches Grundwissen hat, der erkennt barocke Kirchen und unterscheidet gotische von romanischen Kirchen. Und wer unterschiedliche Dreiecksformen kennt, der kann stumpf- von spitzwinkligen Dreiecken unterscheiden. Wovon man einen Begriff hat, das kann man wiedererkennen und in sein geistiges Wissensnetz einordnen. Begriffe sind unsere Instrumente zum Analysieren und Verstehen der Welt. Sie sind ferner unverzichtbar im Prozess des Problemlösens.

2.1.3 Was ist ein Begriff?

Es geht darum, dass die Schüler die zu lernenden Begriffe wirklich verstehen. Was heißt aber, einen Begriff zu verstehen? Dazu legen wir im Folgenden dar, was zu einem Begriff gehört – wir bilden den Begriff des Begriffs, indem wir seine charakteristischen Merkmale vorstellen.

Typische Eigenschaften

Jeder Begriff hat typische Eigenschaften, die seinen Kern ausmachen; man kann sie auch Wesensmerkmale oder charakteristische Merkmale nennen. Die charakteristischen Merkmale sind also die für den Begriff typischen oder wesentlichen Merkmale, während andere nebensächlich oder unwesentlich sind.

Zum Begriff des Autos gehört u.a., dass es Türen hat. Etwas, das keine Türen hat, kann kein Auto sein. Jedes Auto hat einen Antrieb, es kann durch Benzin, Gas oder Strom betrieben werden. Merkmale, die nicht wesentlich für das Auto sind, z. B. Spoiler oder Radio, sind keine Wesenmerkmale, die bei der Zuordnung zu der Kategorie Auto eine Rolle spielen. Das Merkmal Türen aber muss in einer ganz bestimmten Kombination mit weiteren Merkmalen vorhanden sein, damit man von einem Auto spricht. Dazu gehören noch Getriebe, Sitze, Lenkrad usw. Wenn eines dieser Wesensmerkmale fehlt, dann kann man nicht mehr von einem Auto sprechen. Ein Fahrrad hat zwar auch ein Lenkrad, aber keinen Motor. Ein Motorrad hat zwar einen Motor, aber keine Türen usw. Wesensmerkmale sind also das, was uns dazu veranlasst, Dinge derselben Kategorie zuzuordnen (vgl. S. 59: Elemente des Begriffs).

Variationsbreite

Jedes Wesensmerkmal hat eine ganz bestimmte Variationsbreite bzw. es findet sich in verschiedenen Ausprägungen. So kann das Auto zwei, drei, vier oder fünf Türen haben. Auch gibt es Autos ohne eigentliche Türen, lediglich mit Einstiegsmöglichkeiten. Oder in der Mathematik: Bei stumpfwinkligen Dreiecken kann der der längsten Seite gegenüberliegende Winkel zwischen 90° und 180° betragen.

Begriffsname

In der Fachliteratur wird zwischen Begriffsname und Begriff unterschieden. Der Begriffsname ist eigentlich nur die Bezeichnung oder genauer: das symbolische sprachliche Zeichen für einen damit gemeinten Zusammenhang. Der Begriff selber ist das sich dahinter verbergende Konzept.[1] Dieses Konzept müssen die Schüler erfassen. Den Begriffsnamen benötigen sie vor

[1] Darauf weisen sowohl Edelmann 2000, S.126 als auch Aebli 1983, S. 260 hin. Aebli unterscheidet zutreffend die Begriffsbildung von der Begriffsbenennung. Mit der Begriffsbildung meint er den eigentlichen kognitiven Prozess, in dem das Konzept und seine Zusammenhänge erfasst werden. Dieser erkannte Sachzusammenhang hat einen Namen, eine Bezeichnung, die er „Begriffsname" nennt.

allem zur Kommunikation und zur Ordnung der eigenen Gedanken. Wenn also im Unterricht ein eingeführter Begriffsname gebraucht wird, dann muss der Schüler verstanden haben und sich erinnern, worum es bei diesem Begriff geht.

Ober- und Unterbegriffe

Es gibt Wesensmerkmale eines Begriffs, die diese mit anderen Begriffen teilen. Dies sind dann die Merkmale des Oberbegriffs, denen beide zugehören. So haben Affe und Mensch gemeinsame Wesensmerkmale, beide haben aber auch unterscheidende Wesensmerkmale. Wissensstrukturen ähneln daher häufig Begriffspyramiden. In ihnen werden Oberbegriffe schrittweise ausdifferenziert, so zum Beispiel in der Biologie der Begriff des Lebewesens oder in der Musik der Begriff des Instruments.

Begriff (Kategorie, „concept")

Begriffsname *(symbolisches Zeichen)*	charakteristische Merkmale und ihre Ausprägung	nicht wesentliche Merkmale	Zweck/Funktion	Beispiele
Auto	• Motor • mehrspurig • Lenkung und Sitze • Karosserie mit Türen • Beleuchtung • (…) Variationsbreite der Merkmale: • verschiedene Motoren: Verbrennungsmotoren, Elektromotoren; Kombinationen • zweispurig bei vier Rädern • dreispurig bei dreirädrigem Auto • Anzahl der Türen: zwei, drei, vier oder fünf • Materialien der Sitze: Baumwolle, Kunstfaser oder Leder	• Spoiler • Radio • Qualität	Beförderung von Personen und Gütern	• Pkw • Lkw • Bus • Wohnmobil • Rennwagen • Dreirad • Geländewagen

Komplexe Begriffe

Begriffe müssen nicht immer auch einzelne Wörter sein, es können auch Verknüpfungen von Wörtern sein, je nachdem wie komplex die Begriffe sind.

Was heißt es also, wenn wir davon sprechen, dass die Schüler einen Begriff verstehen?

Sie kennen die typischen Eigenschaften des Begriffs und den zugehörigen Begriffsnamen. Wenn sie fortgeschritten sind, können sie auch unterschiedliche Ausprägungen benennen und erkennen und die Begriffe in ein Netz von Ober- und Unterbegriffen einordnen. Und wenn mit den eingeführten Begriffen gearbeitet wird, können sie auch die Funktion des Begriffes umschreiben.

2.1.4 Wie erwerben Schüler Begriffe?

Die empirische Forschung hat bei Untersuchungen an ganz verschiedenen Schulformen herausgefunden, dass ca. 22-23 % des Unterrichts der Begriffs- und Konzeptbildung dienen.[2] Das heißt, dass fast ein Viertel der Unterrichtszeit auf den Erwerb von Begriffen, also auf das Verstehen von Kategorien und den zugehörigen Konzepten verwandt wird.

Spezifische Methoden dazu sind jedoch kaum bekannt. Der übliche Weg ist, dass der Lehrer die Begriffe erklärt oder sie aus Texten, in denen sie erklärt werden, erarbeitet werden. Und nicht selten gehen Unterrichtende davon aus, dass sich in den kognitiven Strukturen der Schüler die Begriffe im Verlauf des Unterrichts gewissermaßen von selbst bilden. Das geschieht aber häufig gerade nicht. Daher bleiben die Begriffe für viele Schüler ohne Anschauung und leer.[3] Im Deutschunterricht z. B. müssen die Schüler häufig Listen mit rhetorischen Mitteln auswendig lernen. Dass sie später große Schwierigkeiten haben, diese bei der Analyse von Texten zu entdecken oder gar selbst anzuwenden, liegt einfach daran, dass sie sie nicht wirklich mit Inhalt füllen können. Und wenn ein Schüler sich keine Vorstellung vom Begriff der linearen Gleichung gemacht hat, dann ist klar, dass er darauf aufbauende Unterrichtsinhalte kaum noch erfassen kann.

Um die Schüler erfolgreich zur Begriffsbildung im Unterricht anregen zu können, muss man zunächst verstehen, was eigentlich in den Köpfen der Schülerinnen und Schüler passiert, wenn sie Wissen erwerben. Lernpsychologisch gesehen bilden Schülerinnen und Schüler Wissensstrukturen, indem sie Begriffe bzw. Kategorien bilden und diese dann sinnvoll verknüpfen:[4] Wenn Schüler eine Fremdsprache lernen, dann lernen sie die grammatischen Begriffe und ihren Zusammenhang; wenn sie ein Gedicht analysieren, lernen sie dazu die Begriffe der Analyse kennen, z. B. die stilistischen Mittel oder die Begrifflichkeit zur Beschreibung der Erzähltechnik; wenn sie in den Naturwissenschaften die Tier- und Pflanzenwelt kennenlernen, dann erwerben sie dabei ein differenziertes Begriffsnetz. Die Liste der in der Schule zu lernenden Begriffe ließe sich unendlich erweitern: elektrische Spannung, Dreisatz, Oxydation, repräsentative Demokratie, Schutzfarbe etc. Auch wenn die Schüler bestimmte Tätigkeiten lernen, etwa ein Experiment durchführen oder einen Text überarbeiten, dann lernen sie – neben dem prozeduralen Wissen – wieder Begriffe für die Beschreibung der Einzelschritte der Handlung.

Die Lernpsychologie lehrt, dass Begriffe induktiv erworben werden. Ein Begriff sollte also nicht einfach nur erklärt werden. Vielmehr müssen die Schüler angeleitet werden, diesen selbst auf induktivem Wege zu bilden. Dies ist der ursprüngliche Weg der Begriffsbildung: „Wissen, so ergaben Studien der Gehirnforschung, wird individuell aufgebaut, indem aus zahlreichen Einzelerlebnissen Kategorien und Regeln abgeleitet werden. So lernt ein Kind die Charakteristika eines Baums nicht durch den Vortrag des Lehrers, sondern durch die Betrachtung unzähliger Bäume und die Suche nach den Gemeinsamkeiten und dem Regelhaften in diesen Bildern. Lernen ist somit immer eine individuelle Konstruktionsleistung.“[5] Begriffe oder Kategorien werden also eigentlich entwickelt, indem Objekte nach gemeinsamen Merkmalen geordnet werden. Diese Grundform des Lernens[6] ist schon bei kleinen Kindern gut zu beobachten. Wenn ein Kind Bauklötze nach Farben ordnet, bildet es bereits Kategorien, d. h. Begriffe, auch wenn es diese noch nicht benennen kann.

[2] Vgl. Meyer u.a. 2007, S. 44ff.

[3] Denn zur Erkenntnis gehört der Begriff ebenso wie die Anschauung durch Beispiele, wie schon Kant formuliert hat: „Gedanken ohne Inhalt sind leer, Anschauungen ohne Begriffe sind blind.“ Kant 1974, Bd. 76, S. 98.

[4] Vgl. hierzu die hervorragende Darstellung von Edelmann 2000, S. 113-188.

[5] Tippelt/Schmidt 2005, S. 8.

[6] Vgl. Aebli 1983, S. 245ff.

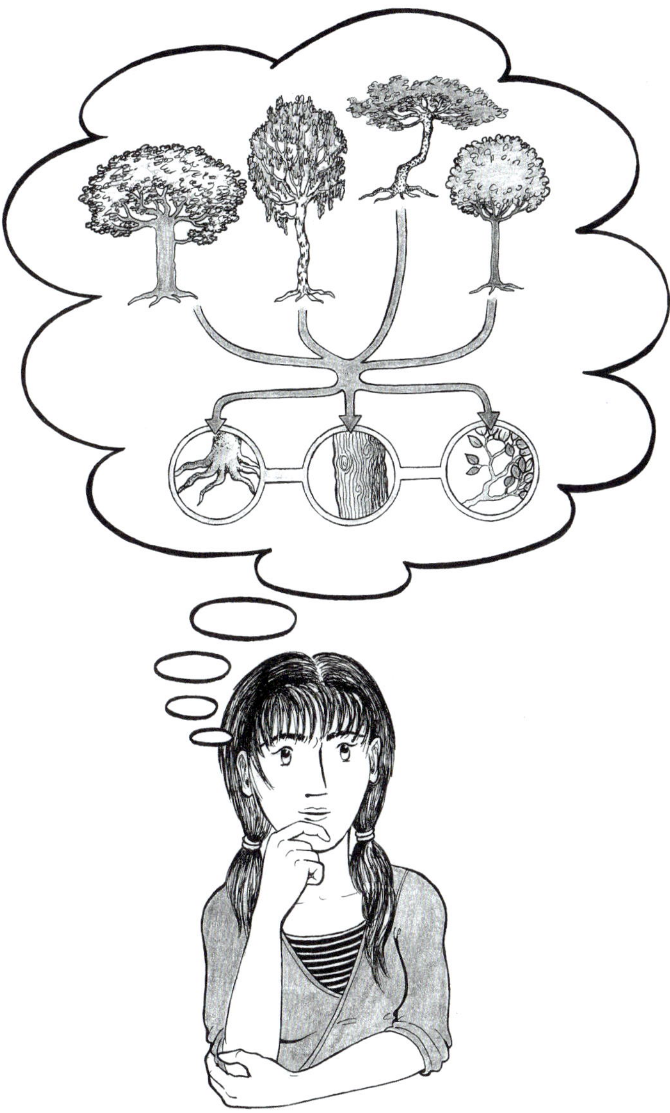

Wenn ein kleines Kind anfänglich alle kleinen Vierbeiner als Hund bezeichnet, auch wenn es sich um eine Katze oder ein Meerschweinchen handelt, hat es bereits einen Begriff gebildet. Im Laufe der Zeit wird dieser Begriff dann differenziert und das Kind kann diese Tiere sicher voneinander unterscheiden. Mehr noch, es ist sogar in der Lage, einzelne Hunde- oder Katzenrassen zu erkennen. Und wenn Schüler im Geschichtsunterricht der Oberstufe mit Begriffen wie Lehnwesen, Feudalismus, Grundherrschaft, Hörige usw. arbeiten, dann haben sie ein differenziertes und verzweigtes Wissensnetz im Kopf und können die Einzelbegriffe erklären und ihre Beziehungen zueinander aufzeigen. Bei jedem dieser subjektiven kognitiven Strukturierungsvorgänge werden also Begriffe gebildet, die dann in Wissensstrukturen miteinander verbunden werden. Begriffsbildung ist daher der dauerhafte Lernprozess, in dem Wissensstrukturen permanent ausgeweitet und differenziert werden.

Es geht also beim Wissenserwerb nicht um das Lernen und Behalten von einzelnen Bezeichnungen. Und doch – so unser Eindruck – lernen die Schülerinnen und Schüler in der Schule häufig nur Begriffsnamen, ohne den Inhalt des Begriffs selber mit Anschauung füllen zu können. Und dann haben sie ihn auch nicht verstanden. Was aus grammatischer Sicht ein vollständiger Satz ist, lernen Kinder schon früh. Aber es ist ein langer Prozess, bis die Schüler dann auch bewusst vollständige Sätze bilden. Von dem ersten Kennenlernen des Begriffs der Metapher bis zum wirklichen Verstehen der Möglichkeit der Metapher, Unsichtbares annäherungsweise sichtbar zu machen, ist es ein langer Weg. Und wie lange benötigen Schüler um zu erfassen, was das Wesensmerkmal einer linearen Funktion ist und welche Möglichkeit sie zur Beschreibung von Zusammenhängen bietet?[7]

2.1.5 Konsequenzen für den Unterricht

Schüleraktivierung ist nötig

Die Schüler benötigen ein kognitiv aktivierendes Unterrichtsvorgehen, damit sie sich mit einem Begriff auseinandersetzen und diesen erschließen. Denn sie müssen den Begriff selber konstruieren und ihn sich so zu eigen machen können. Im Unterricht müssen die Begriffe so eingeführt werden, dass die Schüler sie mit der Anschauung vieler Beispiele verbinden. Und sie müssen aufgefordert werden, aus diesen Beispielen dann die typischen Eigenschaften des Begriffs selbstständig zu gewinnen.

> Was du mir sagst, das vergesse ich.
> Was du mir zeigst, daran erinnere ich mich.
> Was du mich tun lässt, das verstehe ich.
>
> *(Konfuzius, chinesischer Philosoph, 551 - 479 v. Chr.)*

Methodisch strukturiert vorgehen

In der Forschung zur Begriffsbildung wird betont, dass die Lernenden in diesem Prozess, vor allem beim Erlernen von abstrakten Begriffen, auf viele potentielle Schwierigkeiten stoßen können. Daher sei ein methodisch geplantes und zielgerichtetes Vorgehen dringend geboten.[8]

[7] Vgl. Vollrath 1992.

[8] Vgl. Kornfeller 2008.

Einladung zum Mitdenken

Wenn Sie den Prozess der Begriffsbildung einmal nachvollziehen möchten, dann ist die folgende Übung hilfreich.

Aufgabe:

1. Nehmen Sie eine Reihe von Stiften von Ihrem Schreibtisch oder aus Ihrer Tasche. Bilden Sie von diesem Gegenstand jetzt einen Begriff. Vergleichen Sie dazu die Stifte und ergänzen Sie die folgenden Angaben:

◆ charakteristische Merkmale/typische Eigenschaften:

____

____

____

◆ Ausprägungen:

____

____

____

◆ Funktion:

____

____

____

◆ Beispiele:

____

____

____

◆ Begriffsname:

____

2. Nun können Sie einen Begriff aus Ihrem Unterrichtsfach auswählen und diesen in der gleichen Weise entfalten.

Tipp:

Wenn Sie in der Lehreraus- und -fortbildung arbeiten, dann können Sie diese Übung auch als Hinführung einsetzen.

Unseren Lösungsvorschlag finden Sie auf S. 175.

Anmerkung

Rund ein Viertel der gesamten Unterrichtszeit wird – wie bereits unter 2.1.3 festgestellt – mit Begriffsbildung verbracht. Erstaunlich ist aber, dass wir in unseren Fortbildungen immer wieder dieselbe Beobachtung machen: Kaum ein Unterrichtender ist sich dessen bewusst. Und die meisten Lehrerinnen und Lehrer verfügen dementsprechend auch nicht über Methoden, gezielt die Begriffsbildung ihrer Schülerinnen und Schüler zu fördern. Das ist nicht das Versäumnis des jeweiligen Kollegen. Obwohl in einzelnen Fachdidaktiken zur Begriffsbildung viel erarbeitet wurde, klafft hier offenbar eine große Lücke zur Aus- und Fortbildung der Lehrerinnen und Lehrer. Wenn aber Schüler nicht bewusst bei der Begriffsbildung angeleitet werden, werden sie nur mit Mühe eigene Strategien entwickeln. Das muss sich nachteilig auf den Lernerfolg der Schülerinnen und Schüler auswirken.

2.1.6 Methodische Wege der Begriffsbildung

Wenn ein Schüler einen Begriff erwirbt, dann gibt es dazu verschiedene methodische Möglichkeiten. Weil es so anschaulich ist, soll dies zunächst an dem Begriff des Autos gezeigt werden.

Durch Prototypen lernen?

Eine Möglichkeit besteht darin, einem kleinen Kind ein typisches Auto, einen sogenannten Prototyp, zu zeigen. Anschließend benennt man es mit seinem Namen und erläutert die wesentlichen Merkmale des Begriffs oder erarbeitet diese mit dem Kind. Übertragen auf den Unterricht hieße das, dass man den Schülern z. B. eine Metapher oder eine proportionale Zuordnung zeigt, diese benennt und dann erklärt oder die Merkmale in einem fragend-entwickelnden Unterrichtsgespräch erarbeitet. Im herkömmlichen Klassenunterricht ist dieses Vorgehen sehr verbreitet, allerdings häufig ohne breite, methodisch erzeugte Schüleraktivierung. Auf den ersten Blick kommt es aber auch den Lerngewohnheiten der Schülerinnen und Schüler entgegen. Denn Schüler arbeiten häufig mit „prototypischen Repräsentanten". Nicht selten bleibt aber nur ein dominierender Repräsentant im Gedächtnis der Schüler, etwa: ein Spezialfall, eine Anmerkung oder ein Beispiel. Das erweist sich im weiteren Unterrichtsverlauf mitunter als Problem. Aus diesen Gründen ist es viel sinnvoller, die Schüler anzuleiten, den Begriff selbsttätig zu konstruieren. Dazu gibt es zwei Möglichkeiten, deren Umsetzung im Unterricht wir in diesem Kapitel entfalten werden:

Begriffe durch Sortieren und Klassifizieren bilden

In diesem Verfahren würde man einem Kind ungeordnete Bilder von verschiedenen Autos, Motorrädern, Lkws, Fahrrädern, Bussen, Dreirädern, Rollern usw. vorlegen. Das Kind bekäme dann die Aufgabe, die Bilder in Gruppen, die gemeinsame Merkmale haben, zu sortieren. Dieses Verfahren wird in diesem Kapitel als Concept Formation[9] vorgestellt. Bei dem Concept-Formation-Verfahren werden den Schülerinnen und Schülern zum Beispiel im Mathematikunterricht viele einzelne Beispiele von Dreiecken vorgelegt. Sie haben dann die Aufgabe selbstständig gemeinsame Merkmale zu entdecken und so Kategorien zu bilden, denen sie die einzelnen Beispiele zuordnen können (vgl. Kap. 2.2).[10]

Begriffe angeleitet bilden

Bei komplexen Begriffen werden Schüler mit dem Concept-Formation-Verfahren häufig überfordert. Daher gibt es ein stärker strukturiertes Verfahren zur Begriffsbildung, Concept Attainment[11] genannt.[12] Dabei wird den Schülern eine Hilfestellung gegeben, weil die Beispiele schon geordnet sind und sie nun die gemeinsamen Merkmale der zusammengehörenden Beispiele erkennen müssen. Weil das Bilden eines Begriffs durch Abgrenzung unterstützt wird, werden den Beispielen des Begriffs andere Beispiele gegenübergestellt, denen ein oder mehrere der gesuchten Wesensmerkmale fehlen und die daher nicht zu dem Begriff gehören, aber vielleicht einen anderen Begriff repräsentieren. So können etwa Gruppen mit Pkws und Lkws oder Motorrädern gegenübergestellt werden. Die Schüler erarbeiten dann das Gemeinsame der Fahrzeuge, die in einer Gruppe sind (vgl. Kap. 2.3).

[9] Entwickelt von Hilda Taba. Eine gute Darstellung findet sich in Joyce/Weil/Calhoun 2004, S. 41-58.

[10] Dass dies für die Entwicklung zum Beispiel mathematischer Kompetenz bereits im Vorschulalter sinnvoll ist, zeigen: Hoenisch/Niggemeyer 2004, S. 33ff.

[11] Die Übersetzung mit „Begriffsfindung" ist nicht passend, denn bei der Begriffsfindung geht es um die Suche nach einer Bezeichnung für Phänomene, die durchaus nachgewiesen und belegt existieren können, für die es jedoch keine etablierte Bezeichnung gibt.

[12] Entwickelt von Jerome Bruner, vgl. Joyce/Weil/Calhoun 2004, S. 59-76.

2.2 Sortieren und Klassifizieren: Concept Formation

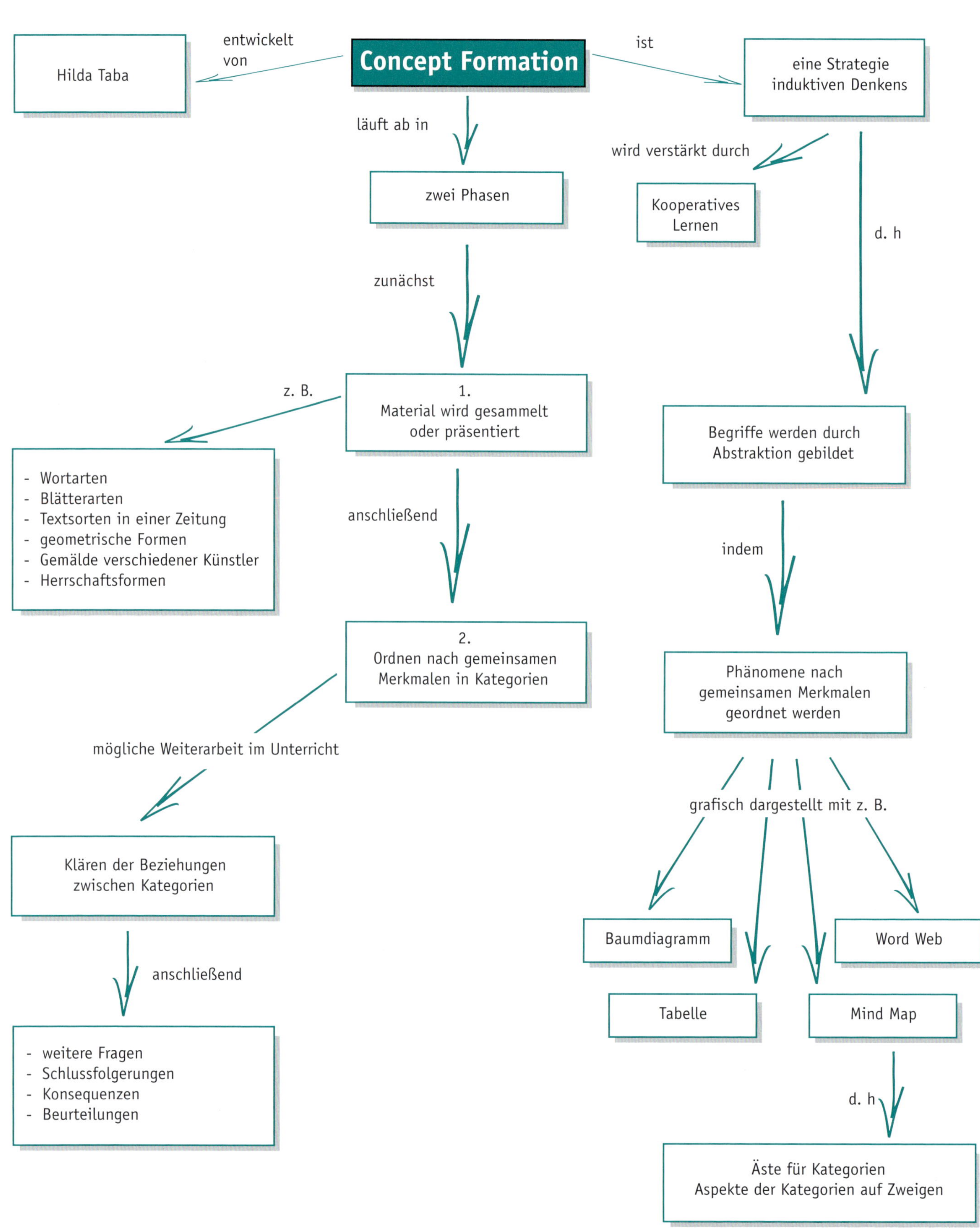

2.2.1 Ein Blick ins Klassenzimmer

Beurteilungsraster erstellen

Der junge Kollege, Martin Mauritz, hat die Klasse schon seit dem Anfang der Jahrgangsstufe 5 und immer wieder haben die Schülerinnen und Schüler Kurzvorträge geübt, z. B. bei Buchvorstellungen. Mit wenigen Kriterien und Indikatoren beginnend haben sie schon früh angefangen, die Präsentationen ihrer Mitschüler zu beurteilen. Nun, in der 9. Klasse, soll jeder Schüler ein etwa zehnminütiges Referat zu einem Thema seiner Wahl halten. In einer längeren Unterrichtseinheit werden alle Schüler darauf vorbereitet. Dazu sammeln sie im Deutschunterricht zunächst alle Merkmale eines guten Vortrags und systematisieren sie. In den sich anschließenden Stunden werden die noch fehlenden Kompetenzen der Schüler eingeübt. Ziel ist es, dass sich die Schüler in den abschließenden Vorträgen wechselseitig nach diesen Kriterien und Indikatoren beurteilen.

In dieser Stunde aber schreiben alle in ihren Gruppen in einem Brainstorming-Prozess die Merkmale eines gelungenen Referats, die ihnen bekannt sind, auf. Jedes Merkmal wird auf einen Zettel geschrieben. In einem zweiten Schritt ordnet jeder Schüler für sich die Zettel, die in der Mitte des Tisches liegen, und notiert die gefundenen Kategorien mit den zugehörigen Merkmalen. Danach vergleichen die Schüler ihre Kategorien und bilden ein gemeinsames Raster. Dies schreiben sie auf einen Flip-Chart-Bogen und hängen ihn auf. Die Schüler sind sehr engagiert bei der Sache und es ist erstaunlich, wie umfassend und erschöpfend ihre Übersichten sind. Auch die gefundenen Kategorien haben schon viele Übereinstimmungen. Der Beobachter merkt hier, dass Herr Mauritz schon immer Wert auf kriteriengeleitete Beurteilung von Präsentationen vor der Klasse gelegt hat. Im Klassengespräch bilden die Schüler dann aus den Vorschlägen der Gruppe ein gemeinsames Beurteilungsraster (vgl. S. 67). Drei Schüler übernehmen abschließend die Aufgabe, das Raster auf einen großen Bogen Papier zu übertragen, der aufgehängt werden soll und bei allen Übungen und Vorträgen leitend sein soll.

Als das Bewertungsraster fertig ist, merkt man, wie zufrieden die Schüler sind. Besonders hat sie gefreut, dass ihr Raster sehr vollständig war. Aus den anderen Gruppen kamen noch drei Ergänzungen. Hoch motiviert beginnen die Schüler jetzt, die einzelnen Kompetenzen einzuüben und einen eigenen Vortrag zu gestalten...

> **Kommentar**
>
> **In dem Unterricht von Herrn Mauritz werden die Schüler ganz offensichtlich an der Bildung der Kriterien beteiligt, nach denen sie selber später beurteilt werden. So sind die Kriterien in hohem Maße für alle transparent. Darüber hinaus wird aber auch ein sehr hoher Grad an selbstgesteuertem Lernen erreicht. Denn die Schüler lernen, selbstständig Kriterien zu bilden und anzuwenden. Offensichtlich hat Herr Mauritz ein Bewusstsein davon, dass auch Kriterien letztlich Begriffe sind. Und wenn diese vom Lehrer einfach vorgegeben würden, blieben sie für viele Schüler leer und daher unverstanden. Unter den Kriterien, die die Schüler selbst finden, können sich dagegen alle etwas vorstellen. Für die Schüler werden sie dadurch bewusst. Erst so können sie gezielt ihre Kompetenzen verbessern.**

2.2.2 Concept Formation als geistiger Akt

Die Methode der vorgestellten Stunde ist unter verschiedenen Namen bekannt. Wir nennen sie mit Bezug auf intensive Forschungen in den USA Concept Formation.[13] Dabei handelt es sich um eine Strategie zur Verarbeitung von Informationen, konkret um Sortieren und Klassifizieren. Die Informationen, die klassifiziert werden sollen, können entweder selbst gesammelt oder vom Lehrer gezielt ausgewählt und den Schülern vorgegeben werden. Als Hinführung zur Pflanzenbestimmung können die Schüler im Biologieunterricht zum Beispiel viele verschiedene Blätter vorgelegt bekommen, um sie anhand der Blattform zu sortieren (vgl. Übung S. 73: Blätter). Die andere Möglichkeit wurde bei dem Blick ins Klassenzimmer dargestellt: Die Schülern sammeln die Merkmale eines guten Vortrags selbst und ordnen diese dann. In beiden Fällen sortieren die Schüler das Material, indem sie Gemeinsamkeiten suchen.[14] Dabei

[13] Dargestellt z. B. in Joyce/Weil/Calhoun 2004, S. 41 - 58.

[14] Die Naturwissenschaften differenzieren bei den von uns synonym gebrauchten Begriffen zwischen drei geistigen Tätigkeiten: 1. sortieren (nach vorhandenen und nicht vorhandenen Merkmalen), 2. ordnen (innerhalb einer Gruppe z. B. nach Größe) und 3. klassifizieren (nur nach vorhandenen Wesensmerkmalen).

entscheiden sie, welche Merkmale für die Zuordnung relevant sind. Sie bilden also Kategorien, denen sie im Verlauf ihrer Auseinandersetzung einen Namen geben müssen, schon um ihre Ergebnisse in der Klasse vorstellen zu können.

Hinter diesem Vorgehen steckt das Bestreben, die Kompetenz zur Begriffsbildung zu fördern. Concept Formation ist im Grunde eine Methode, die bei den Schülern schöpferische geistige Akte auslösen soll. Dies sei noch einmal an einem Beispiel für Schüler einer ersten Klasse verdeutlicht: Als Material bekommen sie viele Dinge, die in einem Supermarkt angeboten werden (bzw. Bilder davon). Diese sollen sie so anordnen, wie sie ihrer Meinung nach im Supermarkt angeordnet sind. Danach gehen die Schüler dann in einen Supermarkt. Nachdem sie geschaut haben, ob die Dinge dort ähnlich angeordnet worden sind, sind sie ganz erstaunt, dass es dort nicht eine „Sandwich-Ecke" gibt, in der Brot, Butter, Marmelade und Nusscreme liegen.[15]

Schon an diesem einfachen Beispiel zeigt sich, dass die Zuordnung immer ein geistiger Akt ist, der auf der Entscheidung für Kriterien basiert und nicht in der Sache liegt. Die von den Schülern gewählte begriffliche Ordnung zeichnet also nicht einfach eine in den Dingen selbst liegende Gliederung nach.[16] Jeder Schüler muss beim Sortieren entscheiden, welche Gemeinsamkeiten er als für die Ordnung wesentlich bewertet. Daher kommt es darauf an, dass die Schüler ihre Zuordnungen im Unterricht begründen können.

2.2.3 So geht es

Bei dem hier vorgestellten Vorgehen werden zwei Lehrstrategien miteinander verbunden: Kooperatives Lernen im Dreischritt aus Denken – Austauschen – Vorstellen mit dem Concept-Formation-Verfahren zur Begriffsbildung.

In der ersten Phase bekommen die Schüler die notwendigen Materialien mit den Sachinformationen. Sofern die Schüler über ausreichende Vorkenntnisse verfügen, können sie die Informationen auch selber sammeln. In diesem Fall bietet sich ein Brainstorming-Prozess an (siehe Exkurs S. 69). Dabei sammeln die Schüler zunächst Informationen oder Ideen, ohne sie gleich zu sortieren.

Dem schließt sich eine Phase der Einzelarbeit an. In dieser sortieren die Schüler die Gegenstände (bzw. Ideen, Gedanken etc.). Sie müssen dafür überlegen, was zentrale Merkmale sind, nach denen sie die Gruppen bilden. Im Zweifelsfall werden sie überlegen, was für die Zuordnung das bedeutsamere Merkmal ist. Anschließend geben die Schüler ihren Kategorien einen vorläufigen Namen. Damit haben sie bereits einen Begriff gebildet, der jetzt eine Bezeichnung bekommt.

In der nächsten Phase stellen die Schüler und Schülerinnen einer Kleingruppe sich gegenseitig ihre Ergebnisse vor. Dazu reicht es nicht aus, nur die Kategorien zu nennen. Vielmehr müssen sie die Kriterien für ihre Zuordnung vorstellen und ihre Kategorisierungen begründen. Häufig wird die Diskussion an dieser Stelle intensiver, wenn die Schüler den Auftrag haben, ein gemeinsames Gruppenergebnis anzufertigen.

Unterrichten Sie Mathematik?

Dann denken Sie daran: „Sortieren und Klassifizieren ist ein Vergnügen für alle … Das ist eine typische und zentrale mathematische Fragestellung: ‚Passen' Dinge zusammen, wenn ja warum, wenn nein, warum nicht?"

(Albrecht Beutelspacher)[17]

[15] Dies berichten Bennett/Rolheiser 2001, S. 257. Dass auch im Fachunterricht Mathematik so vorgegangen wird, zeigt Vollrath 1978, S. 105ff.

[16] Dies hat schon Weisgerber an vielen Beispielen belegt: Leo Weisgerber: Vom inhaltlichen Aufbau des deutschen Wortschatzes, Frankfurt 1939.

[17] Albrecht Beutelspacher in: Hoenisch/Niggemeyer 2004, S. 35. Beutelspacher ist Professor für Mathematik an der Universität Gießen und Gründer des Mathematikums, dem ersten mathematischen Mitmachmuseum der Welt in Gießen.

Beurteilungsraster FACHVORTRAG

1. Sprachliche Gestaltung
- laut, langsam, betont und deutlich sprechen
- frei sprechen
- Pausen machen
- keine Umgangssprache
- klarer Satzbau
- Kürze statt Weitschweifigkeit

2. Aufbau des Referats
- Einleitung, Hauptteil, Schluss
- leitende Fragestellung wird in der Einleitung deutlich
- Gliederungspunkte und „Roter Faden" im Hauptteil deutlich
- zentrale Aussage am Ende zusammenfassen

3. Sachliche Angemessenheit
- inhaltlich zutreffend/richtig und Zusammenhänge deutlich
- Quellen nennen
- Wichtiges von Unwichtigem trennen
- nicht vom Thema abkommen
- Fragen beantworten können
- inhaltlicher Schwierigkeitsgrad für Zuhörer angemessen?

4. Medien / Visualisierung
- grafische Übersicht auf Folie
- zentrale Zitate auf Folie
- einsetzen von Bildern, Ton- oder Filmdokumenten (Ausschnitt)
- Infopapier für Zuhörer
- ggf. Experiment durchführen

5. Kontakte mit ZuhörerInnen
- begrüßen
- häufiger ansprechender Blickkontakt
- direktes Ansprechen
- Fragen stellen
- am Schluss den Zuhörern Zeit zur Verarbeitung geben (denken-austauschen-vorstellen)

6. Körpersprache
- gezielter Einsatz von Gesten
- freundlicher Gesichtsausdruck, Mimik einsetzen
- ruhig und gelassen
- fester Stand
- offene Körperhaltung

Beurteilungsraster Fachvortrag

Im Plenum werden die Ergebnisse einzelner Gruppen vorgestellt und besprochen. Wenn es hier widersprüchliche oder stark unterschiedliche Ergebnisse gibt, dann ist das ein guter Ausgangspunkt für eine Lernschleife. In dieser überprüfen die Schüler die vorgestellten Ergebnisse erst alleine und dann in der Gruppe.

Mit dem Concept-Formation-Verfahren ist der Lernprozess natürlich nicht abgeschlossen. Jetzt können die Beziehungen zwischen den Kategorien herausgearbeitet und erklärt werden. Und aufgetretene oder weiterführende Fragen, Schlussfolgerungen, Konsequenzen oder Beurteilungen können sich genauso anschließen wie die Anwendung der Ergebnisse im Unterricht. Entscheidend ist, dass der Concept-Formation-Prozess in die Dramaturgie des Unterrichts eingebunden wird.

Übersicht

Concept Formation

Informationen vorstellen oder sammeln

1. Das Material wird gesammelt oder präsentiert. Wenn es gesammelt wird, bietet sich dafür der Brainstorming-Prozess an (siehe Exkurs S. 69).

Denken: Kategorisierung

2. Die Schüler arbeiten die wesentlichen Merkmale der Gegenstände heraus.
3. Sie sortieren die Gegenstände nach gemeinsamen Merkmalen.
4. Sie geben ihren Kategorien jeweils eine Bezeichnung.

Austauschen

5. Die Schüler stellen sich ihre Zuordnungen vor und prüfen, ob sie sinnvoll sind.

   Untersuchungsfragen:

- Könnten wir auch andere Merkmale als Kriterien der Zuordnung nehmen?
- Kann ein Objekt auch zu mehreren Gruppen gehören?
- Warum ist es dieser Gruppe zugeordnet?
- Wie lassen sich die Kategorien beschreiben?

Plenum

Im Plenum werden ausgewählte Ergebnisse vorgestellt. Unterschiedliche Kategorisierungen können auch Ausgangspunkt für die sehr lernwirksamen Lernschleifen sein. In ihnen können die Schüler wieder im Dreischritt Denken – Austauschen – Vorstellen die präsentierten Ergebnisse untersuchen und bewerten.

TIPP!

Begriffsbildung durch Verknüpfung

Nicht bei allen Begriffen ist die Abstraktion der beste Weg der Begriffsbildung. Es gibt Begriffe für sehr komplexe Dinge oder Phänomene. Denken Sie an Begriffe wie Internet oder Globalisierung. In diesem Fall würden wir eine Begriffsbildung durch Verknüpfung empfehlen.[18] Dazu bietet sich besonders die grafische Strukturierungsform der Concept Map an.[19] In dieser werden komplexe Zusammenhänge grafisch dargestellt, indem die Elemente des Begriffs in Kästchen geschrieben werden, diese Kästchen mit Pfeilen verbunden werden und auf die Pfeile die Art des logischen Zusammenhangs notiert wird. Auch wenn Begriffe mit Hilfe der Verfahren des Concept Attainment oder der Concept Formation erarbeitet worden sind, ist es sehr hilfreich, wenn der Aufbau der Begriffe grafisch dargestellt wird.

[18] Aebli unterscheidet zwei Formen der Begriffsbildung: „Begriffsbildung durch Abstraktion" und „Begriffsbildung durch Verknüpfung", in: Aebli 1983, S. 250.

[19] Die Concept Map ist ausführlich dargestellt in: Brüning/Saum 2007, S. 73ff.

EXKURS

Wie ein Brainstorming zur Ideensammlung erfolgreich durchgeführt werden kann

Es gibt verschiedene Verfahren den „Brainstorming“ genannten Prozess des Ideensammelns durchzuführen. Nicht jede ist gleich wirksam, wie eine Studie zur Effektivität des Brainstorming-Verfahrens herausgefunden hat.[20] Beim Brainstorming ist der Wechsel von individuellem und kooperativem Lernen ganz entscheidend. In der Studie wurde nachgewiesen, dass vier Einzelpersonen in der gleichen Zeit nicht nur wesentlich mehr, sondern auch mehr gute Ideen als eine Vierer-Gruppe erzeugen. Denn in der Gruppe muss der Einzelne ständig seine eigene Denkarbeit unterbrechen, um den anderen zuzuhören oder zu warten, bis er selbst etwas sagen kann. Sollte man die Kooperation also beim Generieren von Ideen ganz weglassen? Nein, sagt die Studie, aber sie muss in der richtigen Phase des Prozesses eingesetzt werden. Denn wenn die Teilnehmer nach dem individuellen Brainstorming ihre Ideen schriftlich austauschen, so dass jeder die Ideen des anderen überdenken kann, dann kann er darauf aufbauend in einem erneuten Brainstorming noch bessere Ideen entwickeln. An das Sammeln der Ideen schließen sich dann Phasen des Ordnens, Bewertens und Auswählens an. Auch diese sind erfolgreicher, wenn jeder zunächst alleine arbeiten kann.

Diese Erkenntnisse stützen die hier vorgestellten Formen des Kooperativen Lernens, denn sie sind so strukturiert, dass die Schüler immer mit der Einzelarbeit beginnen und erst auf Grundlage des individuell Erarbeiteten kooperieren. Wenn in der Gruppe viele Ideen zusammengetragen wurden, dann werden diese schließlich gemeinsam bewertet und die brauchbaren Gedanken müssen ausgewählt werden. Oder wenn jeder einen eigenen Standpunkt entwickelt hat, dann ist es wichtig, dass sich die Einzelnen den Standpunkten der anderen öffnen und ein Problem auch aus anderen Perspektiven sehen lernen. So wie die individuelle Phase nicht fehlen darf, sollte auch die Kooperation nicht fehlen.

Ablauf eines Brainstorming-Prozesses

Einzelarbeit

1. EA: sammeln von Ideen

Austausch

2. GA: Schriftlicher Austausch

Einzelarbeit

3. EA: Sammeln weiterer Ideen – angeregt durch die Ideen der anderen

Austausch

4. Zusammenführen der Ideen

Hier kann jetzt der Concept–Formation–Prozess angeschlossen werden.

[20] Stroebe/Nijstad 2004. Für den Hinweis auf diesen Text danken wir Evelyn Grösch-Buresch.

2.2.4 Wie können Sie die Methode einführen?

Ordnen von Gegenständen

Nehmen Sie so viele Gegenstände mit in die Klasse, wie Sie Schüler haben. Wählen Sie die Dinge so aus, dass sie eine Zusammengehörigkeit von jeweils vieren sehen, z. B. vier Gegenstände aus dem Bad, vier vom Schreibtisch, vier aus der Küche, vier aus dem Werkzeugkasten etc. Jeder Schüler bekommt zu Beginn der Unterrichtsstunde einen Gegenstand. Dann müssen die Schüler versuchen, andere Schüler zu finden, die einen Gegenstand haben, der mit ihrem etwas gemeinsam hat. Sagen Sie nicht, welche Kategorien Sie zugrunde gelegt haben. Wenn sich vier Schüler gefunden haben, deren Gegenstände aus ihrer Sicht zusammengehören, können sie sich an einen Tisch setzen.

Besonders spannend, aber auch offener ist dieser Prozess, wenn Sie die Gegenstände willkürlich ausgewählt haben, selber also keine Ordnung im Kopf hatten. Diese Übung lässt der Kreativität der Schüler noch mehr Raum.

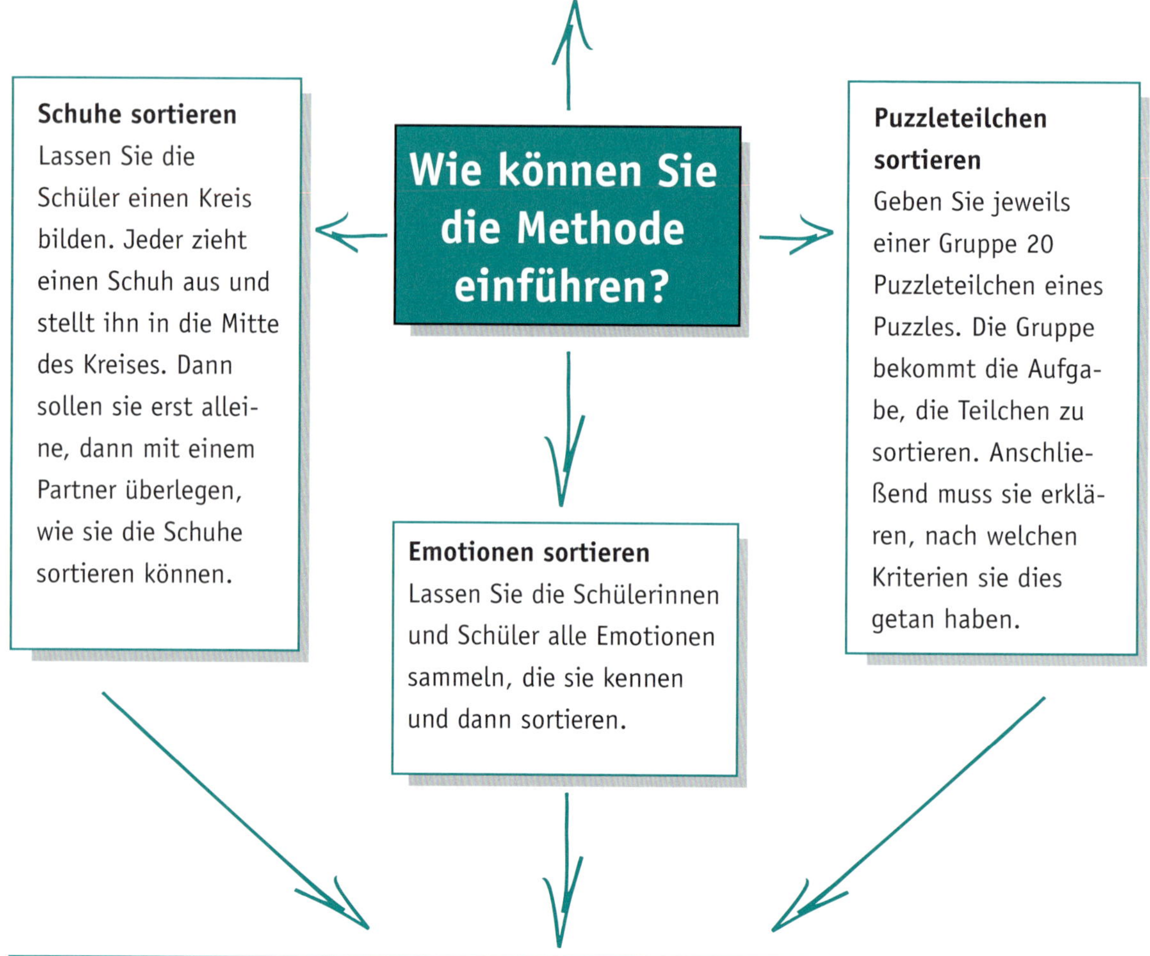

Reflexion

Wichtig ist, dass die Schüler anschließend darüber reflektieren, was sie eigentlich getan haben. Hier bilden sich erste Einsichten, die weit über die Übung hinausreichen und im Unterricht immer wieder aufgegriffen werden können, wenn Sie mit Ihren Schülern Prozesse der Begriffsbildung reflektieren.

2.2.5 Was hat sich bei der Durchführung bewährt?

Erläuterungen einfordern

In der Praxis begnügen sich die Schüler bei der Begründung ihrer Kategorisierungen meist damit, nur den Namen zu nennen, mit dem alles in einer Gruppe bezeichnet wird. Hier ist es wichtig, einzufordern, dass die Schüler die Merkmale des Begriffs erläutern, aufgrund derer sie die Zuordnung getroffen haben. Denn die Gemeinsamkeiten bilden den Inhalt des Begriffes, der die einzelnen Beispiele umschließt. Indem die Gemeinsamkeiten verknüpft werden, wird ein neuer Begriff aufgebaut. Und wenn die Schüler die treffende Bezeichnung selbst noch nicht kennen, das Konzept aber zutreffend beschrieben haben, dann kann der Lehrer sie nennen.

Zur Ko-Konstruktion anregen

Das Bilden von Kategorien ist jeweils eine individuelle Konstruktion, die von der Wahl der Kriterien abhängt. Besonders spannend wird es, wenn eine Gruppe sich auf gemeinsame Kategorien einigen soll. Denn dann ist sie zur Ko-Konstruktion aufgefordert. Dieser Prozess ist ganz wichtig, denn solche Prozesse laufen in vielen Bereichen des Lebens immer wieder ab. Ohne gemeinsame Kategorien ist keine Verständigung und Kommunikation möglich.

Aspekt der Kategorisierung ggf. vorgeben

Wenn Sie möchten, dass die Schüler nach einem bestimmten Aspekt kategorisieren, dann können sie diesen Aspekt vorgeben, ohne aber die einzelnen Kategorien zu nennen. Wenn Ihre Schüler also Wörter nach Wortarten kategorisieren sollen, können Sie das mitteilen, ohne die Wortarten selber zu nennen. Der Prozess ist so weniger offen, aber zielgerichteter.

Gründe für Scheitern reflektieren

Wenn Sie ein bestimmtes Konzept erwartet haben, die Schüler dieses aber nicht gebildet haben, sollten Sie noch einmal über die Lernvoraussetzungen der Klasse nachdenken. Welches Hintergrundwissen fehlt den Schülern vermutlich? Welches Material wäre hilfreich?

2.2.6 Wie können Sie das Verfahren variieren?

Neue Objekte einsortieren

Wenn die Schülerinnen und Schüler das Material geordnet haben, können sie noch weitere zusätzliche Objekte bekommen. Diese sollten sie dann ihren Gruppen zuordnen. Damit prüfen sie ihre Kategorisierung. Wenn sie etwas nicht einsortieren können, müssen sie ihre Kategorien überdenken.

Kategorien vorgeben und zuordnen

In relativ vielen Schul- und Übungsbüchern ist beschrieben, dass die Schüler bestimmte Objekte in bereits vorgegebene Kategorien einsortieren sollen. Das Vorgehen eignet sich jedoch vor allem für die Wiederholung bereits erarbeiteter Kategorien. Denn dabei wird auf die kognitive Leistung der Kategorienbildung verzichtet.

2.2.7 Wann können Sie das Concept-Formation-Verfahren einsetzen?

Vorschule

- Spielzeug, Dinge der Natur, Schuhe, Kinder, Dinge im Kaufmannsladen, Autos, Formen etc. sortieren.[21]

Naturwissenschaften

- In Klasse 1 bis 3 können die Kinder die Tiere des Waldes klassifizieren.
- In Klasse 4 bis 6 können die Tiere des Meeres klassifiziert werden.
- Die Schüler können exemplarisch die Klassifizierung von Lebewesen durchführen, um so zu einem phylogenetischen Stammbaum zu kommen und Verwandtschaftsverhältnisse zu veranschaulichen.[22]
- Im Chemieunterricht können sie Stoffe kategorisieren (z. B. nach Aggregatzuständen oder Säuren, Laugen).

[21] Viele gute Ideen, die auch im Anfangsunterricht Mathematik einsetzbar sind, finden sich in: Hoenisch/Niggemeyer 2004, S. 35-49. Vgl. auch: www.wissen-und-wachsen.de

[22] Diese und weitere für den Unterricht aufbereitete Materialien finden sich unter: http://www.sonnentaler.net. Diese hervorragende Internetplattform steht Lehrenden, Erziehern und Wissenschaftlern zur Seite, um an Vor- und Grundschule naturwissenschaftliche Aktivitäten zu fördern.

Deutsch

- In der Grundschule können die Schüler 50 Wörter der vier Wortarten Nomen, Adjektiv, Verb und Artikel sortieren. Das geht natürlich auch mit Satzarten.
- In höheren Jahrgangsstufen können sie Formen der adverbialen Bestimmung, Textsorten, rhetorische Mittel etc. ordnen.
- Zur Vorbereitung eines Textes können Ideen und Gedanken geordnet werden.

Pädagogik

- Die Schüler schreiben alle typischen Verhaltensweisen von Kleinkindern auf und kategorisieren sie dann. Anschließend versuchen sie die Verhaltensweisen mit dem Entwicklungsverlauf eines Kindes in Verbindung zu bringen.

Fremdsprachen

- Im Bereich der Länderkunde schreiben die Schüler alles auf, was sie zu England, Kanada oder London wissen und kategorisieren es dann.
- Im Grammatikunterricht können ähnliche Übungen durchgeführt werden, wie sie zum Fach Deutsch genannt wurden.

Philosophie

- Einstieg in die Themen Ethik oder Staatsphilosophie: Die Schüler schreiben alles auf, was ihnen zum Thema „Staat" einfällt. Anschließend kategorisieren sie es. Damit kann dann gemeinsam der Unterricht des Halbjahres geplant werden.

Gesellschaftslehre/Politik

- Beim Thema „Die Rolle des Einzelnen in der Gesellschaft" bekommen die Schüler rund 60 Begriffe, mit denen unterschiedliche Rollen erfasst werden: Mutter, Angestellter, Sekretärin, Polizist, Organisierer, Chef, Frau, Kaufmann, Vorsitzender, Freund, Hilfegebender, Teammitglied, Babysitter, Bürger, Wissenschaftler, Tröster etc. Diese werden kategorisiert.

Mathematik

- Im Bereich der Geometrie lernen die Schüler, Vierecke zu unterscheiden (Quadrat, Rechteck, Parallelogramm, Raute, Trapez).

Musik

- Je vier Hörbeispiele unterschiedlicher Musikrichtungen (Rock, Pop, HipHop/Rap, klassische Musik) für politisch engagierte bzw. gesellschaftskritische Musik.[23]

Persönlichkeit fördern

- Die Schüler listen alles auf, was sie in der vergangenen Woche getan haben. Anschließend versuchen sie, ihre Handlungen in Gruppen einzuteilen. Dann können sie die gefundenen Klassen mit ihrer Stimmung oder Gefühlslage in Beziehung setzen.

[23] Diese Idee verdanken wir Andreas Schneider, Dortmund.

2.2.8 Übung

Sicher kennen Sie aus dem Biologieunterricht die Möglichkeit, die Baumart anhand der Blattform zu bestimmen. Dazu werden die Blätter nach ihren Blattformen sortiert.

Die folgende Übung greift darauf zurück. Vielleicht kopieren Sie sich dazu die entsprechende Seite. Dann können die Schüler die Blätter ausschneiden, um sie leichter zu sortieren.

Anschaulicher wird es, wenn Sie dazu echte Blätter, zum Beispiel in einer nahe gelegenen Grünanlage, sammeln.

Unseren Lösungsvorschlag finden Sie auf Seite 176.

2.3 Begriffe erkennen und abgrenzen: Concept Attainment

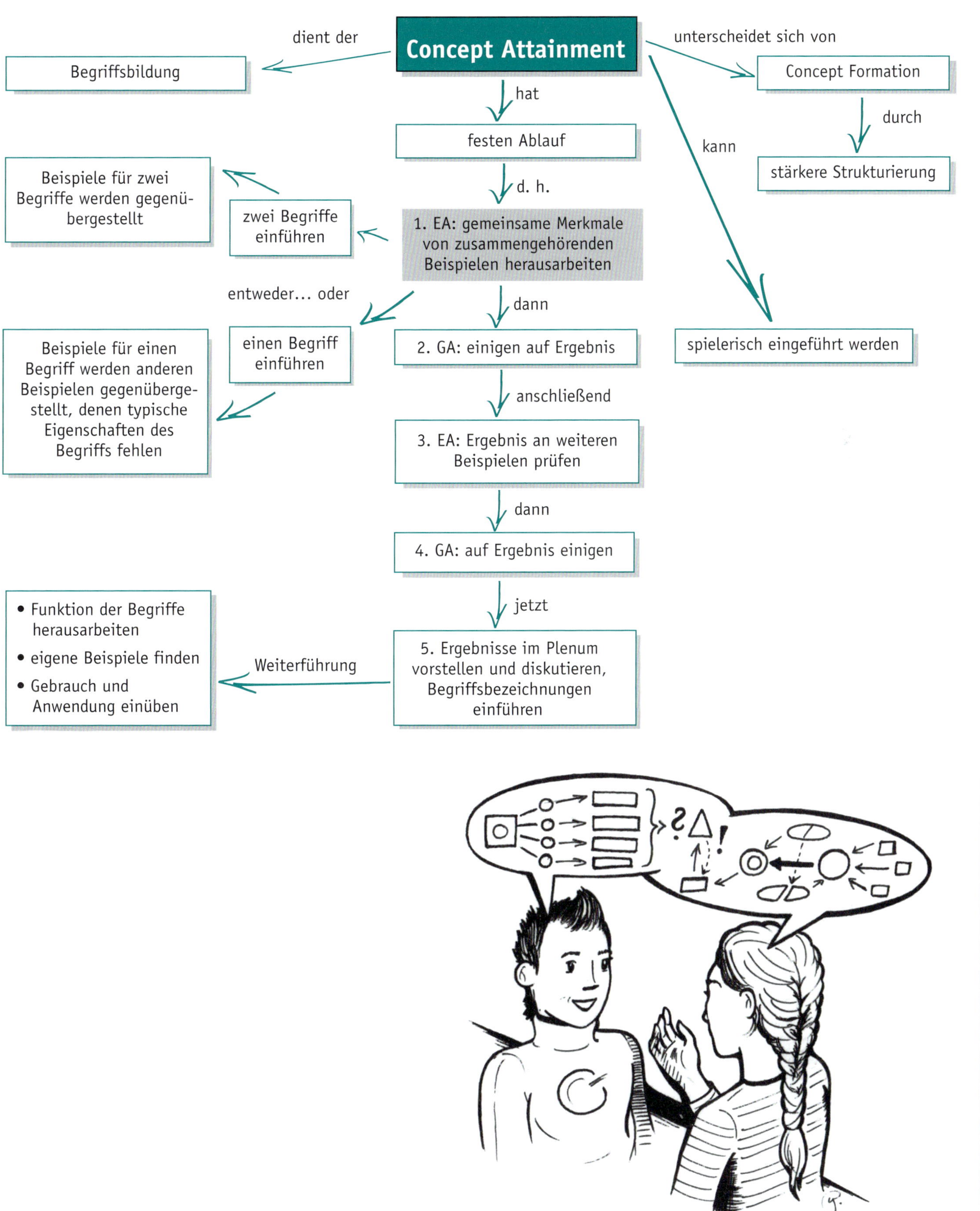

2.3.1 Ein Spiel zur Einführung

Übung

Einladung zum Mitdenken 1

Vielleicht lassen Sie sich zur Einführung einer weiteren Methode der Begriffsbildung auf eine kleine spielerische Übung ein. Schauen Sie sich einmal die folgende Zeichnung an. Alle Menschen der Gruppe 1 haben etwas gemeinsam, gleiches gilt für Gruppe 2. Überlegen Sie bitte, worin die Gemeinsamkeit besteht.

Gruppe 1

Gruppe 2

Gemeinsamkeit der Gruppe 1:

____

____

Gemeinsamkeit der Gruppe 2:

____

____

Sie haben eine Vermutung?

Dann ordnen Sie bitte die folgenden drei Personen den Gruppen zu.

A B C

Tipp: Wenn Sie sicher sind, die Gemeinsamkeit erkannt zu haben, dann legen Sie diese kleine Übung doch noch einem Partner vor. Ist er derselben Ansicht wie Sie?

Unseren Lösungsvorschlag finden Sie auf Seite 176.

2.3.2 Ein Blick ins Klassenzimmer

Baustile des Mittelalters

Im Kunstunterricht der Oberstufe sollen Merkmale der Romanik und der Gotik am Beispiel des Kirchenbaus erarbeitet werden. Die Kunstlehrerin, Franziska Graf, hat im Vorfeld überlegt, ob sie dies mit einem Concept-Formation- oder einem Concept-Attainment-Verfahren macht. Soll sie die Bilder der Kirchen den Schülern ungeordnet vorlegen oder schon in zwei Gruppen vorsortiert. Stilmerkmale von Kirchen herauszuarbeiten ist eine recht komplexe Angelegenheit, geht ihr durch den Kopf. Wenn sie die Kirchen nicht vorsortiert, dann können manche Schüler vielleicht gar nicht die Merkmale herausarbeiten, weil sie es nicht schaffen, die Kirchen in zwei Gruppen zu sortieren. Das aber ist doch das Ziel ihrer Stunde. Daher entscheidet sie sich für das Concept Attainment. Die Vorbereitung geht recht schnell, da sie die Bilder der Kirchen nur geordnet aufkleben und die Blätter dann kopieren muss.

Nach der Hinführung zum Thema der Stunde verteilt sie dann die Blätter und jeder Schüler versucht in Einzelarbeit, die gemeinsamen Merkmale der Kirchen, die untereinander stehen, herauszuarbeiten (vgl. S. 79f.). Dazu brauchen die Schüler über 20 Minuten, denn sie müssen genau hinschauen. Max z. B. nimmt immer ein Merkmal der obersten Kirche heraus, geht dann die darunter stehenden Kirchen durch und prüft, ob dort auch dieses Merkmal vorhanden ist. Sobald ein Merkmal bei einer Kirche nicht auftaucht, scheidet es aus. So findet er z. B. heraus, dass die gotischen Kirchen alle hohe Gebäude mit hohen Türmen sind und dass sie alle Spitzbogenfenster haben. Sarah dagegen geht anders vor. Sie arbeitet zuerst bei der obersten Kirche alle Merkmale heraus, die sie erkennen kann. Dann geht sie weiter zur nächsten Kirche und prüft alle Merkmale dort. Wenn sie ein Merkmal der ersten Kirche nicht wiederfindet, dann scheidet dieses aus. Auch diese Strategie führt zu richtigen Ergebnissen. Als sie bei der letzten romanischen Kirche angekommen ist, hat sie herausgefunden, dass romanische Kirchen eher kleine Gebäude sind und die Türme auch nicht so hoch sind. Die Fenster haben alle oben einen runden Bogen.

Als Franziska Graf sieht, dass die meisten Schüler fertig sind, leitet sie zur Gruppenarbeitsphase über. In jeder Gruppe stellt ein per Zufall ausgewählter Schüler seine vorläufigen Ergebnisse vor. Im anschließenden Gespräch kommen alle Gruppen dann zu einem gemeinsamen Ergebnis. Dies stellen sie aber noch nicht im Plenum vor, denn zuvor bekommen sie weitere Beispiele von Kirchen der beiden Epochen. Diese aber sind noch nicht einer der beiden Seiten zugeordnet; das sollen die Schüler tun. Dazu müssen sie die neuen Kirchen hinsichtlich der zuvor festgelegten Merkmale untersuchen. In den meisten Gruppen haben die Schüler die Kirchen richtig zuordnen können und so die gefundenen Kriterien bestätigt. Nachdem eine Gruppe ihre Ergebnisse im Plenum vorgestellt hat, ergänzen die anderen noch fehlende Merkmale der beiden Stilrichtungen. Die Schüler haben so eine Vorstellung von den typischen Merkmalen der beiden Baustile erarbeitet, sie haben Begriffe gebildet. Die Bezeichnungen der kunstgeschichtlichen Epochen sind dann nur noch zu ergänzen. Das machen am Ende zwei Schüler, die die Epochenbezeichnungen bereits kannten.

Wenn Sie möchten, dann können Sie die stilistischen Eigenheiten der beiden für das Mittelalter prägenden Stilrichtungen selber erarbeiten. Lassen Sie sich dazu durch die folgende Übung leiten.

Einladung zum Mitdenken

Zwei Baustile aus dem Mittelalter abgrenzen

Im Folgenden sind Beispiele für zwei Kunststile aus dem Mittelalter angeführt. Alle Beispiele in der linken Spalte weisen Gemeinsamkeiten, d. h. typische Merkmale auf. Das Gleiche gilt für die rechten Abbildungen.

1	 2
 3	 4
 5	 6
 7	 8

Einzelarbeit:

Schreiben Sie die Ergebnisse ihrer Beobachtung auf. Was haben die rechten und die linken Beispiele jeweils gemeinsam?

Fachbegriff/Name	Fachbegriff/Name
Merkmale der linken Beispiele:	Merkmale der rechten Beispiele:

Gruppenarbeit:

Diskutieren Sie Ihre Vermutungen in Ihrer Gruppe und kommen Sie zu einem gemeinsamen Ergebnis.

Einzelarbeit:

Testen Sie Ihr Ergebnis, indem Sie die folgenden Beispiele A – C zuordnen:

Gruppenarbeit:

Vergleichen Sie die Ergebnisse und entwickeln Sie ein Endergebnis.

Vorstellen in der Klasse:

Bereiten Sie sich vor, das Gruppenergebnis in der Klasse zur Diskussion zu stellen. Wichtig ist, dass Sie begründen und darstellen können, wie Sie zu dem Ergebnis gekommen sind.

Unseren Lösungsvorschlag finden Sie auf Seite 176.

2.3.3 Einführung

Vielleicht haben Sie die folgende Übung bereits als Gesellschaftsspiel kennengelernt. Es kann auch mit Schulklassen gespielt werden. Der Spielleiter wählt scheinbar wahllos aus einer größeren Gruppe einzelne Personen und bittet sie nach vorne zu kommen. Nach seiner Anweisung stellen sie sich entweder rechts oder links vor der Gruppe auf. Die Zuschauer bekommen die Aufgabe zu überlegen, warum der Spielleiter die einen Personen immer nach rechts, und die anderen immer nach links gewiesen hat. Sie fangen an zu grübeln: Was haben die beiden Gruppen jeweils gemeinsam? Welche Merkmale unterscheiden die eine von der anderen Gruppe? Vielleicht haben auf der einen Seite alle Personen kurze Haare und auf der andern Seite lange; vielleicht tragen die rechts stehenden Menschen alle Ringe an der rechten Hand, die links stehenden hingegen nicht.

Was machen die Zuschauer in dem Moment, wo sie die beiden Gruppen auf Unterscheidungsmerkmale hin untersuchen? Sie bilden kognitive Muster. Das heißt, sie entwickeln Hypothesen von möglichen Unterscheidungsmerkmalen. Diese Merkmale werden auf die beiden Gruppen angelegt. Wenn ein Merkmal nicht für alle Personen einer Gruppe zutrifft, wird die Hypothese verworfen und durch eine neue ersetzt. Wenn die Zuschauer dann ein wiederkehrendes Muster finden, das für jede Person der einen Gruppe zutrifft, haben sie wahrscheinlich das Kriterium gefunden, nach dem der Spielleiter die beiden Gruppen gebildet hat. So sind Sie sicher auch vorgegangen, wenn Sie die vorherige Übung (S. 76) durchgeführt haben.

Auch beim Concept Attainment bilden die Schülerinnen und Schüler in einem kooperativen Lernprozess kognitive Muster. Dabei wird der subjektive kognitive Strukturierungsvorgang jedoch methodisch stark angeleitet. Dazu wird das Material in besonderer Weise aufbereitet. Die Methode des Concept Attainments ist von Jerome Bruner ursprünglich so entwickelt worden, dass die Schülerinnen und Schüler in Einzelarbeit vom Lehrer angeleitet arbeiten. Aber auch hier gilt, dass die Methode erheblich wirksamer ist, wenn sie in einem kooperativen Prozess durchgeführt wird. Denn die Auseinandersetzung mit den Gedanken der Mitschüler führt zur Überprüfung und Weiterentwicklung der eigenen Gedanken. Aus der eigenen Konstruktion wird die gemeinsame Ko-Konstruktion.[24]

2.3.4 So geht es

Die Grundlage für ein Concept Attainment ist in der Regel ein Arbeitsblatt oder eine Folie. Darauf sind die Beispiele für zwei Begriffe einander sortiert gegenübergestellt. Im Gegensatz zum Concept-Formation-Verfahren können die Schüler hier also erkennen, welche Beispiele zu einer Kategorie gehören. Das kann durch eine Nummerierung, durch ein unterschiedliches Schriftbild oder wie im obigen Beispiel durch die Gegenüberstellung in einer Tabelle sichtbar gemacht werden.

Wie bei der Übung mit den Kirchenbauten deutlich wird, wird hier der Dreischritt des Kooperativen Lernens variiert. Anfänglich bekommen die Schülerinnen und Schüler die Aufgabe, in Einzelarbeit die gemeinsamen Merkmale der Beispiele in der rechten und in der linken Spalte herauszuarbeiten. Dazu überlegen sie zunächst, was die gemeinsamen Merkmale der Beispiele sein könnten. Schon in dieser Phase sollten die Schüler Notizen anfertigen oder auch Markierungen auf dem Arbeitsblatt vornehmen. In der anschließenden Kooperationsphase stellt einer seine Ergebnisse in der Gruppe vor, die anderen können danach abweichende Überlegungen einbringen. Dies ist dann der Ausgangspunkt für eine Diskussion, an deren Ende sie sich möglichst auf ein vorläufiges Gruppenergebnis einigen.

[24] Vgl. Band 1, S. 21 und 37.

Im Anschluss beginnt eine weitere Phase der Einzelarbeit, in der sie ihre Hypothesen prüfen. Zu dieser Prüfung bekommen sie weitere Beispiele, die aber nicht mehr zugeordnet sind. Es ist also nicht mehr ersichtlich, welchem der beiden Begriffe sie zugehörig sind. An diesen Beispielen erproben die Schülerinnen und Schüler die gefundenen Merkmale, indem sie versuchen, die Beispiele den Begriffen zuzuordnen. Wenn dies gelingt, dann werden die Hypothesen dadurch vorläufig bestätigt. Nicht selten aber bereitet die Zuordnung der neuen Beispiele in einigen Gruppen Schwierigkeiten. Dies führt dazu, dass die Schüler noch einmal überlegen, ob die von ihnen gewählten Merkmale angemessen sind. Dieser Prozess ist sehr fruchtbar, da die Schülerinnen und Schüler hier ihre eigenen Überlegungen hinsichtlich der typischen Eigenschaften des Begriffs noch einmal kritisch in den Blick nehmen.

Erst nach der Prüfung der Hypothesen stellen einzelne Gruppen ihre Ergebnisse im Plenum vor. Im anschließenden Unterrichtsgespräch können diese zusammengetragen werden. Ein Tafelbild in Verbindung mit einer fokussierenden Lehrerzusammenfassung kann hier zur Sicherung dienen.

Wenn Schüler die typischen Eigenschaften eines Begriffs anhand der Beispiele herausgearbeitet haben, dann ist es noch wichtig, mit ihnen die Funktion herauszuarbeiten. Was steckt hinter der Formensprache romanischer Kirchen? Welche Funktion hat die indirekte Rede? Welche mathematischen, physikalischen oder sozialwissenschaftlichen Anwendungen lassen sich mit Regressionsgleichungen bearbeiten?

Sofern die Sache es zulässt, ist es sehr lernwirksam, wenn die Schüler selber neue Beispiele bilden. In ihnen müssen die typischen Eigenschaften wiedergefunden werden können. Dabei sollen die Schüler den Begriff mit ihrem bisherigen Wissen produktiv verknüpfen. Anschließend kann der Gebrauch der neuen Begriffe in ihrem Zusammenhang eingeübt und angewendet werden.

2.3.5 Die erste Plenumsphase gestalten

Nach der ersten Einzelarbeit und Kooperation, also bevor die Schüler die Testbeispiele bekommen, können Sie eine Plenumsphase einschieben. In dieser haben Sie drei Möglichkeiten der Vorgehensweise:

1. Gemeinsam herausarbeiten, was richtig ist

Sie können mit den Schülerinnen und Schülern auf der Grundlage der Präsentation von ein oder zwei Gruppen im fragend-entwickelnden Unterrichtsgespräch herausarbeiten, was die richtige Lösung ist. Aber dann ist der Problemlösungsprozess beendet. Die Testbeispiele haben dann nur noch Übungs- oder Anwendungsfunktion. Die Spannung und Motivation bei den Lernenden geht häufig sofort zurück. Daher empfehlen wir dies nicht.

2. Die Ergebnisse unkommentiert vorstellen lassen

Sie können in der Plenumsphase auch alle Ergebnisse kurz vorstellen lassen, ohne sie zu besprechen. Dadurch lernt die Klasse die unterschiedlichen Hypothesen kennen. Wenn eine Gruppe keine überzeugende Hypothese gefunden hat, dann kann sie die einer anderen Gruppe prüfen. Damit alle Hypothesen der Gruppen präsent sind, können Sie diese an der Tafel sammeln oder lassen Sie die Ergebnisse auf einen Folienstreifen schreiben und legen Sie diese auf den OHP.

3. Erst am Ende im Plenum vorstellen lassen

Sie können diese Plenumsphase auch weglassen. Dann prüfen die Lernenden ihre Hypothesen direkt, indem sie die nicht nummerierten Beispiele zuordnen. Wenn diese Zuordnung nicht gelingt, müssen sie ihre Hypothesen korrigieren. Für fortgeschrittene Lerngruppen empfehlen wir dieses Vorgehen. Denn so entwickelt sich eine sehr intensive Problemlösungsphase.

Wenn die Schülerinnen und Schüler den Prozess durchlaufen haben, werden die Ergebnisse im Plenum besprochen und thematisiert. Hier kommt es zu intensiven Unterrichtsgesprächen, vor allem wenn unterschiedliche Begriffe gebildet wurden oder wenn einzelne Eigenschaften nur von einigen Gruppen angeführt wurden. Diese Fragen oder Widersprüche zu sammeln und dann in einem weiteren Dreischritt bearbeiten zu lassen, ist sehr lohnenswert. Denn es führt zu einem sehr tiefen Verständnis der in dieser Stunde eingeführten Begriffe. Wir haben schon mehrmals darauf hingewiesen, dass Sie – wann immer Sie dazu die Zeit haben – auf diese Lernschleife nicht verzichten sollten.

Übersicht

Concept Attainment – Begriffe erkennen und abgrenzen

Alleine nachdenken

1. Dreier- oder Vierer-Gruppen bilden (oder Partner)
2. Jeder Schüler bekommt die Beispiele auf einem Arbeitsblatt oder sie werden auf Folie vorgestellt.

   Aufgabenstellung: *„Überlege, was die Beispiele in der rechten Spalte bzw. mit den geraden Zahlen gemeinsam haben und was die Beispiele in der linken Spalte bzw. mit den ungeraden Zahlen gemeinsam haben. Schreibe deine Vermutung auf."*

Kooperation

3. Einer stellt seine Ergebnisse vor, die anderen korrigieren oder ergänzen:

   Aufgabenstellung: *„Jetzt stellt Schüler A seine Ergebnisse vor, die anderen ergänzen, was fehlt, oder stellen vor, was sie anders haben."*
4. Nun diskutieren die Schüler in ihrer Gruppe ihre Ergebnisse mit dem Ziel, sich auf zentrale Merkmale des Begriffs zu einigen.

   Aufgabenstellung: *„Einigt euch auf ein Gruppenergebnis."*

Vorstellen in der Klasse

An dieser Stelle ist eine Plenumsphase möglich, aber nicht notwendig (vgl. S. 82).

Alleine nachdenken

5. Jetzt bekommen die Schüler weitere, aber unsortierte Beispiele.

   Arbeitsauftrag: *„Schaue dir wieder alleine die nicht nummerierten Beispiele an und entscheide, wie du sie zuordnen kannst."*

Kooperation

6. Ein Gruppenmitglied stellt seine Zuordnungen vor, die anderen korrigieren oder ergänzen. Dabei müssen sie immer wieder ihre Hypothesen in den Blick nehmen und vielleicht verändern.

   Aufgabenstellung: *„Jetzt stellt Schüler D in der Gruppe seine Zuordnungen vor. Diskutiert sein Ergebnis und versucht euch zu einigen. Achtet darauf, dass jeder das Gruppenergebnis begründen kann."*

Vorstellen in der Klasse

7. Einzelne Gruppen stellen ihre Ergebnisse in der Klasse vor. Dabei gibt es in der Regel zwei Möglichkeiten:
   - Diese Ergebnisse können Ausgangspunkt für ein Unterrichtsgespräch mit anschließender Ergebnissicherung sein.
   - Bei Widersprüchen oder Fragen kann eine erneute Lernschleife angeschlossen werden (Klärung der Widersprüche in Einzel- und Gruppenarbeit).

Weiterarbeit

8. Nach einer Ergebnissicherung wird mit den Begriffen weitergearbeitet, d. h. …
   - eigene Beispiele anfertigen,
   - die Funktion und Bedeutung klären,
   - die Inhalte im Zusammenhang anwenden.

2.3.6 Wie können Sie die Methode einführen?

Wie können Sie die Methode einführen?

z. B. durch

Personen zwei Gruppen zuordnen
Eine andere Möglichkeit ist, dass Sie die bereits vorgestellte Übung, bei der Personen nach einem bestimmten Merkmal rechts und links hingestellt werden (S. 81), durchführen.

Schuhe zwei Gruppen zuordnen
Die Schülerinnen und Schüler ziehen ihre Schuhe aus und legen sie in die Mitte. Einer nimmt jetzt immer zwei Schuhe, die sich in einem bestimmten Aspekt (z. B. dem Material) unterscheiden und legt sie auf zwei unterschiedliche Seiten. Die anderen stellen jeweils Hypothesen auf, welche beiden Schuhtypen hier unterschieden werden.

Gegenstände zwei Gruppen zuordnen
Heben Sie Gegenstände im Klassenzimmer nacheinander auf und legen Sie diese nach links oder rechts. Die Dinge, die Sie nach links legen, haben etwas gemeinsam, ebenso die Dinge, die Sie nach rechts legen. Nachdem Sie einige Dinge rechts und links liegen haben, können die Schüler immer dann, wenn Sie zwei weitere Gegenstände aufgehoben haben, selbst Vorschläge machen, was nach rechts oder links gehört. Haben die Dinge in der rechten Hand immer etwas Rotes? Sind sie immer aus Stoff?

Die Aufmerksamkeit steigt
Nach den spielerischen Einstiegen sind die Schülerinnen und Schüler aufmerksam, ihre kognitiven Strukturen sind vermutlich sehr aufnahmebereit und Sie können mit einem Fachbeispiel beginnen. In höheren Jahrgangsstufen können Sie nach unserer Erfahrung aber auch gleich mit dem Fachbeispiel beginnen.

2.3.7 Führen Sie ein oder zwei Begriffe ein?

Die erste Frage, die Sie sich stellen müssen, ist, ob Sie einen Begriff einführen möchten oder gleich zwei. Wenn Sie einen Begriff einführen, dann sind auf der einen Seite Beispiele, die dem Begriff zuzuordnen sind und auf der anderen Seite sind Beispiele, die keinem anderen gemeinsamen Begriff zuzuordnen sind.[25] Ihr Gemeinsames ist nur, dass sie nicht dem einzuführenden Begriff zuzuordnen sind.

Zwei Begriffe einführen

In dem obigen Kirchenbau-Beispiel wurden durch die Gegenüberstellung gleich zwei Konzepte eingeführt: Romanik und Gotik. In ähnlicher Weise können Beispiele für zwei grammatische Kategorien, für aggressive und konziliante Verhaltensweisen, proportionale und antiproportionale Zuordnungen, lineare und exponentielle Wachstumsprozesse, absolutistische und konstitutionelle Monarchien, direkte und repräsentative Demokratien oder Impressionismus und Expressionismus gegenübergestellt werden. Die unterrichtlichen Inhalte sind hier vielfältig.

Einen Begriff einführen

Aber nicht immer geht es um einen Begriff, zu dem ein passender Gegenbegriff existiert. Dann können Sie auf der einen Seite Beispiele für den einen Begriff darstellen und auf der Seite diesem andere Beispiele gegenüberstellen, die selbst keinem gemeinsamen Begriff zuzuordnen sind und deshalb auch keine Gemeinsamkeiten besitzen. Bezogen auf das Kirchenbeispiel würden dann Kirchenbauten aus der Romanik einer Beispielsammlung aus Gotik, Renaissance, Barock und Klassizismus gegenüberstehen. Die Schüler bekommen dabei die Aufgabe, lediglich die gemeinsamen Eigenschaften der Beispiele der Romanik herauszuarbeiten. Die uneinheitliche Beispielsammlung dient in diesem Fall der analytischen Schärfe, denn die gesuchten Gemeinsamkeiten werden für die Schülerinnen und Schüler besonders in der Abgrenzung sichtbar. Durch das Fehlen der Wesensmerkmale auf der einen Seite werden die Schüler gerade auf diese in den Beispielen auf der anderen Seite aufmerksam gemacht.

2.3.8 Was hat sich bei der Durchführung bewährt?

Die Unterrichtsschritte deutlich machen

Auch bei dieser Form des Kooperativen Lernens ist es sehr wichtig, dass Sie als Lehrer den Ablauf deutlich strukturieren. Moderieren Sie jeden in der Übersicht (S. 83) angeführten Einzelschritt und machen eindeutige Zeitvorgaben. Bestehen Sie immer darauf, dass alle Schülerinnen und Schüler ihre Hypothesen und Begründungen schriftlich festhalten und in der Einzelarbeit wirklich alleine das Problem bedenken.

Beginnen Sie mit dem Einfachen

Sie gewinnen beim Erstellen von Concept Attainments Routine, wenn Sie mit einfachen Inhalten beginnen. Und zudem haben Ihre Schüler so unmittelbar ein Erfolgserlebnis. Vielleicht setzen Sie die Methode zunächst zur Wiederholung ein. So ermöglichen Sie einen differenzierten Blick auf den im Lehrervortrag oder durch einen Text bereits eingeführten Begriff.

Lenken Sie den Blick auf das Erkenntnisziel

Es kommt immer wieder vor, dass die Schüler die Merkmale in einer ganz anderen Richtung suchen, als Sie es beabsichtigt haben. Einzelne Schüler stellen z. B. fest, dass in den linken Beispielen die Sätze länger sind als in den rechten. Dabei hatten sie links direkte Rede und rechts indirekte Rede angeführt. Um zu vermeiden, dass die Schüler orientierungslos nach Gemeinsamkeiten suchen, können Sie den Aspekt angeben, unter dem die Schüler suchen sollen. Nehmen wir an, aus dem Jugendroman "Damals war es Friedrich" werden Beispiele für Zivilcourage einem feigen, ängstlich-angepassten Verhalten gegenübergestellt. Dann kann der Unterrichtende in der Aufgabenstellung vorgeben, dass Gemeinsamkeiten im Verhalten herausgefunden werden sollen.

[25] Dies ist zum Beispiel bei dem Concept Attainment zur Formulierung eines Arbeitsauftrags beim Kooperativen Lernen gemacht worden (siehe Band 1, S. 13f.).

Fordern Sie Begründungen

Wenn Schüler einen Begriffsnamen schon kennen, dann begnügen sie sich meist damit, diesen zu nennen. Pochen Sie hier darauf, dass die typischen Eigenschaften bzw. Merkmale des Begriffs genannt werden. Erst dann spielen sich im Kopf der Schüler wirklich Begriffsbildungsprozesse ab. Wichtig ist, dass der Lehrer sich nicht damit zufrieden gibt, wenn die Schüler den Namen des Begriffs nennen, sondern immer erwartet, dass sie die genauen Merkmale nennen. Wenn man etwa Aktiv und Passiv mit einem Concept Attainment einführt, dann kommen Schüler mitunter schnell auf die beiden Begriffe. Die Merkmale von Aktiv und Passiv herauszuarbeiten, erweist sich aber als ungleich schwieriger.

Erwarten Sie nicht den Begriffsnamen als Ergebnis

Ob die Schülerinnen und Schüler den Begriffsnamen kennen oder nicht, ist zweitrangig. Wenn die Schüler die gemeinsamen Eigenschaften herausgearbeitet haben, dann kann der Lehrer den Begriffsnamen einführen. Wenn man etwa den Begriff des Impressionismus einführen möchte, dann kann man den Schülerinnen und Schülern Beispiele von impressionistischen Bildern geben und sie die Gemeinsamkeiten herausarbeiten lassen, vielleicht in Abgrenzung von expressionistischen Bildern. Vielleicht ist der Begriff Impressionismus einzelnen Schülern bekannt. Ist dies nicht der Fall, dann kann ihn der Unterrichtende einführen. Aber eben erst, nachdem die Schülerinnen und Schüler die gemeinsamen Merkmale der Beispiele herausgearbeitet haben.

2.3.9 Wie können Sie das Verfahren variieren?

Enthüllen Sie die Beispiele nach und nach

Sie können die Beispiele Schritt für Schritt enthüllen (z. B. auf dem Tageslichtprojektor). Dabei bekommen die Schülerinnen und Schüler nach jedem Schritt die Möglichkeit, Vermutungen anzustellen. Das ist spannender, weil der Kreis der Möglichkeiten immer enger wird, je mehr Beispiele für den Begriff vorgestellt worden sind. Allerdings wird der Unterricht so deutlich lehrerzentrierter.

Geben sie uneindeutige Beispiele

Wenn die Schüler zwei Begriffe und ihre Merkmale durch den Prozess des Concept Attainments erarbeitet haben, können Sie ihnen zur Übung Beispiele geben, die keinem der Begriffe eindeutig zuzuordnen sind. Haben die Schüler etwa die Merkmale romanischer und gotischer Kirchen erarbeitet, dann legen Sie ihnen Kirchen vor, in denen Stilmerkmale beider Epochen zu finden sind (siehe unten). Dabei bekommen die Schülerinnen und Schüler auch ein Bewusstsein davon, dass sich die Wirklichkeit nicht immer eindeutig unter Begriffe subsumieren lässt.

TIPP!

Fördern Sie das Bewusstsein von Denkstrategien

- Neben der Einführung eines neuen Begriffs können Sie noch andere Lernziele mit dem Concept Attainment verbinden. Sie können z. B. anhand eines Concept Attainments mit Ihren Schülern erarbeiten, wie in der Wissenschaft mit Hypothesenbildung und -prüfung gearbeitet wird.
- Für das Lernen ist es sehr wirksam, wenn Sie mit den Schülerinnen und Schülern auch ihre Denkstrategien reflektieren.[26] Thematisieren Sie dazu, wie die Schüler bei der Begriffsbildung vorgegangen sind. Ergänzen Sie dann die Austauschphase mit der Aufgabe:

  „Jeder erklärt, auf welchem Weg er zu seinem Ergebnis gekommen ist, indem er noch einmal den Weg vom ersten bis zum achten Beispiel erläutert. Überlege dazu zunächst in Einzelarbeit, was du am Anfang gedacht hast und welche Korrektur du beim Durchgang durch die Beispiele machen musstest."

  Vermutlich werden Sie zwei Strategien unterscheiden können: Entweder nehmen die Schüler einen Aspekt in den Blick und untersuchen, ob er sich bei allen Beispielen findet. Oder sie stellen vom ersten Beispiel ausgehend eine Hypothese auf, in der mehrere Merkmale enthalten sind, und prüfen die Beispiele gleichzeitig. Wenn bei einem Beispiel ein Merkmal fehlt, dann fällt dieses weg und kann kein Wesensmerkmal des gesuchten Begriffs mehr sein. Beide Strategien haben ihre Vor- und Nachteile, den Schülern sollte nur bewusst sein, welche Strategie sie wählen.

2.3.10 Wann können Sie das Concept Attainment einsetzen?

Wir möchten Sie ausdrücklich ermutigen, das Concept Attainment immer wieder in Ihrem Unterricht einzusetzen. Die Anfertigung der ersten Beispielsammlung wird vielleicht etwas mehr Zeit in Anspruch nehmen. Sie gewinnen aber schnell Routine und brauchen dafür nicht länger als für die gewohnte Unterrichtsvorbereitung.

Deutsch und Fremdsprachen

- Gegenüberstellung unterschiedlicher rhetorischer Mittel
- Gegenüberstellung gelungener und misslungener Verbindungen von Form und Inhalt bei einer Analyse, z. B. durch anonymisierte Schülerbeispiele
- Unterscheidung von Aussage- und Frage–sätzen, Past Tense und Past Progressive, Aktiv und Passiv etc.
- Betonungsregeln im Spanischen
- Gegenüberstellung verschiedener Erzählperspektiven

Mathematik

- proportionale und antiproportionale Zuordnungen
- Sinus und Kosinus eines Winkels
- lineare und exponentielle Wachstumsprozesse bzw. Gleichungen
- Winkel gegeben, Seitenlänge gegeben

Naturwissenschaften

- der physikalische und der metaphorische Gebrauch des Begriffs Kraft oder Stoff usw.
- regenerative Energie vs. fossile Energie
- Synthese und Analyse
- Merkmale von Salzwiesenpflanzen und „normalen" Pflanzen

Geschichte

- die Abgrenzung von technischem Fortschritt und gesellschaftlichen Auswirkungen
- Merkmale absolutistischer und konstitutioneller Monarchien
- Merkmale von Hochkulturen in Abgrenzung zu anderen Kulturen

[26] Joyce und Weil berichten in ihrem Buch "Models of Teaching" von der Erkenntnis der Forscher Tennyson und Cocchiarella, dass Schüler umso wirkungsvoller begriffliches Wissen erkennen und anwenden, je mehr strategisches Wissen sie darüber haben, wie sie Begriffe und Konzepte erkennen können (vgl. Joyce/Weil/Calhoun 2004, S. 70).

Kunst

- zwei unterschiedliche Haltungen, in ein Museum zu gehen: entweder offen für Neues und Irritierendes oder konsumorientiert, nur offen, für das, was leicht verständlich ist
- zwei unterschiedliche Epochen und ihre Merkmale am Beispiel der Porträtzeichnung

Musik

- Harmonielehre: Eigenschaften harmonischer Musik, ggf. in Abgrenzung zur Zwölftonmusik

Lernmethoden

- Unterscheidung von Mind-Maps und Concept-Maps, durch präsentierte Beispiele
- Markierung von Schlüsselbegriffen vs. umfassende Unterstreichungen im Text

2.3.11 Concept Attainment oder Formation?

Vielleicht fragen Sie sich abschließend, wann Sie die eine oder die andere Methode im Unterricht verwenden können. Sie werden merken, dass Sie schnell einen intuitiven Zugang zu dieser Frage bekommen. Häufig entscheidet bereits der Unterrichtsgegenstand in Verbindung mit dem Vorwissen und der kognitiven Entwicklung der Schüler über diese Frage. Dennoch gibt es einige Entscheidungshilfen:

- Ist der Begriff abstrakt oder komplex? Nach unserer Ansicht ist das entscheidende Kriterium der Schwierigkeitsgrad. Je schwieriger die Begriffe sind, desto eher sollte man zum Concept Attainment greifen. Denn durch die Vorsortierung können die Schülerinnen und Schüler ihre Aufmerksamkeit ganz auf die gemeinsamen Merkmale der Beispiele richten.
- Sollen mehr als zwei Begriffe eingeführt werden? Ein weiteres Kriterium ist die Anzahl der einzuführenden Begriffe. Wenn Sie mehr als zwei Begriffe einführen, bietet sich das Concept Attainment nicht mehr an.
- Haben die Schüler Vorwissen? Wenn jeder Schüler über etwas Vorwissen verfügt und so in der Klasse durch die Sammlung ausreichend viele Aspekte zusammengetragen werden können, dann können Sie mit der Concept-Formation-Methode arbeiten.
- Gehen Sie vom Lernziel aus: Beim Concept-Formation-Prozess wird stärker die Fähigkeit zum Sortieren und Klassifizieren in den Mittelpunkt gestellt. Die Schüler bilden im Prinzip eigene Begriffe. Hingegen konzentriert sich die Anforderung bei der Concept-Attainment-Methode stärker auf das Erkennen der typischen Eigenschaften, also dem Nachvollzug der Begriffsfindung.

2.3.12 Was hat sich bei der Durchführung bewährt?

Eine Folie oder die Tafel genügt!

Mit etwas Übung können Sie viele Beispielsammlungen in kurzer Zeit anfertigen. Nehmen Sie eine Folie und schreiben je vier Beispiele für proportionale und antiproportionale Zuordnungen im Dreisatz abwechselnd untereinander. Oder Sie formulieren je vier Beispiele aus Satzverbindungen (Hauptsatz-Hauptsatz) und Satzgefügen (Hauptsatz-Nebensatz). Schreiben Sie die Beispiele im Wechsel auf eine Folie. Kennzeichnen Sie die Beispiele entweder durch vorangestellte Buchstaben oder Zahlen oder durch jeweils zwei verschiedene Farben. Der Arbeitsauftrag lautet dann: „Untersucht, was die roten und die blauen Beispiele jeweils gemeinsam haben!" Überlegen Sie sich noch zwei bis vier weitere Beispiele, die Sie in ungeordneter Folge als Tester aufschreiben (vgl. Schritt 5 in der Übersicht S. 83).

Kooperieren Sie im Kollegium!

Wenn einige Kolleginnen und Kollegen in ihrem Fach mit der Methode arbeiten – und sei es auch nur hin und wieder – dann legen Sie eine Sammlung an, die nach Themen geordnet ist. So werden Sie entlastet, es findet ein fruchtbarer Austausch statt und nicht zuletzt werden Sie auch weiter angespornt, neue Concept Attainments zu entwickeln.

Nehmen Sie die Beispiele als Modell

Wenn Sie noch etwas unsicher sind, dann hilft vielleicht die Beispielsammlung in diesem Buch (S. 95-104). Überlegen Sie, welcher Vorschlag Ihren Überlegungen nahekommt und übertragen Sie ihn auf Ihren Unterricht.

2.3.13 Eine Beispielsammlung erstellen

Wenn Sie jetzt ein Arbeitsblatt erstellen möchten, dann können Sie die folgende Übersicht zu Rate ziehen.

Vorbereitung

- Entscheiden Sie, ob Sie mit dem Concept Attainment einen oder zwei Begriffe einführen wollen.
- Welche(n) Begriff(e) wollen Sie einführen?
- Was sind die typischen Eigenschaften des Begriffs bzw. der Begriffe?
- Welche Ausprägungen haben diese Eigenschaften?

Sammeln Sie je vier Beispiele für beide Begriffe und schreiben diese abwechselnd untereinander oder stellen sie auf der rechten und linken Seiten gegenüber. Kennzeichnen Sie die zusammengehörenden Beispiele jeweils durch gerade bzw. ungerade Zahlen oder durch ein unterschiedliches Schriftbild.
Überlegen Sie sich dann für jeden Begriff noch zwei bis vier weitere Testbeispiele.

Sammeln Sie vier Beispiele für den zu erarbeitenden Begriff. Wählen Sie für die andere Seite vier Beispiele, die keinem gemeinsamen Begriff zuzuordnen sind. Achten Sie darauf, dass nicht alle typischen Eigenschaften auf einmal fehlen, sondern möglichst bei jedem Beispiel nur eines. So wird leichter deutlich, welche Eigenschaft fehlt. Suchen Sie danach für beide Seiten noch zwei bis vier Testbeispiele.

Mit einfachen Beispielen beginnen

Es ist für die Schüler leichter, wenn Sie mit eindeutigen Beispielen, in denen die typischen Eigenschaften klar ersichtlich sind, beginnen. Stellen Sie Beispiele, in denen der Begriff schwerer erkennbar ist, erst an das Ende.

2.3.14 Einen typischen Fehler vermeiden

In unseren Fortbildungen laden wir die Teilnehmer ein, eine Beispielsammlung für ein Concept Attainment anzulegen. Dabei kommt es nicht selten vor, dass die Beispielsammlungen so angelegt sind, dass sie für die Begriffsbildung im Unterricht ungeeignet sind. Warum das so ist, soll folgende Übung zeigen. Das Beispiel ist dem Biologieunterricht entnommen. Als Leser werden Sie schnell merken, dass Ihnen die Thematik keine Probleme bereitet. Mit den beiden Vorschlägen sollen die Eigenarten der beiden Wirbeltierklassen Vogel und Säugetier erarbeitet werden.

Überlegen Sie, welche Beispielsammlung der Begriffsbildung dienen kann und warum.

Vorschlag 1:

Wirbeltierklasse:	Wirbeltierklasse: ....
Hund	Strauß
Pferd	Pinguin
Bär	Rotkehlchen
Hausmaus	Adler
Tiger	Kranich
Elefant	Eisvogel
Känguru	Storch
Löwe	Möwe

Vorschlag 2:

Wirbeltierklasse:	Wirbeltierklasse: ....
Die Hauskatze stammt von der afrikanischen Wildkatze ab. Sie ist seit etwa 9500 Jahren ein Haustier. Von Züchtern wird der Begriff Hauskatze für Katzen mit einer breiten Vielfalt von Wuchstypen und Fellfarben verwendet. Das bleibende Gebiss der Katzen hat 30 Zähne. Unmittelbar nach der Geburt wiegen die Kätzchen etwa 100 Gramm. Mit Hilfe des Tast- und Geruchssinns suchen sie die Zitzen ihrer Mutter. Sie gibt ihnen Milch. Nach zwei Monaten trinken die Katzen nicht mehr an den Zitzen der Mutter, sondern nehmen schon feste Nahrung zu sich.	Der Afrikanische Strauß ist der größte lebende Vogel der Erde. Die Männchen des Straußes sind bis zu 250 Zentimeter hoch. Weibchen sind etwas kleiner. Die Männchen haben ein schwarzes, die Weibchen ein erdfarbenes Gefieder. Davon setzen sich die Schwungfedern der Flügel und der Schwanz weiß ab. Strauße sind vorwiegend Pflanzenfresser, nehmen mit dem Schnabel gelegentlich aber auch Insekten und andere Kleintiere zu sich. Ein Hahn hat eine Haupthenne und mehrere Nebenhennen. Die Haupthenne legt etwa acht bis zwölf Eier. Ins gleiche Nest legen die Nebenhennen zwei bis fünf Eier. Sie werden dann vertrieben. Am Ende liegen bis zu achtzig Eier im Nest, die der Hahn und die Haupthenne ausbrüten. Nach sechs Wochen schlüpfen die Küken. Im Alter von nur drei Tagen verlassen die Küken erstmals das Nest und folgen den Eltern überall hin.
Ein Pferd ist für viele Mädchen ein Traum. Das kurze Fell kann unterschiedliche Farben haben. Eine Mähne und Schweif ergänzen es. Das Pferd bringt in der Regel ein Fohlen zu Welt. Es säugt zu Beginn etwa alle halbe Stunde bei der Mutter. Dabei nimmt es pro Tag etwa 10% seines eigenen Körpergewichts zu sich. In freier Natur wird es zwischen dem sechsten und zwölften Lebensmonat abgesäugt. Das Fohlen hat zunächst 24-28 Milchzähne, die später ausfallen und durch 26-44 bleibende ersetzt werden.	Der Uhu ist die größte Eulenart der Erde. Die Flügelspannweite der Männchen beträgt durchschnittlich 157 cm, die der Weibchen 168 cm. Der Kopf ist groß und hat auffallend lange Federohren und einen fast ganz von Federn verdeckten Schnabel. Das Körpergefieder ist hellbraun mit dunkler Längs- und Querstreifung. Der Uhu nistet gerne in Felswänden, Nischen und Felsbändern. Die Küken schlüpfen nach 34 Tagen. Im Alter von sechs Tagen sind die Nestlinge erstmals in der Lage, auf ihren Fersen zu hocken, mit 16 Tagen können sie bereits stehen. Die Eltern versorgen ihre Nachkommenschaft bis zu einem Alter von etwa fünf Monaten.
Der Körper der Bären ist stämmig, der Kopf groß und die Gliedmaßen eher kurz und sehr kräftig. Die Augen sind klein, die Ohren rund und aufgerichtet. Die meist lang gestreckte Schnauze beherbergt je nach Art 40 oder 42 Zähne. Das Fell ist eher lang und bei den meisten Arten einfarbig, meist braun oder schwarz. Ausnahmen sind der große Panda und der Eisbär. Nach etwa 65 Tagen Schwangerschaft bringt die Bärenmutter meist zwei, sehr kleine Neugeborene zur Welt. Ausschließlich die Mutter kümmert sich um den Nachwuchs, während dieser Zeit ist sie ausgesprochen aggressiv und greift nahezu jeden Eindringling an. Nach drei bis neun Monaten werden die Kinder nicht mehr gesäugt. Zumindest bis zum ersten Herbst, meist aber für 18 bis 24 Monate, bleiben die Jungtiere bei der Mutter.	Das Rotkehlchen ist von rundlicher Gestalt mit langen, dünnen Beinen. Kennzeichnend sind die orangerote Kehle, Stirn und Vorderbrust. Der Schnabel ist schwärzlich grau. Rotkehlchen haben eine Flügelspannweite von 20 bis 22 cm. Das Körpergewicht liegt meist bei 15 bis 18 Gramm. Den geschlüpften Jungen droht Gefahr von Käfern und Schnecken. Daher trägt das Weibchen die Eischalen bis zu 30 m vom Nest weg und lässt sie dort fallen. In den ersten vier Tagen füttert das Männchen das Weibchen, welches das Futter schließlich an die Jungvögel weiterreicht. Eine ungestörte Nestlingszeit dauert normalerweise 12 bis 15 Tage. Die Jungen sind nach dem Verlassen des Nestes noch flugunfähig und halten sich am Boden verborgen.
Die Hausmaus erreicht eine Kopf-Rumpf-Länge von 7 bis 11 cm und eine Schwanzlänge von 7 bis 10 cm. Die oberen Nagezähne sind etwas eingekerbt. Das Fell ist mausgrau bis braungrau. Der Schwanz ist mit deutlich sichtbaren Schuppenringen versehen und spärlich behaart. Die Tragezeit beträgt ca. drei Wochen. Die Jungtiere werden nackt, blind und taub geboren und wiegen weniger als ein Gramm; um den 10. Lebenstag bildet sich das Fell. Am 15. oder 16. Tag nach der Geburt öffnen sich die Augen. Ab dem Alter von etwa 21 Tagen werden sie von der Mutter nicht mehr gesäugt. Im Alter von drei Wochen haben sie ein Körpergewicht von etwa sechs Gramm erreicht, ausgewachsen wiegen sie nicht mehr als 25 Gramm.	In Neuseeland und Australien lebt der Zwergpinguin. Er ist die kleinste Pinguinart. Die Vögel werden bis 40 cm groß und wiegen etwa ein Kilo. Sie ernähren sich von Fischen und kleinen Meerestieren. Sie leben das ganze Jahr über in großen Kolonien und nisten in Felsspalten, unter Baumwurzeln oder in Erdlöchern. Die Brutzeit kann sich von Mai bis März erstrecken. Aus zwei gelegten Eiern schlüpfen nach gut drei Wochen Brutzeit die Küken. Nach etwa sechs Wochen werden die Küken flügge. Der Körper der Tiere ist durch seine Stromlinienform und die zu Flossen umgestalteten Flügel deutlich an ein Leben im Meer angepasst. Der Schnabel ist nicht sehr lang, dafür aber kräftig. Zur Wärmeisolation dient eine dicke Fettschicht, über der sich drei wasserdichte Schichten kurzer, dicht gepackter und gleichmäßig über den ganzen Körper verteilter Federn befinden.

Notieren Sie hier Ihre Beobachtungen zu den beiden Vorschlägen:

Vielleicht haben Sie beide Beispielsammlungen durchgesehen und selber einen Begriff von Säugetier und Vogel gebildet. Aber haben Sie sich auch überlegt, warum nur der eine Vorschlag für die Begriffsbildung im Unterricht dienen kann?

Unseren Lösungsvorschlag finden Sie auf Seite 176.

Die typischen Eigenschaften müssen in jedem Beispiel erkennbar sein

Wenn Sie die vorstehende Übung durchgeführt haben, dann werden Sie sicher erkannt haben, dass unsere Schüler zur Begriffsbildung die typischen Eigenschaften erfassen müssen. Werden diese aber in der Beispielsammlung nicht angeführt oder wird davon ausgegangen, dass die Schüler sie erinnern, wenn lediglich die Begriffsnamen genannt werden, dann ist die Begriffsbildung kaum möglich. Denn die Schüler sollen ja die gemeinsamen Merkmale herausarbeiten.

TIPP!

Entwicklungsschwerpunkte setzen

Vielleicht nehmen Sie sich das Concept Attainment für ein Jahr als Entwicklungsschwerpunkt vor und erstellen immer wieder mal eines, um Routine zu gewinnen. Wenn Sie einige Beispielsammlungen erstellt haben, werden Sie sehen, dass es schon schneller geht. Nehmen Sie sich daher anfänglich etwas Zeit, sich mit der Methode vertraut zu machen und damit Erfahrungen zu sammeln. Es lohnt sich!

Bereiten Sie Ihren Unterricht gleich jetzt vor!

Entwickeln Sie nun ein eigenes Concept Attainment!

Überlegen Sie zunächst, welche Begriffe oder Konzepte Sie in Ihrem Unterricht demnächst vermitteln wollen:

____

____

____

____

Wählen Sie einen zentralen Begriff – vielleicht mit seinem Gegenteil – aus, für den Sie ein Concept Attainment erstellen wollen:

____

____

____

____

Arbeiten Sie die Wesensmerkmale des Begriffs heraus. Überlegen Sie dann, in welchen Ausprägungen diese Wesensmerkmale auftreten:

____

____

____

____

Suchen Sie jetzt jeweils vier Beispiele für die beiden Seiten. Die Beispiele müssen alle Wesensmerkmale des Begriffs haben und sollten verschiedene Ausprägungen der Wesensmerkmale enthalten:

Beispiele für.....................	Beispiele für.....................
______________	______________
______________	______________
______________	______________
______________	______________

Suchen Sie jetzt vier Testbeispiele, durch deren Zuordnung man die eigene Hypothese überprüfen kann:

____

____

____

Kommentar

Vielleicht haben Sie jetzt die Erfahrung gemacht, den Begriff bzw. die Begriffe noch besser verstanden zu haben. Barrie Bennett, Professor an der Universität Toronto in Kanada, hat uns einmal gesagt, dass die Lehrerinnen und Lehrer durch die Vorbereitung einer Concept-Attainment-Beispielsammlung selber sehr viel lernen. Denn wenn Sie fertig sind, haben Sie den Unterrichtsgegenstand in seinen typischen Eigenschaften intensiv durchdrungen.

2.3.15 Unterrichtsbeispiele

Wir sind der Überzeugung, dass die Methode in jedem Fach eingesetzt werden kann. Das bestätigen auch die Rückmeldungen aus unseren Fortbildungen. Auf den folgenden Seiten stellen wir daher ausgearbeitete Arbeitsblätter für Concept Attainments in verschiedenen Fächern vor.[27]

[27] Die Lösungsvorschläge zu den Beispielen finden Sie alle im Lösungsteil auf S. 177f.

Beispiel aus dem Fach Deutsch, Jg. 7

COPY

Im Folgenden sind sechs Situationen aus dem Buch "Damals war es Friedrich" von Hans Peter Richter beschrieben. Das Verhalten in den Situationen mit den geraden Zahlen (2, 4, 6) hat etwas gemeinsam. Aber auch das Verhalten der Personen bei den Situationen mit den ungeraden Zahlen (1, 3, 5) hat Ähnlichkeiten. Was ist das jeweils Gemeinsame in den Verhaltensweisen?

1. Einzelarbeit

1. Friedrich und seine Mutter spielen im Schnee. Herr Resch reißt das Fenster auf und brüllt: „Willst du wohl meine Rosen in Frieden lassen, du Judenbengel, du.“ Darauf sagt die Mutter: „Komm, komm weg vom Fenster.“	*2. An der Tür des Schreibwarengeschäfts steht ein Schild „Kauft nicht beim Juden“. Eine alte Frau drängt sich durch die Menge und huscht hinunter ins Geschäft und kommt mit einer großen Tüte Sachen wieder hinauf.*
3. Großvater verbietet Hans-Peter den Umgang mit Friedrich, weil dieser ein Jude ist. Vater, Mutter und Hans-Peter schweigen und sagen nichts dazu.	*4. Abraham Rosenthal schaut mit ernstem Gesicht aus seinem Schreibwarengeschäft heraus. Friedrich grüßte den Mann mit dem Spitzbart höflich. Er tat es so auffällig, dass es alle Umstehenden bemerken mussten.*
5. Friedrich und Hans-Peter gehen ins Kino. Als Friedrich, der als Jude eigentlich kein Kino mehr besuchen darf, nach seinem Ausweis gefragt wird, ruft Hans-Peter dazwischen: „Hier ist mein Ausweis!“ Darauf sagte die Platzanweiserin: „Mit dir habe ich nicht gesprochen, ich meine den hier.“ Hans-Peters Reaktion wird dann im Text so beschrieben: „Wir gehören zusammen", entfuhr es mir, aber ich bereute es sofort.	*6. Herr Resch, der Hausbesitzer, möchte der jüdischen Familie Schneider kündigen. Da sagt der Vater von Hans-Peter, der dabei steht: „Das geht doch gar nicht, Herr Schneider genießt Mieterschutz.“*

Merkmale der Beispiele mit den ungeraden Zahlen (1, 3, 5):	Merkmale der Beispiele mit den geraden Zahlen (2, 4, 6):

2. Kooperation

Besprich in deiner Gruppe, was du für das Gemeinsame bei den geraden Zahlen und bei den ungeraden Zahlen hältst.

3. Einzelarbeit

Testet eure Ergebnisse an den folgenden Beispielen, indem du diese jeweils den geraden oder ungeraden Zahlen zuordnest.

A. Juden und Nichtjuden durften ab einem bestimmten Zeitpunkt keine Liebesbeziehungen mehr haben und nicht mehr heiraten. Trotzdem möchte die Nichtjüdin Helga sich mit Friedrich am Sonntag treffen.

B. Großvater spricht sehr schlecht über den Juden Geheimrat Cohn, obwohl es keinen Grund gibt. Vater, Mutter und Hans-Peter schweigen.

C. Hans-Peter geht mit Friedrich nach Hause und wirft aus Versehen einen Gummiball in den Schaukasten eines Geschäftes. Die Besitzerin kommt heraus, fasst Friedrich am Arm und schreit los: „Dieser Judenlümmel drückt mir den Schaukasten ein, will meine Ware stehlen..." Da ruft Hans-Peter dazwischen: „Aber er ist es doch gar nicht gewesen. Ich habe den Ball geworfen; ich habe die Scheibe zerbrochen. Wir wollten nicht stehlen." (S. 50/51)

4. Kooperation

Entscheidet nun gemeinsam, wo die drei Situationen zugeordnet werden müssen.

Die Gruppe sollte zu einem Konsens kommen. Nach dem Zufallsprinzip wird später ausgewählt, wer das Ergebnis vorstellt.

5. Vorstellen in der Klasse

Stellt euer Ergebnis nun in der Klasse zur Diskussion. Begründet und stellt dar, wie ihr zu dem Ergebnis gekommen seid.

Beispiel aus dem Fach Deutsch, Jg. 12

Concept Attainment zur Erarbeitung von rhetorischen Mitteln

Im Folgenden finden Sie acht Ausschnitte aus der Rede, die Richard von Weizsäcker am 8. Mai 1985 zum 40. Jahrestag der deutschen Kapitulation und dem Ende des Zweiten Weltkrieges im Plenarsaal des Deutschen Bundestages gehalten hat.[28]

1. Einzelarbeit

Bei den Beispielen auf der linken Seite ist stets dasselbe rhetorische Mittel angewandt, ein anderes ist bei den Beispielen auf der rechten Seite angewandt. Arbeiten Sie für jede Seite die allen Beispielen gemeinsamen Merkmale des rhetorischen Mittels heraus. Falls Sie den Namen wissen, können Sie es auch benennen.

1. Wir gedenken heute in Trauer aller Toten des Krieges und der Gewaltherrschaft. Wir gedenken insbesondere der sechs Millionen Juden, die in deutschen Konzentrationslagern ermordet wurden. Wir gedenken aller Völker, die im Krieg gelitten haben, vor allem der unsäglich vielen Bürger der Sowjetunion und von Polen, die ihr Leben verloren haben.	*2. Neben dem unübersehbar großen Heer der Toten erhebt sich ein Gebirge menschlichen Leids …*
3. Wir alle, ob schuldig oder nicht, ob alt oder jung, müssen die Vergangenheit annehmen. Wir alle sind von ihren Folgen betroffen und für sie in Haftung genommen.	*4. Hitler hatte ihn nie vor der Öffentlichkeit verschwiegen, sondern das ganze Volk zum Werkzeug dieses Hasses gemacht.*
5. Vierzig Jahre sollte Israel in der Wüste bleiben, bevor der neue Abschnitt in der Geschichte mit dem Einzug ins verheißene Land begann. Vierzig Jahre waren notwendig für einen vollständigen Wechsel der damals verantwortlichen Vätergeneration.	*6. Kein fühlender Mensch erwartet von ihnen, ein Büßerhemd zu tragen, nur weil sie Deutsche sind.*
7. Wir müssen den Jüngeren helfen zu verstehen, warum es lebenswichtig ist, die Erinnerung wachzuhalten. Wir wollen ihnen helfen, sich auf die geschichtliche Wahrheit nüchtern und ohne Einseitigkeit einzulassen, ohne Flucht in utopische Heilslehren, aber auch ohne moralische Überheblichkeit.	*8. Wer aber vor der Vergangenheit die Augen verschließt, wird blind für die Gegenwart.*

______________________ Fachbegriff/Name Merkmale des bei den Beispielen auf der linken Seite angewandten rhetorischen Mittels:	______________________ Fachbegriff/Name Merkmale des bei den Beispielen auf der rechten Seite angewandten rhetorischen Mittels:

[28] www.bundestag.de/geschichte/parlhist/dokumente/dok08.html

2. Kooperation

a) Besprechen Sie nun die Lösungen in Ihrer Gruppe. Derjenige, der als nächster Geburtstag hat, stellt seine Ergebnisse vor, die anderen können korrigieren oder ergänzen. Beschreiben Sie auch den Weg, wie Sie zu Ihrem Ergebnis gekommen sind.

b) Versuchen Sie zu einem gemeinsamen Ergebnis zu kommen.

3. Einzelarbeit

Überprüfen Sie Ihre Ergebnisse an den folgenden Sätzen, indem Sie entscheiden, ob das in ihnen angewandte rhetorische Mittel der linken Seite, der rechten oder (wenn beide Mittel angewandt worden sind) beiden Seiten zuzuordnen ist.

A. Beim Gedenkgottesdienst in der Kreuzkirche zu Dresden sagte Bischof Hempel im Februar diesen Jahres: „Es lastet, es blutet, dass zwei deutsche Staaten entstanden sind mit ihrer schweren Grenze. Es lastet und blutet die Fülle der Grenzen überhaupt. Es lasten die Waffen."

B. Er verwies darauf, dass alle Deutschen auf dem Boden derselben historischen Entwicklung stehen. Eine gemeinsame Vergangenheit verknüpfe sie mit einem Band. Ein solches Band könne eine Freude oder ein Problem sein – es sei immer eine Quelle der Hoffnung.

C. Wenn wir uns daran erinnern, dass Geisteskranke im Dritten Reich getötet wurden, werden wir die Zuwendung zu psychisch kranken Bürgern als unsere eigene Aufgabe verstehen. Wenn wir uns erinnern, wie rassisch, religiös und politisch Verfolgte, die vom sicheren Tod bedroht waren, oft vor geschlossenen Grenzen anderer Staaten standen, werden wir vor denen, die heute wirklich verfolgt sind und bei uns Schutz suchen, die Tür nicht verschließen. Wenn wir uns der Verfolgung des freien Geistes während der Diktatur besinnen, werden wir die Freiheit jedes Gedankens und jeder Kritik schützen, so sehr sie sich auch gegen uns selbst richten mag.

D. Ein dichtes soziales Netz, das den Vergleich mit keiner anderen Gesellschaft zu scheuen braucht, sichert die Lebensgrundlage der Menschen.

4. Kooperation

Entscheiden Sie nun gemeinsam, ob die vier Sätze der linken oder der rechten Seite zugeordnet werden müssen. Jeder übernimmt einen Satz und stellt sein Ergebnis mit Begründung in der Gruppe vor. Die Gruppe versucht nach jeder Vorstellung zu einem Konsens zu kommen.

5. Vorstellen in der Klasse

Bereiten Sie sich darauf vor, das Ergebnis Ihrer Gruppe in der Klasse zur Diskussion zu stellen. Nach dem Zufallsprinzip wird später ausgewählt, wer das Ergebnis vorstellt. Wichtig ist, dass Sie begründen und darstellen können, wie Ihre Gruppe zu dem Ergebnis gekommen ist.

6. Weiterarbeit

Einzelarbeit: Wie ist die Wirkung des rhetorischen Mittels auf der rechten Seite und wie ist die Wirkung des rhetorischen Mittels auf der linken Seite?

Kooperation: Einigen Sie sich auf ein Ergebnis. Derjenige, der als letzter Geburtstag hatte, stellt seine Antwort vor, die anderen ergänzen.

Vorstellen in der Klasse: Per Zufall werden drei Schüler ausgewählt, die die Antworten ihrer Gruppen vorstellen. Unterschiede zwischen den Antworten werden dann im Plenum geklärt.

Anschließend bekommen die Schüler die vollständige Rede und der Unterricht wird mit der weiteren Analyse der Rede fortgeführt.

Beispiel aus dem Fach Mathematik, Jg. 7[29]

Zuordnungen - Zwei verschiedene Aufgabentypen

Bei den folgenden sechs Aufgaben geht es um Zuordnungen. Aber die Aufgaben mit den geraden Zahlen (kursiv) unterscheiden sich alle von denen mit den ungeraden Zahlen:

1. Bearbeite die Aufgabe zunächst allein:

a) Notiere die Antworten mit Bleistift auf dem Blatt.

b) Überlege, was die geraden Aufgaben gemeinsam haben und was die ungeraden.

1. 5 kg Tomaten kosten 12,50 Euro? Was kosten 3 kg? Antwort: __________ __________	*2. Zwei Maurer brauchen für eine Mauer acht Tage. Wie lange brauchen vier Maurer für dieselbe Mauer?* *Antwort:* __________ __________
3. Ein Auto verbraucht auf 100 km genau 7,5 l Benzin. Wie viel verbraucht es auf 300 Kilometern? Antwort: __________ __________	*4. Wenn 30 SchülerInnen einen Bus mieten, kostet das pro Schüler 5,- Euro Wie viel muss jeder Schüler zahlen, wenn in demselben Bus 60 SchülerInnen mitfahren?* *Antwort:* __________ __________
5. Ein Radprofi legt in drei Stunden 120 km zurück. Welche Strecke schafft er in zwei Stunden? Antwort: __________ __________	*6. Ein Lastwagen, der 2t transportieren kann, muss zum Abtransport von Schutt sechs Fahrten machen. Wie oft muss ein Laster fahren, der 3t transportieren kann?* *Antwort:* __________ __________

__________ Fachbegriff/Name Merkmale der Beispiele mit den ungeraden Zahlen (1, 3, 5):	__________ Fachbegriff/Name Merkmale der Beispiele mit den geraden Zahlen (2, 4, 6):

[29] Die Beispiele aus dem Mathematikunterricht verdanken wir Gerd Konietzko, Hagen.

Partnerarbeit:

- Vergleiche deine Ergebnisse (Aufgaben a und b) mit deinem Partner.
- Versucht zu einem gemeinsamen Ergebnis zu kommen.

Einzelarbeit:

Teste euer Ergebnis, indem du die folgenden Aufgaben (A – D) zuordnest. Jetzt musst du sie nicht mehr ausrechnen, sondern nur entscheiden, ob eine „gerade" oder eine „ungerade" Aufgabe vorliegt! Schreibe dein Ergebnis mit Bleistift an die Aufgabe.

A. Vier Bagger benötigen zum Ausbaggern einer Baugrube für ein Hafenbecken 12 Tage. Wie lange benötigen zwei Bagger?

B. 75 m Leisten kosten 15,- Euro. Wie viel kosten 100 m Leisten?

C. Vier Musiker brauchen für ein Musikstück acht Minuten. Wie lange brauchen zwei Musiker?

D. Eine Tankfüllung von 60 l reicht bei einem Verbrauch von 6 l pro 100 Kilometer genau 1.000 Kilometer weit. Für wie viele Kilometer reicht eine Tankfüllung bei einem Verbrauch von 3 l pro 100 Kilometer?

Partnerarbeit:

Vergleicht die Zuordnungen der Aufgaben A – D. Besprecht jedes Beispiel ganz genau!

Vorstellen in der Klasse:

Seid vorbereitet, euer Ergebnis in der Klasse zur Diskussion zu stellen. Ihr müsst also begründen können, wie ihr zu dem Ergebnis gekommen seid.

Beispiel aus dem Fach Mathematik, Jg. 7

Berechnung von Wahrscheinlichkeiten: Laplace-Experimente

Einzelarbeit:

Betrachte die folgenden **JA- und NEIN-Beispiele**. Was ist bei den **JA-Beispielen** möglich, was bei den **NEIN-Beispielen** nicht möglich ist?

Es hilft dir vielleicht, wenn du versuchst die Sätze unter den Beispielen zu ergänzen.

JA-Beispiele		NEIN-Beispiele	
	mögliche Ergebnisse		mögliche Ergebnisse
werfen eines Würfels	die Zahlen von 1 - 6		die Zahlen von 1 - 5
Die Wahrscheinlichkeit, eine „2" zu würfeln, ist ...		Die Wahrscheinlichkeit, eine „2" zu würfeln, ist ...	
werfen einer Münze	die Münze zeigt Zahl oder Wappen		die Zahlen von 1 - 6
Die Wahrscheinlichkeit für Wappen ist ...		Die Wahrscheinlichkeit eine „1" zu würfeln ist ...	
ziehen einer Kugel	die gezogene Kugel ist weiß oder schwarz	Sau 65% Sule 25% Haxe 7% Backe 1% Schnauze 2%	es gibt fünf unterschiedliche Lagen, die links dargestellt sind
Die Wahrscheinlichkeit, eine weiße Kugel zu ziehen, ist ...		Die Wahrscheinlichkeit für die Lage „Sau" ist ...	

Kooperation:

Stellt eure Ergebnisse reihum euren Teammitgliedern vor und hört einander gut zu! Besprecht die Ergebnisse und kommt zu einem gemeinsamen Ergebnis.

Was ist bei den **JA-Beispielen** möglich, was bei den **NEIN-Beispielen** nicht möglich ist?

Einzelarbeit:

Teste eure Ergebnisse an den folgenden Beispielen, indem du diese jeweils den Ja- und den Nein-Beispielen zuordnest.

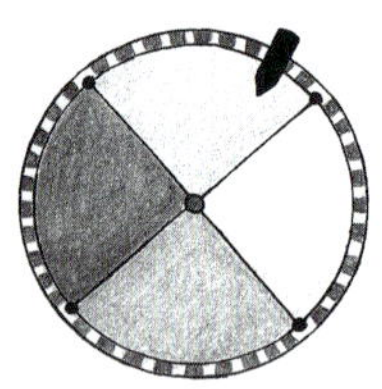 drehen eines Glücksrades	eines der vier Felder auf dem Glückrad		Reißnagel liegt auf dem „Kopf“ oder auf der „Seite“
Die Wahrscheinlichkeit, dass das Glücksrad „weiß“ anzeigt, ist ...		**Die Wahrscheinlichkeit für die Lage „Kopf“ ist ...**	

Kooperation:

Vergleicht die Zuordnungen. Besprecht die zwei Beispiel noch einmal sehr genau.

Vorstellen in der Klasse:

Seid vorbereitet, euer Ergebnis in der Klasse zur Diskussion zu stellen. Ihr müsst also begründen können, wie ihr zu dem Ergebnis gekommen seid.

Beispiel aus dem Fach Englisch, Jg. 8

Einzelarbeit:

Schreibe deine Vermutungen auf, was die linken bzw. was die rechten Beispiele jeweils gemeinsam haben.

1. They went home after dinner.	*2. The book was written by J. K. Rowling.*
3. Our teacher taught us how to paint flowers.	*4. The old tree was hit by lightning.*
5. Mr. Smith bought a blue bike.	*6. The thieves were caught by the police.*
7. We all enjoyed the concert.	*8. The cat was killed by a car.*
9. Jack and Jill went up the hill.	*10. At the party all cakes were eaten.*

Merkmale der linken Beispiele:	Merkmale der rechten Beispiele:

Gruppenarbeit:

(a) Diskutiert eure Vermutungen in der Gruppe.

(b) Versucht zu einem gemeinsamen Ergebnis zu kommen.

Einzelarbeit:

Teste eure Ergebnisse an den folgenden Beispielen, indem du diese jeweils den geraden oder ungeraden Zahlen zuordnest.

a. The president of the United States was shown on TV last night. ☐

b. He talked about the high crime rate in the USA. ☐

c. He watched a new TV show last night. ☐

d. Even the houses were destroyed by the earthquake. ☐

Gruppenarbeit:

Vergleicht die Ergebnisse und entwickelt ein Endergebnis.

Vorstellen in Klasse:

Stellt euer Ergebnis nun in der Klasse zur Diskussion. Begründet und stellt dar, wie ihr zu dem Ergebnis gekommen seid.

Beispiel aus dem Fach Erdkunde, Jg. 8

Im Folgenden sind acht Aussagen aus dem Bereich Erdkunde. Alle Aussagen in der linken Spalte haben etwas gemeinsam und alle Aussagen in der rechten Spalte (kursiv). Was sind die Gemeinsamkeiten der linken Beispiele und was die der rechten Beispiele?

1. Bearbeite die Aufgabe zunächst allein:

a) Notiere die Antworten mit Bleistift auf dem Blatt.

b) Überlege, was die linken Aussagen gemeinsam haben und was die rechten.

1. Heute regnet es.	*2. In dieser Region scheint immer die Sonne.*
3. Die Niederschlagsmenge hat sich im Vergleich zu gestern nicht verändert.	*4. Im Bereich des Äquators ist es das ganze Jahr über warm.*
5. Ungewöhnlich ist, dass es in diesen Tagen noch stark friert.	*6. Dort, wo es das ganze Jahr kalt ist, liegen die beiden Polarzonen.*
7. Wegen der Trockenheit in diesem Sommer fällt die Ernte gering aus.	*8. In der Wüste kann man im ganzen Jahr kein Getreide anbauen.*

Merkmale der linken Beispiele:	Merkmale der rechten Beispiele:

2. Gruppenarbeit:

a) Diskutiere deine Vermutungen in deiner Gruppe.

b) Versucht, zu einem gemeinsamen Ergebnis zu kommen.

3. Einzelarbeit:

Teste eure Ergebnisse an den folgenden Beispielen, indem du diese jeweils den linken oder rechten Beispiele zuordnest.

1. In Europa ist es weder extrem kalt noch extrem heiß, wir sprechen von einer „gemäßigten Zone".

2. Die durchschnittliche Erdtemperatur hat sich erhöht.

3. Dieser Sommer ist außergewöhnlich heiß.

4. Die Meeresströme beeinflussen die durchschnittlichen Jahrestemperaturen in allen Regionen der Welt.

4. Austausch:

Entscheidet nun gemeinsam, wo die vier Situationen zugeordnet werden müssen.

Die Gruppe sollte zu einem Konsens kommen. Nach dem Zufallsprinzip wird später ausgewählt, wer das Ergebnis vorstellt.

5. Vorstellen in der Klasse:

Stellt euer Ergebnis nun in der Klasse zur Diskussion. Begründet und stellt dar, wie ihr zu dem Ergebnis gekommen seid.

Ein Blick zurück

Begriffe erkennen und abgrenzen: Concept Attainment

In diesem Kapitel haben Sie ...

- erfahren, wie die Schüler Kategorien und Begriffe bilden.
- deutlich gemacht bekommen, dass Begriffsbildung im Grunde in jedem Unterricht ständig erfolgt und dass diese Form des Lernens durch ausgewählte Methoden gezielt in den Blick genommen werden kann.
- gezeigt bekommen, dass das Kooperative Lernen mit Strategien der Begriffsbildung hervorragend zu einer lernwirksamen Unterrichtsdramaturgie verbunden werden kann.
- Concept Formation als eine Methode kennengelernt, bei der die Schüler Begriffe bilden können, indem sie Material nach selbst gefundenen Kriterien ordnen.
- Concept Attainment als eine Methode kennengelernt, bei der das Material so arrangiert wird, dass die Schüler die gemeinsamen Merkmale von Beispielen finden müssen und so die zu erarbeitenden Begriffe herausarbeiten.
- Anregungen bekommen, wie Sie Beispielsammlungen für das Concept Attainment entwickeln können.
- Beispiele aus verschiedenen Fächern für die Methode Concept Attainment kennengelernt.

3. Üben und Wiederholen mit Kooperativem Lernen

In diesem Kapitel ...

- machen wir deutlich, dass das Kooperative Lernen eine hervorragende Unterrichtsstrategie darstellt, die Sie auch in Phasen des Übens und Wiederholens einsetzen können.
- begründen wir, warum im Unterricht mehr Zeit für das Üben und Wiederholen verwendet werden muss und dabei der Blick auf die Kernkompetenzen zu richten ist.
- geben wir Anregungen, wie das Üben und Wiederholen im Unterrichtsalltag integriert werden kann.
- erläutern wir, dass sowohl die Dauer als auch die Wiederholungsabstände sehr bedeutsam für den Übergang der neuen Inhalte in das Langzeitgedächtnis sind.
- gehen wir darauf ein, dass die Anordnung von Unterrichtsgegenständen in Spiralcurricula im Hinblick auf nachhaltiges Lernen nicht immer ganz unproblematisch ist.

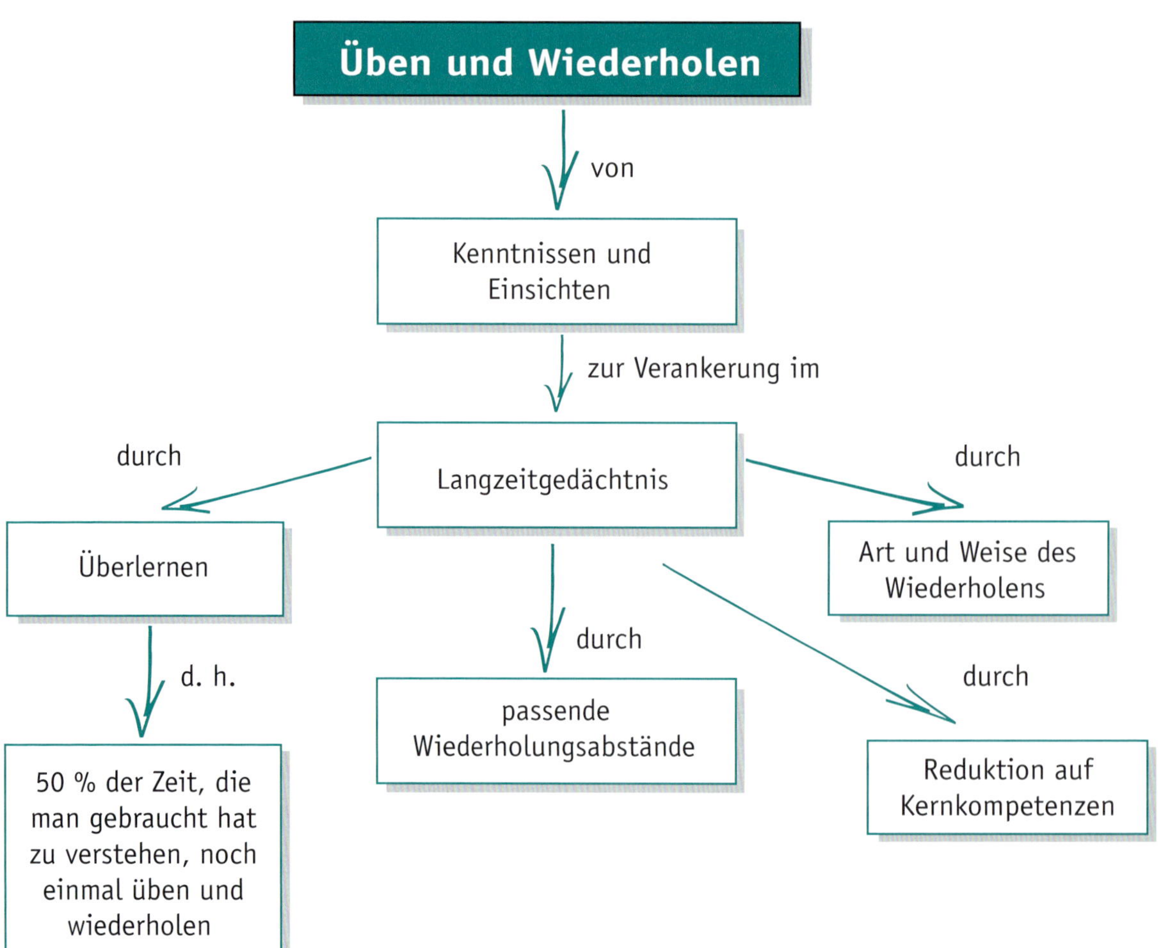

3.1 Üben und Wiederholen als Herausforderung im Alltag

Wenn Sie einen Lernprozess mit kooperativen Strategien durchgeführt und die Ergebnisse anschließend gesichert haben und dann nach acht Wochen überprüfen, wie viel des Erarbeiteten bei den Schülern noch präsent ist, dann wird dies mehr als beim herkömmlichen Frontalunterricht sein. Trotzdem können wir auch beim Kooperativen Lernen feststellen, dass die Schülerinnen und Schüler zentrale, zuvor erarbeitete Inhalte wieder vergessen haben, wenn die Inhalte nicht ausreichend gefestigt wurden.

Aus der Lernforschung wissen wir heute recht zweifelsfrei, dass die Schülerinnen und Schüler dann nachhaltig lernen, wenn die Phasen des Übens und Wiederholens bestimmten Merkmalen entsprechen. Dabei geht es um drei Fragen:

- Wie arbeiten die Schüler in dieser Phase des Übens und Wiederholens?
- Wie viel Zeit wenden sie für das Üben und Wiederholen auf?
- In welchen Abständen wiederholen sie die Inhalte?

Wenn Sie die folgenden Seiten lesen, werden Sie schnell erkennen, dass die Erkenntnisse der Lernforschung eine Herausforderung für die Gestaltung des Unterrichts darstellen. Denn sie verlangen, dass die Stoffvermittlung etwas zu Gunsten der Wiederholung reduziert wird. Gleichzeitig aber beeinflusst es die Dramaturgie von Unterricht, denn die Wiederholung muss zum festen Bestandteil täglichen Unterrichts werden.

3.2 Durch Überlernen dauerhaft behalten

Sicher haben Sie bereits eine ähnliche Erfahrung gemacht: In einer Lerngruppe wurde beispielsweise die Auflösung von Klammern, die Bildung des Past Perfect, die Anwendung der indirekten Rede oder die Zuordnung einer Staatsform geübt. Am Ende der Sequenz waren die meisten oder sogar alle Schülerinnen und Schüler in der Lage, die Anforderungen zu erfüllen. Aber bereits wenige Wochen später erinnern sich viele kaum noch an die Unterrichtsinhalte. Nur noch wenige können in einer konkreten Situation über die eingeführten Inhalte verfügen. Dafür gibt es viele Ursachen: Häufiger Stundenwechsel, kurze Lerneinheiten, unzureichendes Nacharbeiten der Schüler, fehlendes Übungsmaterial in den Lehrwerken usw.

Die Flüchtigkeit der Inhalte ist für den Unterrichtenden kaum etwas Neues. Im Gegenteil: Gerade um die Behaltensleistung zu verbessern, führen die Lehrer den Lernprozess nach der Sicherung der Ergebnisse weiter. Dazu geben sie zum Beispiel eine vertiefende Hausaufgabe oder leiten eine Übungsphase an. Und dennoch gehen selbst zentrale Kategorien wieder verloren. Das liegt häufig auch daran, dass diese Phasen nicht ausreichen, wenn neu gelernte Inhalte ins Langzeitgedächtnis der Schüler gelangen sollen. Die empirische Unterrichtsforschung hat gezeigt, dass für den Übergang in den Langzeitspeicher des Gedächtnisses ein „Überlernen" von rund 50 % notwendig ist. Überlernen bedeutet, dass Inhalte noch weiter eingeübt werden, auch wenn sie scheinbar sicher abgerufen werden können. Ein Überlernen um 50 % bedeutet, dass die Person nochmals zusätzlich die Hälfte der Übungen absolviert, die es zum sicheren Reproduzieren benötigt hat.[1] Wenn Schüler etwas verstanden haben, wenn sie die richtigen Antworten und Lösungen geben, dann darf der Unterricht zu dem Thema eben längst nicht enden. Vielmehr muss das Gelernte zunächst noch weiter eingeübt werden, bis die Inhalte von den Schülerinnen und Schülern sicher und in verschiedenen Situationen flexibel beherrscht werden. Und dann muss in Lernschleifen, die in wachsendem Abstand voneinander liegen, immer wieder das Wissen aktiviert werden. Denn nur was wirklich im Langzeitgedächtnis verankert ist, kann später abgerufen werden.

Dazu gibt es keine Alternative, wenn wir mit unserem Unterricht wirksam und nachhaltig sein wollen. Damit die neu erworbenen Kompetenzen dauerhaft bleiben, müssen die kognitiven Strukturen gefestigt werden. Oder um es etwas anders zu formulieren: Im Gehirn werden unsere Informationen durch synaptische Verbindungen zwischen Neuronen gespeichert. Diese Verbindungen bilden sich aber nur dann, wenn sie ausreichend häufig aktiv sind. Und selbst dann können sie wieder verschwinden. Erst

[1] Vgl. Wellenreuther 2004, S. 115-160.

wenn sie immer wieder benutzt werden, stabilisieren sie sich und zerfallen nicht mehr.[2]

Wenn es darum geht, das Üben und Wiederholen zum festen Bestandteil des Unterrichts zu machen, dann lassen sich zwei Ebenen unterscheiden. Zunächst geht es um die Methodik des Übens. Dabei steht die Frage im Mittelpunkt, wie das Überlernen gestaltet werden kann, ohne dass einzelne Schüler gelangweilt werden. Auf der zweiten Ebene geht es um die Frage, was intensiv zu üben ist. Welche Inhalte sind so bedeutsam, dass die intensive Auseinandersetzung sinnvoll ist?

3.2.1 Wie üben und wiederholen?

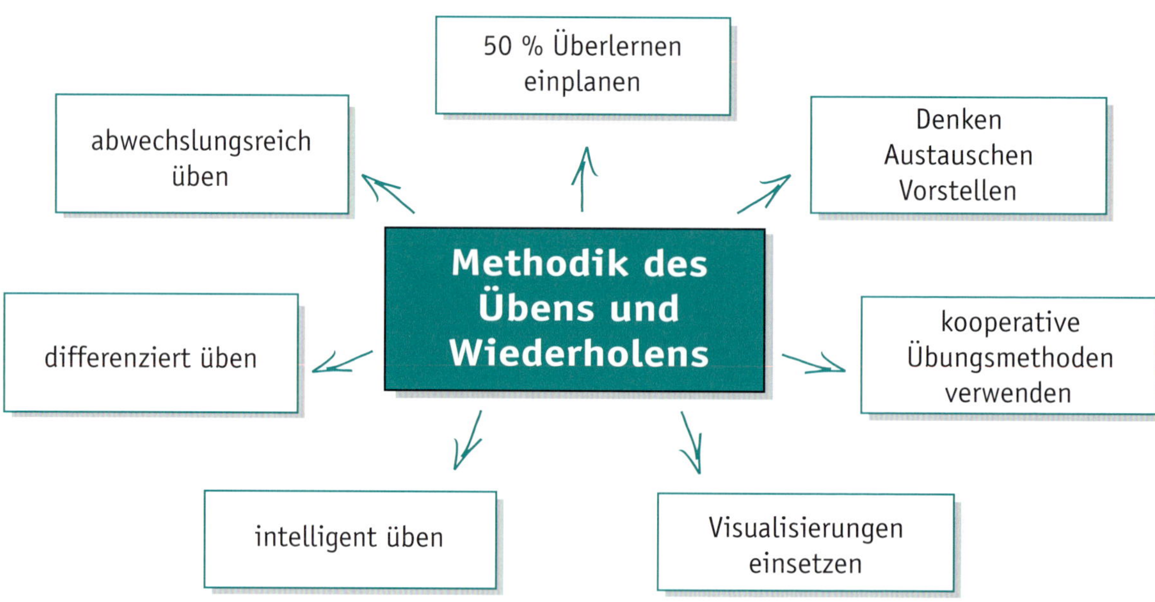

Auf der methodischen Ebene möchten wir die folgenden Hinweise geben:

- **Den zeitlichen Rahmen einplanen:** Planen Sie bei der Vorbereitung des Unterrichts bei allen elementaren Grundlagen noch einmal rund 50 % der Zeit für Phasen des Überlernens ein, obwohl das Gelernte bereits sicher abgerufen werden kann. Da dieses Überlernen in wachsendem Abstand voneinander liegen soll, muss also auch immer das wiederholt werden, was vor längerer Zeit gemacht worden ist.
- **Denken – Austauschen – Vorstellen:** Das Grundmuster des Kooperativen Lernens eignet sich hervorragend zum Üben und Wiederholen. Das gilt sowohl für Wiederholungs- und Vertiefungsaufgaben in den Schulbüchern, als auch für davon unabhängige Übungsphasen. Verzichten Sie nicht darauf, da die Schülerinnen und Schüler gerade in dieser Phase viele Unsicherheiten und Wissenslücken in der Kooperation beseitigen.
- **Kooperative Methoden des Übens und Wiederholens einsetzen:** In diesem Buch haben wir ausgewiesene Übungsmethoden des Kooperativen Lernens vorgestellt: das Gruppenturnier und die Gruppenrallye. Wenn die Schülerinnen und Schüler sich im Gruppenturnier wechselseitig abfragen und den Lernstand festigen, um in dem abschließenden Wettbewerb für die eigene Gruppe Fragen zu beantworten, dann memorieren sie ihre Kenntnisse.

[2] Vgl. Hierzu Singer 2006, S. 22 oder Spitzer 2002, S. 62-68.

- **Mit Visualisierungen wiederholen und besser behalten:** Wer intensiv an einer Grafik arbeitet, dem prägt sich schon während dieses Prozesses das dargestellte Wissen ein und das grafische Wissensnetz bildet sich auch mental. Und wenn Schüler mit grafischen Strukturen arbeiten, wird automatisch das Wichtige vom Unwichtigen getrennt. Nach einer Unterrichtseinheit können Sie auch eine Übersichtsgrafik anfertigen lassen, in der die Schülerinnen und Schüler das erarbeitete Wissen strukturiert darstellen. Beim Wiederholen haben die Schülerinnen und Schüler das zu Lernende dann auf einen Blick präsent, so dass sie nicht so viel Zeit brauchen.
- **Intelligent üben:** Einfache Wiederholungen werden in der Phase des Überlernens schnell langweilig. Beim intelligenten Üben hingegen wiederholen die Schülerinnen und Schüler das Gelernte immanent und wenden es in neuen Zusammenhängen an. Dabei entdecken sie häufig noch weitere Facetten.
- **Differenziert üben:** Leistungsstarke Schüler benötigen andere Aufgaben als Schüler, die einen Sachzusammenhang nur mit Mühe erfasst haben. Dem ist bei der Gestaltung der Übungsaufgaben Rechnung zu tragen.

- **Abwechslungsreich wiederholen:** Elementare Grundlagen können auf unterschiedliche Weise vor dem Vergessen bewahrt werden und für die Lernenden gleichzeitig flexibler anwendbar werden: Lerntagebücher, Wissensspeicher, Lernprotokolle und Kopfübungen sind hier sehr geeignet.

3.2.2 Was üben und wiederholen?

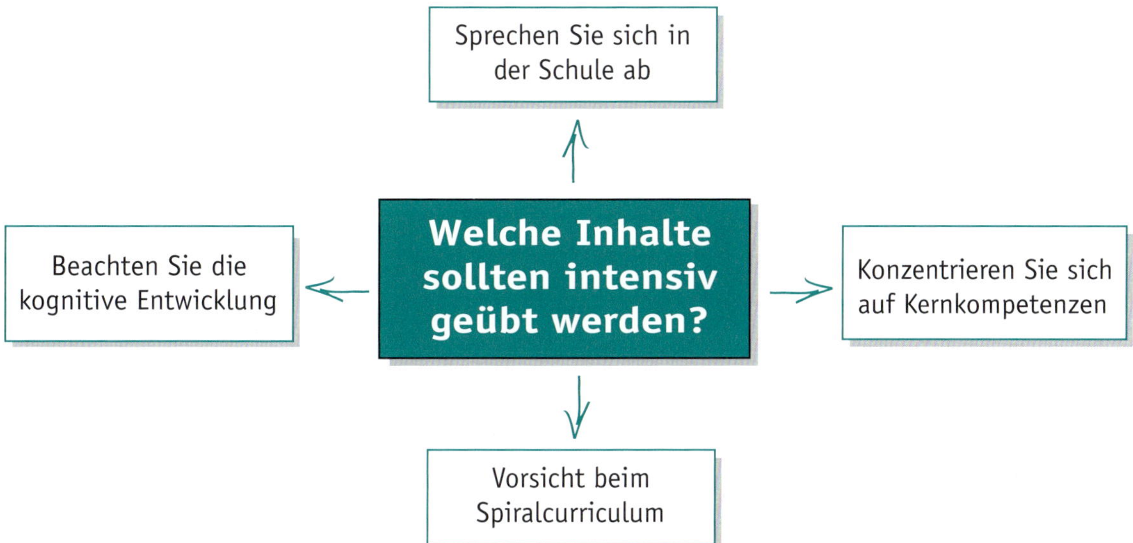

Auf die Frage, was inhaltlich zu wiederholen ist, kann nur die Fachdidaktik in Verbindung mit der eigenen Unterrichtserfahrung und dem Leistungsvermögen der Schüler eine Antwort geben. Vielleicht aber erleichtern die folgenden Hinweise das Unterrichten:

- **Auf Kernkompetenzen konzentrieren:** Konzentrieren Sie sich bei den Übungen auf die Kernkompetenzen. Stellen Sie sich die Frage, was die elementaren Grundlagen sind, auf die Ihr Fach, Ihr Unterricht aufbaut.

Investieren Sie dann ausreichend Zeit, wenn diese im Fokus des Unterrichts stehen. Ein Blick in die Kernlehrpläne kann hier Orientierung bieten.

- **Vorsicht beim Spiralcurriculum:** Die Überlegungen zum Spiralcurriculum sind dann problematisch, wenn das Lernen immer dann aufhört, sobald die Schüler die Inhalte verstanden haben. Denn das ist zu früh. Wer die indirekte Rede jetzt beherrscht, hat sie eben bald schon wieder vergessen. Häufig ist es besser, einen Sachzusammenhang deutlich zu überlernen, bis er kaum noch vergessen wird.[3]
- **Die kognitive Entwicklung beachten:** Auch wenn allgemeine Aussagen problematisch sind, treffen wir im Schulalltag immer wieder auf curriculare Vorgaben, die dem Entwicklungsstand der Schüler nicht gerecht werden. Denken Sie zum Beispiel daran, dass in vielen Geografieschulbüchern die Schüler schon zu Beginn des 5. Jahrgangs mit dem Maßstab von Karten vertraut gemacht werden sollen. Das ist aber für die meisten Schüler kaum erfassbar. Nicht umsonst behandelt die Mathematik dieses Thema häufig zu Beginn der Jahrgangsstufe 6. Wenn Sie auf ähnliche Vorgaben stoßen, sollten Sie die Inhalte später thematisieren.
- **Absprachen in der Schule treffen:** Die Konzentration auf Kernkompetenzen und das langfristige Üben werden dann einfacher, wenn darüber in der Schule Konsens herrscht. Unterrichtsentwicklungsprozesse betreffen daher immer auch Absprachen zu den Inhalten der Fächer und dem Stellenwert des Übens. Schulinterne Fortbildungen und Fachkonferenzen sind der geeignete Ort, an dem Mut gemacht werden kann, mehr zu wiederholen, zu vertiefen und zu üben.[4]

TIPP!

Sparen Sie Zeit!

Wussten Sie, dass Sie im Unterricht durch 50 % Überlernen erheblich Zeit sparen? Martin Wellenreuther[5] macht darauf aufmerksam, dass die Schüler erheblich weniger Zeit benötigen, das Gelernte wieder bis zu einem bestimmten Niveau zu aktivieren. Der auf das Vorwissen angewiesene Unterricht kann sich somit viel schneller dem neuen Stoff zuwenden.

3.3 In passenden Abständen wiederholen

Wir haben bereits angesprochen, dass Schülerinnen und Schüler in erfolgreichem Unterricht in den richtigen Abständen üben und wiederholen sollten. Aber welche Abstände sind das?[6] Dazu müssen wir uns zunächst der Frage zuwenden, was passiert, wenn wir mit dem Lernen aufhören.

Wenn wir nach der Lernperiode eine Pause machen, dann steigt in dieser Phase (entgegen unserer Erwartung) die Erinnerung an das Gelernte an. Denn in dieser Phase wird das neu Gelernte mit dem alten Wissen verknüpft und eingebunden. Je mehr Wissen zu dem Thema vorhanden ist, desto leichter kann sich das neue Wissen an diesen Kern anhängen. Wenn man nach einer Pause also wieder anfängt zu lernen, dann ist man im Besitz von mehr bewusstem Wissen als vorher. Der Höhepunkt der Erinnerung ist ungefähr nach einer zehnminütigen Pause erreicht. Anschließend fällt die Erinnerung allerdings steil ab, so dass wir viele wichtige Informationen innerhalb von 24 Stunden nach der Aufnahme vergessen haben. Dieser Abfall kann durch geeignete Wiederholungstechniken vermieden werden.

3.3.1 So geht es

Theoretisch müsste also jede Wiederholung etwa zu dem Zeitpunkt beginnen, an dem die Erinnerung abzufallen beginnt. Da etwa zehn Minuten nach Beendigung einer Lerneinheit die Erinnerung nachlässt, sollte nun die erste Wiederholung stattfinden. Damit würde die Erinnerung für ungefähr einen Tag auf dem Höchststand gehalten. Am nächsten Tag sollte daher gleich die nächste Wiederholung erfolgen. Idealerweise bleibt so die Erinnerung für annähernd eine Woche erhalten. Nach einer Woche muss dann erneut eine Wiederholung stattfinden. Die nächste Wiederholung ist nach einem Monat anzusetzen. Nach dieser Zeit ist das Wissen mit hoher Wahrscheinlichkeit in

[3] Vgl. Wellenreuther 2004, S. 112f.

[4] Vgl. Bruder 2006. Viele der von uns angesprochenen Möglichkeiten zum Üben und Wiederholen sind dort sehr praxisnah und konkret für den mathematisch-naturwissenschaftlichen Bereich dargestellt.

[5] Wellenreuther 2004, S. 115.

[6] Vgl. Hemmer/Wüst, 2006; ähnlich, aber mit etwas anderen Zeitangaben Meyer 2004, S. 111.

der Regel im Langzeitgedächtnis verankert und braucht nur gelegentlich einen Anstoß, um erhalten zu bleiben. Daher ist es empfehlenswert, sich die Informationen nach sechs Monaten noch einmal anzuschauen.

Jetzt werden Sie sich sicher fragen, wie dieser Vorschlag in den Unterrichtsalltag integrierbar ist. Natürlich sind die Stundenpläne nicht so gestaltet, dass jedes Fach gleich am nächsten Tag unterrichtet werden kann. Mitunter erfolgt der nächste Unterricht erst in der kommenden Woche. Und neue Informationen bereits nach zehn Minuten zu wiederholen, ist auch kaum möglich. Auch sind die hier vorgestellten Vergessensgesetze von vielen weiteren Faktoren abhängig. Zu denken ist hier an die Motivation der Schüler, die unterschiedlichen Lernstrategien oder die Verarbeitungstiefe in den vorherigen Wiederholungsphasen. Dennoch bieten die Wiederholungsrhythmen[7] eine Orientierung für die Praxis.

3.3.2 Was hat sich bewährt?

- **Noch in der Stunde wiederholen:** Sofern Sie Doppelstunden haben, sollten Sie den Unterricht so planen, dass die Schüler die neuen Informationen möglichst noch während der Stunde einmal wiederholen.
- **In der folgenden Stunde wiederholen:** Fassen Sie zu Beginn der folgenden Stunde immer wieder das Wesentliche der letzten Stunde zusammen. Verlangen Sie dies möglichst häufig von den Schülern.
- **Wiederholungen als Hausaufgaben:** Wenn am nächsten Tag kein Unterricht in demselben Fach stattfindet, sollten Sie die Wiederholung als Hausaufgabe geben, mit dem Hinweis, sie am nächsten Tag zu erledigen. Wichtig ist dann, den Wissensstand der Schüler in der nächsten Stunde auch abzufragen, damit sie die Wiederholung auch ernst nehmen. Wenn Sie die Phasen des Übens und Wiederholens in die Hausaufgabe verlagern, dann bedenken Sie: Kinder, deren familiäres Umfeld hierbei keine Unterstützung leisten kann, werden sehr schnell den Anschluss verlieren. Wir ermutigen Sie deshalb, mit Blick auf Ihre Lerngruppe das Üben und Wiederholen mehr oder weniger intensiv zum Bestandteil Ihres Unterrichts zu machen.
- **Wiederholungen im Unterricht:** Denken Sie bei Ihrer Unterrichtsvorbereitung an die Berücksichtigung der Wiederholungen. Dazu können Sie für jede Lerngruppe eine Wiederholungsübersicht anlegen, mit der Sie sich an die Wiederholungsschleifen und die Inhalte erinnern.
- **Mit einer Wiederholungsmappe arbeiten:** Sehr selbstständige Schüler können mit einer Wiederholungsmappe arbeiten. Darin werden die zu wiederholenden Inhalte so angeordnet, dass die Schüler sie entsprechend dem sinnvollen Wiederholungsrhythmus vornehmen können. Immer dann, wenn die Schüler im Unterricht etwas Zeit haben, können sie die Wiederholungsmappe hervornehmen und die Inhalte wiederholen.[8]
- **Vor dem Einschlafen wiederholen:** Geben Sie Ihren Schülern und auch den Eltern mit auf den Weg, dass eine Wiederholung am Ende des Tages besonders effektiv ist. Das Gehirn erhält damit die Möglichkeit, während der Nacht zu arbeiten und das tagsüber erworbene Wissen zu ordnen und zu strukturieren.[9]

Sie erinnern sich sicher an die antike Sage von Sisyphos. Dieser war von Zeus dazu verdammt, einen Felsblock einen steilen Hang hinaufzurollen. Immer kurz bevor er das Ende erreichte, entglitt ihm der Stein und rollte zurück ins Tal. So erscheint manchmal das Unterrichten: Immer wieder erarbeiten die Schüler etwas im Unterricht und wenn man dann später darauf zurückgreifen will, ist es wieder vergessen. Daher ist es eines der entscheidenden Elemente erfolgreichen Unterrichts, in angemessenen Zeitabständen, intensiv und mit kooperativen Lernformen zu üben und zu wiederholen.

[7] Vgl. Wellenreuther 2004, S. 115-160.

[8] Die Wiederholungsmappe ist dargestellt in: Hemmer/Wüst 2006. Hemmer/Wüst haben sie als Instrument für Jurastudenten dargestellt. Lehrer haben sie allerdings schon erfolgreich in der Schule genutzt, mit wenigen Veränderungen.

[9] Vgl. dazu Spitzer 2002, S. 122-137. Wiederholungen vor dem Einschlafen sind natürlich nicht mit massiertem Üben am Abend vor einer Leistungsüberprüfung gleichzusetzen. In diesem Fall werden vielfach negative Emotionen verstärkt, die den notwendigen Schlaf erschweren.

Ein Blick zurück

Üben und Wiederholen

In diesem Kapitel haben Sie ...

- gesehen, dass Sie mit dem Kooperativen Lernen eine hervorragende Unterrichtsstrategie besitzen, die sie für die Phasen des Übens und Wiederholens einsetzen können.
- den Begriff des Überlernens erläutert bekommen und erfahren, dass die Schülerinnen und Schüler, wenn sie nachhaltig lernen sollen, für das Üben und Wiederholen noch einmal rund 50 % der Zeit, die sie zum Verstehen gebraucht haben, aufwenden müssen.
- Ideen bekommen, wie Sie die Phasen des Übens und Wiederholens gestalten und in den Unterrichtsalltag integrieren können.
- erfahren, dass es zum Üben und Wiederholen im Unterricht kaum eine Alternative gibt, wenn Sie mit Ihrem Unterricht wirksam sein möchten.

Individualisierung und Differenzierung durch Kooperatives Lernen

In diesem Kapitel ...

- erläutern wir, was mit Individualisierung und Differenzierung gemeint ist.
- möchten wir vier Möglichkeiten vorstellen, mit Hilfe des Kooperativen Lernens im Unterricht entsprechend den Bedürfnissen der Schülerinnen und Schüler zu differenzieren.
- zeigen wir, dass durch das Kooperative Lernen im Unterricht Freiräume entstehen, die der Unterrichtende für die Begleitung der Schülerinnen und Schüler nutzen kann.
- begründen wir, warum die Arbeit in Gruppen grundsätzlich stärker an den Lernausgangslagen der Schüler ansetzen kann, als dies im herkömmlichen Klassenunterricht der Fall ist.

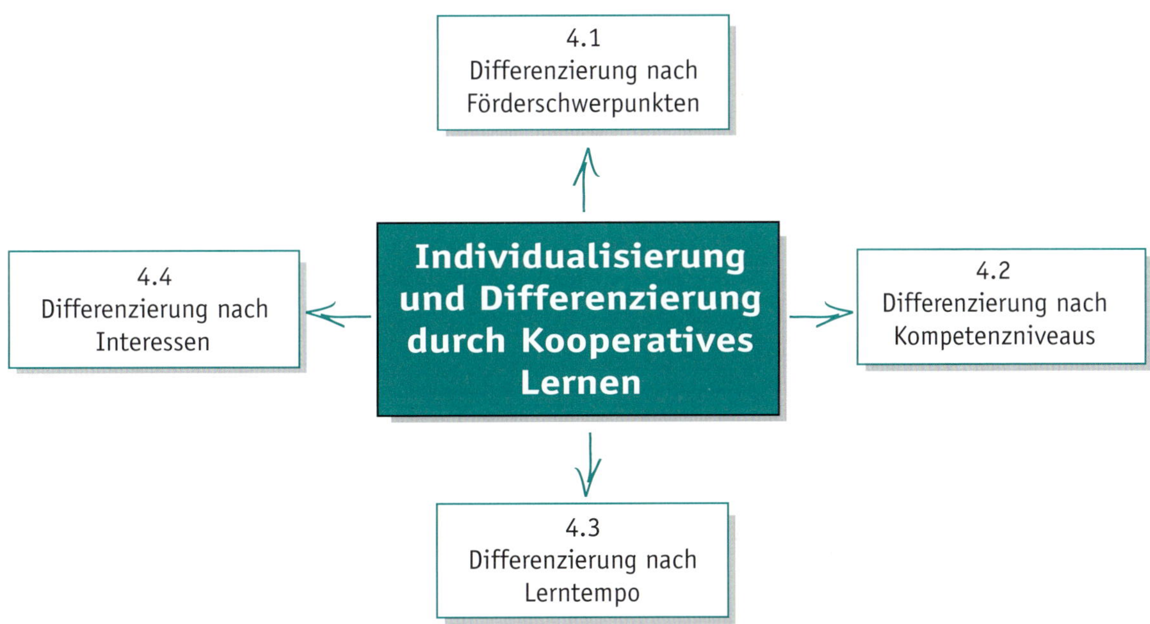

Individualisierung, Differenzierung oder individuelle Förderung sind Schlagworte, die einen Entwicklungsschwerpunkt von Schulen markieren. Bildungspolitik und Didaktik fordern sie gleichermaßen und auch in der Öffentlichkeit werden Schulen unter anderem daran gemessen.

Allerdings benötigen die Lehrerinnen und Lehrer handhabbare, praxistaugliche Konzepte, deren Umsetzung im Unterricht vor dem Hintergrund einer ohnehin schon hohen Belastung der Unterrichtenden möglich ist. Zudem müssen die Konzepte wirksam und nachhaltig sein.

In dem folgenden Kapitel stellen wir exemplarisch dar, wie Sie mit Hilfe des Kooperativen Lernens differenziert unterrichten können und so den Lernbedürfnissen in Ihren Klassen entgegenkommen.

Exkurs

Individualisierung, Differenzierung, individuelle Förderung – Vorschlag zur Begriffsklärung

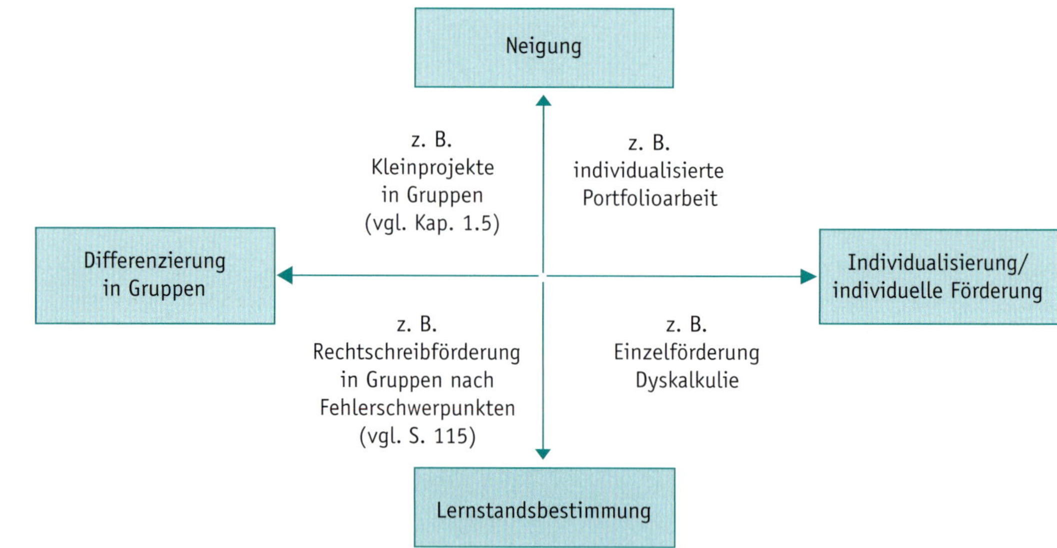

Individualisierung: Ein Unterricht, der darauf abzielt, den jeweils unterschiedlichen Lernbedürfnissen der einzelnen Schülerinnen und Schüler Rechnung zu tragen, bezeichnen wir als Individualisierung oder auch als individualisiertes Lernen. Ziel des Unterrichts ist es, eine möglichst optimale Förderung und Entwicklung des Kindes zu ermöglichen. Ausgangspunkt der Unterrichtsentwicklung ist die Vorstellung, dass im Grunde jedes Kind unterschiedlich lernt und unterschiedliche Förderung benötigt. Die mit der Individualisierung verbundenen Ziele können innerhalb der Schule auf unterschiedlichen Wegen erreicht werden.

Im individualisierten Lernen können sich die Schüler einer selbst gewählten Aufgabe zuwenden. Das, was der Einzelne lernt, weicht von dem, was oder wie die anderen lernen ab – vielleicht hinsichtlich der Ziele, der Inhalte, der Methoden, der Lernzeiten oder der Lernorte. Das geschieht in Kleinprojekten, in der Freiarbeit oder im Wochenplan. Aber auch die Portfolioarbeit kann Ausgangspunkt des individualisierten Lernens sein.

Wenn das individuelle Lernen auf Basis von einer Lernstandsbestimmung erfolgt, sprechen wir von individueller Förderung. In der schulischen Praxis wird unter individueller Förderung in der Regel die Unterstützung der Schwächeren bei der Überwindung ihrer Lernschwierigkeiten und die Hilfe für die Leistungsstärkeren beim Ausbau besonderer Stärken verstanden.[1] Grundlage der individuellen Förderung ist also eine Diagnose oder Lernstandsbestimmung von der ausgehend die Schwächen und Stärken ermittelt werden. Die Diagnose bildet den Hintergrund des Unterrichts. Individuelle Förderung in der Schule umzusetzen bedeutet daher, einen auf den Einzelnen zugeschnittenen Unterricht anzubieten. Der Umsetzung der individuellen Förderung im Schulalltag sind – allein durch die Klassengrößen – häufig enge Grenzen gesetzt. In der Regel wird daher die individuelle Förderung durch eine Differenzierung in Kleingruppen ersetzt.

In der öffentlichen Diskussion werden die Formen des individualisierten Lernens häufig zur individuellen Förderung hinzugezählt.[2]

[1] Die begriffliche Trennung von individueller Förderung und individualisiertem Lernen ist unscharf. Häufig werden die Formen des individualisierten Lernens zur individuellen Förderung hinzugezählt. In der Einleitung eines Sammelbandes macht Ingrid Kunze einen Versuch der begrifflichen Trennung (vgl. Kunze/Solzbacher 2008, S. 18-20). In den Aufsätzen des Sammelbandes werden dann aber Individualisierung und Differenzierung im Unterricht unter individueller Förderung subsumiert.

[2] So im „Rahmenkonzept `individuelle Förderung´" des nordrhein-westfälischen Schulministeriums. In ihm wird auch deutlich, welcher Stellenwert der individuellen Förderung zugemessen wird. Darin heißt es: „Ziel des neuen Schulgesetzes ist es, ein Schulwesen zu schaffen, in dem jedes Kind und jeder Jugendliche unabhängig von seiner Herkunft seine Chancen und Begabungen optimal nutzen und entfalten kann. Demzufolge rückt die individuelle Förderung in das Zentrum der schulischen Arbeit und wendet sich an alle Schülerinnen und Schüler (...)."
Aus: www.schulministerium.nrw.de/Chancen/Guetesiegel/Auszug_Rahmenkonzept_Individuelle_Foerderung.pdf, S.1.

Differenzierung: Wenn die unterschiedlichen Schüler entsprechend ihrem Förderbedarf, ihren Stärken oder ihren Neigungen in neuen, meist kleineren Lerngruppen zusammengefasst werden, sprechen wir von Differenzierung.

- Zum einen kann die Differenzierung über die Klassengrenzen hinweg erfolgen. In einem Jahrgang werden dann neue Lerngruppen mit einer speziellen Zielsetzung gebildet. In diesem Fall wird von **äußerer Differenzierung** gesprochen. Äußere Differenzierung ist nicht mit Individualisierung gleichzusetzen, da auch hier im Lehrgangsunterricht große Schülergruppen (Klassen) unterrichtet werden können. Erst wenn diese Schülergruppen klein sind, der Unterrichtende auf die Einzelbedürfnisse der Schüler einzugehen vermag und die Inhalte und Methoden entsprechend dem Förderbedarf ausgewählt werden, nähert sich die Differenzierung den Zielen der Individualisierung an.
- Von **Binnendifferenzierung** bzw. **innerer Differenzierung** sprechen wir, wenn innerhalb der Klasse Kleingruppen mit unterschiedlichem Arbeits- und Lernschwerpunkten gebildet werden. Hierzu bietet sich das Kooperative Lernen an. Die in diesem Kapitel vorgestellten Beispiele zeigen, wie mit Methoden des Kooperativen Lernens im Unterricht differenziert werden kann.

4.1 Differenzieren nach Förderschwerpunkten

Ein Blick ins Klassenzimmer

Rechtschreibunterricht

Im Deutschunterricht der fünften Klasse von Petra Steinberg sitzen die Kinder an Gruppentischen. Sie haben Arbeitsblätter vor sich, mit deren Hilfe sie bestimmte Phänomene der Rechtschreibung üben. Auffällig ist, dass die Schüler an jedem Tisch unterschiedliche Übungsmaterialien haben. Die eine Tischgruppe setzt sich augenscheinlich mit der Großschreibung von substantivierten Verben auseinander. Eine andere Gruppe beschäftigt sich mit der Getrenntschreibung von zusammengesetzten Verben. Und in einer dritten Gruppe machen drei Schüler Übungen, mit denen sie trainieren, Silben besser zu erkennen. Offenbar handelt es sich hier um Schüler, die massive Probleme mit der Rechtschreibung haben.

Frau Steinberg hält sich bei einer Gruppe auf. Sie spricht schon eine ganze Weile leise mit den Schülern und erläutert eine offensichtlich nicht ganz leichte Aufgabe. Derweil arbeiten die anderen Tischgruppen an ihren Aufgaben. Ein leises Gemurmel kennzeichnet die Atmosphäre im Raum. Zu beobachten ist auch, dass an zwei Tischen im Moment noch nicht kooperiert wird. Hier sind die Schüler noch in Einzelarbeit mit ihren Aufgaben beschäftigt.

Später erläutert Frau Steinberg, dass sich die Realschule dazu entschlossen hat, in jeder Klasse einmal im Jahr eine umfassende Kompetenzdiagnose für die Rechtschreibung durchzuführen. Dazu greift die Schule auf ein ausgearbeitetes Diagnoseinstrument zurück. Nachdem jeder Schüler die Lücken in Sätzen ausgefüllt hat, werden die Ergebnisse in den Computer eingegeben und über das Internet zur Auswertung gesendet. Nach wenigen Stunden erhält jede Klasse eine Auswertung. Für jeden Schüler liegt jetzt eine differenzierte Diagnose vor: Hat er noch Probleme mit der Groß- und Kleinschreibung, mit ähnlich klingenden Konsonanten oder bei der Dehnung und Dopplung? Welche Fehlertypen liegen vor und wo muss die Förderung ansetzen?

Petra Steinberg erklärt, dass dies der Ausgangspunkt ihres Unterrichts sei. Der Rechtschreibunterricht findet bei ihr im Wechsel von direktem Unterrichten und individueller Förderung statt. In den Phasen der direkten Instruktion führt sie neue Phänomene ein und übt sie mit allen gemeinsam. In den Phasen der individuellen Förderung kann jeder dann in den Bereichen üben, die er noch nicht beherrscht. Dazu bildet sie Gruppen, in denen Schüler mit ähnlichen Rechtschreibeschwächen zusammensitzen und gezielt üben. Methodisch greift Frau Steinberg bei der Strukturierung der Gruppenarbeit auf das Kooperative Lernen zurück. Die Schüler müssen die Materialien zunächst alleine bearbeiten. Erst dann kann ein Austausch mit dem Partner oder der Gruppe erfolgen.

Kommentar

Zur individuellen Förderung können im Unterricht Teilgruppen[3] nach unterschiedlichen Förderschwerpunkten gebildet werden. Nach der Durchführung einer individuellen Diagnostik weiß die Unterrichtende, wo die einzelnen Schüler noch Schwierigkeiten haben. Auf dieser Grundlage kann sie Teilgruppen bilden, in denen die Schülerinnen und Schüler jeweils ein annähernd ähnliches Kompetenzniveau haben. Innerhalb der Teilgruppen bearbeiten die Schüler dann denselben Problembereich. Vielleicht wiederholen sie im Förderunterricht für das Fach Mathematik in einer Teilgruppe die Addition und Subtraktion von Brüchen, andere Schüler hingegen üben die Multiplikation und Division, während sich wieder andere Schüler erneut einen Begriff davon machen müssen, was überhaupt das Wesen eines Bruches ausmacht. Und auch in diesen Teilgruppen arbeiten die Schülerinnen und Schüler im Dreischritt Denken – Austauschen – Vorstellen.

Neben dem diagnostischen Vorgehen, das die Differenzierung erlaubt, fällt dem Betrachter auf, dass die fünfte Klasse über ein hohes Maß an sozialen Kompetenzen verfügt. Die Ruhe und Konzentration ist beeindruckend. 28 Schüler arbeiten in einem Klassenraum, der kaum Platz lässt für die Beobachter. Und dennoch fühlt sich keiner durch die anderen gestört und jeder macht bei der Arbeit gute Fortschritte.

4.2 Differenzieren nach Kompetenzniveaus

Individualisierter Unterricht muss auf die unterschiedlichen Kompetenzniveaus der Schüler reagieren. Die Materialien und Aufgaben müssen so gewählt werden, dass sie für die Schüler eine Herausforderung, aber keine Überforderung darstellen. Womit aber der eine überfordert ist, das ist für den anderen ein Unterforderung. Eine Antwort darauf ist, Gruppen mit Schülern, die ein ähnliches Kompetenzniveau haben, zu bilden. Dann können ihnen auf sie zugeschnittene Materialien und Aufgaben gegeben werden. Dies kann bei allen arbeitsungleichen Methoden des Kooperativen Lernens gemacht werden. Exemplarisch sei dies an dem Gruppenpuzzle[4] demonstriert.

Beim Gruppenpuzzle geht es darum, dass sich die Mitglieder einer Kleingruppe zu Experten für einen bestimmten, eng umgrenzten Gegenstand machen. Anschließend werden aus den vier Expertengruppen neue Gruppen gebildet, in denen zu jedem Thema jetzt jeweils ein Experte ist. Jeder Experte unterrichtet die anderen drei Gruppenmitglieder über sein Thema. Wenn die Schüler im Gruppenpuzzle gezielt in relativ leistungshomogene Gruppen eingeteilt werden, können die Aufgaben oder Texte so ausgewählt werden, dass sie dem Kompetenzniveau oder dem Vorwissen der einzelnen Teilgruppen angepasst sind. Fortgeschrittene Lerner erhalten zum Beispiel Sachtexte, in denen ein komplexer Zusammenhang dargestellt wird. Eher schwache Schüler bekommen in einer Gruppe einen an ihr Niveau angepassten

Anmerkung

Diagnoseinstrumente und Fördermaterialien

Binnendifferenzierung verlangt eine hinreichende diagnostische Kompetenz auf Seiten der Unterrichtenden. Dazu gehören praktikable und unkomplizierte Diagnoseinstrumente. Ihre Entwicklung und Einführung in Schulen steht erst am Anfang und wird die Unterrichtsentwicklung der kommenden 15 Jahre vermutlich stark beeinflussen.

Nach der Diagnostik benötigen die Unterrichtenden differenzierendes Unterrichtsmaterial, das – vor dem Hintergrund wissenschaftlicher Erkenntnisse – zu erfolgreichem Lernen führen kann. Und auch hier befinden sich die Anbieter entsprechender Unterrichtsmaterialien, die Hochschulen und Ausbildungsseminare wie auch die Lehrerinnen und Lehrer selbst noch am Anfang.

Verbesserte und für die Schulen kostenfrei zugängliche Diagnoseinstrumente sowie entsprechende Fördermaterialien erleichtern eine Differenzierung und Individualisierung des Unterrichts in hohem Maße.

[3] Begrifflich unterscheiden wir Kleingruppen aus maximal vier Schülerinnen und Schülern, die in der Phase der Kooperation ihre Ergebnisse austauschen, von Teilgruppen einer Klasse, in denen sich die Schüler einem Förderschwerpunkt zuwenden. Da die Kooperationsphase mit Schülern vor allem in Partnerarbeit und Kleingruppen erfolgreich ist, können zu einzelnen Förderschwerpunkten (d. h. Teilgruppen) auch mehrere Kleingruppen oder Paare gebildet werden.

[4] Das Gruppenpuzzle ist dargestellt in Band 1, S. 111ff.

Text, mit dem sie sich ebenfalls zum Experten für ihr Thema machen können. Der Unterrichtende erhält so ein Instrument an die Hand, mit dem er auf die unterschiedlichen Lernvoraussetzungen der Schüler reagieren kann. Immer dann, wenn die Methoden des Kooperativen Lernens arbeitsungleich arrangiert werden können, lassen sie sich hervorragend binnendifferenzierend einsetzen.

4.3 Differenzieren nach Lerntempo

Das „Lerntempoduett" ist eine Form der Partnerarbeit, bei der Individualisierung über die Berücksichtigung unterschiedlicher Lerntempi stattfindet.[5] Bei der arbeitsgleichen Form des Lerntempoduetts bearbeiten alle Schüler in der Klasse die gleichen Aufgaben. Dazu lösen sie zunächst die Aufgabe 1 alleine und besprechen sie anschließend mit einem Partner. Zum Partner wird der Schüler, der etwa zeitgleich fertig ist und das durch Aufstehen signalisiert hat. Wenn beide die erste Aufgabe besprochen haben, wenden sie sich der zweiten Aufgabe zu, diese bearbeiten sie wieder in Einzelarbeit, bevor sie sie mit einem neuen Partner besprechen, der gerade fertig geworden ist. Dazu stehen die Schüler auf und signalisieren mit Handzeichen, dass sie jetzt einen neuen Partner für die zweite Aufgabe suchen. Wer mit beiden Aufgaben fertig ist, bearbeitet in Einzelarbeit vertiefende Aufgaben, die in ihrem Anspruchsniveau gestaffelt sein sollten. Diese fangen die unterschiedlichen Lern- und Arbeitsgeschwindigkeiten der Schüler auf. Können langsame Schüler vielleicht nur noch zwei Vertiefungsaufgaben im Unterricht lösen, so bearbeiten schnell Lernende vielleicht das gesamte Aufgabenblatt.

Beim Lerntempoduett erschließen sich die Schülerinnen und Schüler im Wechsel von Einzel- und Partnerarbeit die neuen Inhalte und bearbeiten die Aufgabenstellungen in ihrem Lerntempo. Da die Lern- und Arbeitsgeschwindigkeiten in der Einzelarbeitsphase unterschiedlich sind, bilden sich immer wieder andere Paare.

Im Lerntempoduett kann jeder Schüler in seiner Lerngeschwindigkeit arbeiten. Es entsteht für niemanden Zeitdruck, da die Kooperation immer erst dann beginnt, wenn zwei Lernende dazu bereit sind. Hier wird der Erkenntnis Rechnung getragen, dass die Lerngeschwindigkeiten der Kinder und Jugendlichen, die jeweils das gleiche kognitive Lernziel erreichen, um den Faktor fünf variieren können.[6] Konkret heißt das: Was der eine Schüler nach drei Minuten versteht oder erarbeitet hat, versteht ein anderer erst nach 15 Minuten. Diese – bei Erwachsenen übrigens noch weiter differierenden Lerngeschwindigkeiten – stellen in der Schule ein praktisches Unterrichtsproblem dar, da das Lernen im Gleichschritt hier häufig an den schnellsten Lernern orientiert ist.

In erfahrenen Klassen können sich auch drei oder vier Schüler zusammenfinden, die etwa gleich schnell arbeiten. Wie bei der Partnerarbeit werden hier Individualisierung und Kooperation verbunden. Die Schüler erleben dies als sehr angenehm und arbeiten meist äußerst motiviert. Und auch beim Lerntempoduett bieten sich wieder Gelegenheiten, als Unterrichtender einzelne Gruppen aufzusuchen und beim Lernen zu unterstützen.

4.4 Differenzieren nach Interessen im Projektunterricht

Je mehr die Schüler die Kompetenzen zur Kooperation erworben haben, je mehr sie in der Lage sind, selbstverantwortlich und selbstgesteuert zu arbeiten, desto freier können die Prozesse des Kooperativen Lernens organisiert werden und desto stärker ist individualisiertes Lernen möglich. Bei einem Projekt, in dem die Schüler in Gruppen arbeiten, können sie in die Planung einbezogen werden und dabei Themen nach ihren Interessen wählen, ihre eigenen Lernwege gestalten und auch verantwortlich in die Beurteilung miteinbezogen werden. Eine solche Form des kooperativen Arbeitens bietet die Methode Kleinprojekte in Gruppen.[7]

[5] Das Lerntempoduett ist dargestellt in Band 1, S. 68ff

[6] Vgl. Wahl 2004, S. 62f.

[7] Die Methode ist in diesem Buch in Kapitel 1.5 (S. 46ff.) dargestellt.

In ihr wählen die Schüler im Rahmen eines vom Lehrer vorgegebenen oder gemeinsam gewählten Themas Unterthemen, mit denen sie sich ausführlich beschäftigen. Schon hier wird nach Interessen differenziert, denn die Schüler werden einer Gruppe zugeteilt, in der sie das von ihnen gewählte Unterthema bearbeiten können. Auch innerhalb dieser Gruppe können sie dann wieder ihrem Interesse nachgehen, denn jeder entscheidet selbst in Abstimmung mit der Gruppe, welchen Aspekt des Unterthemas er bearbeitet. Nach dieser Einzelarbeit werden die Ergebnisse dann in einer Phase der Kooperation zusammengeführt und anschließend präsentiert.

Auch in Kleingruppenprojekten sind die Schüler aufeinander angewiesen. Denn die Gruppe muss durch die Verteilung der Arbeit selber dafür sorgen, dass sich keiner entzieht und jeder seinen Teil beiträgt. Diese Methode nähert sich dem Ideal des selbständigen Lernens der Schüler an, denn der Lehrer hält sich aus dem Arbeitsprozess der Gruppen möglichst heraus. Er kann sich von den Gruppen einen Arbeitsplan vorlegen lassen, damit er frühzeitig eingreifen kann, wenn die Zeit nicht sinnvoll genutzt wird. Aufgrund des hohen Grades selbstgesteuerten Lernens bei dieser Methode empfehlen wir, sie erst dann anzuwenden, wenn die Schüler die Kompetenzen der Kooperation und des selbstständigen Arbeitens sicher beherrschen. Die Anforderungen bei dieser Methode sind höher als beim Gruppenpuzzle, bei dem auch Arbeitsteilung in der Gruppe stattfindet. Für den Einzelnen gibt es keine Möglichkeit mehr, sich in einer Expertengruppe über sein Thema auszutauschen, da jeder Schüler in der Klasse ein anderes Thema bearbeitet. Und die Materialien müssen die Schüler sich selbst besorgen. Doch wenn die Schüler die entsprechenden Kompetenzen beherrschen, dann wird bei dieser Methode sehr intensiv und produktiv gearbeitet.

4.5 Kooperatives Lernen schafft Freiräume für individuelle Beratung und Unterstützung durch den Lehrer

Beim Kooperativen Lernen wird der Dreischritt aus Einzelarbeit, Kooperation in Kleingruppen und Präsentation in der Klasse zum Grundprinzip; er wird gleichsam zur Routine, zur Kultur. Im Beispiel von Frau

Steinberg (S. 115) wurde deutlich, dass der Unterrichtende dadurch Raum für die Hinwendung zu einzelnen Schülern bekommt. Denn während der Phasen der Einzelarbeit und Kooperation konnte sie sich einzelnen Schülern oder Gruppen und ihren Fragen und Problemen zuwenden. Diese Zeit ist im überwiegend fragend-entwickelnden Unterricht kaum gegeben.

Wenn die Lehrenden im Unterricht auf die Probleme, Fragen oder Bedürfnisse einzelner Schülerinnen und Schüler eingehen möchten, dann sind Strukturen notwendig, damit der Lernprozess der anderen Schüler nicht unterbrochen wird. Das ritualisierte und routinierte Kooperative Lernen bietet genau dies: Sicherheit und Orientierung für die Schüler und auch für die Unterrichtenden. Einzelgespräche oder vertiefende Erklärungen in Teilgruppen stören in erfahrenen Klassen gerade nicht das Lernen der anderen Schüler. Individualisierung im alltäglichen Klassenraum mit mehr als 20 Schülerinnen und Schülern wird so erleichtert.

In Klassen, die vor allem durch herkömmlichen Unterricht geprägt sind, erleben die Schüler die Differenzierung, das Einzel- oder Kleingruppengespräch mit dem Unterrichtenden demgegenüber nicht als Alltag. Unterrichtsstörungen treten meistens sofort auf, wenn der Lehrer nicht mehr vor der Klasse steht und sich einzelnen Schülern zuwendet.

4.6 Die wechselseitige Unterstützung der Schülerinnen und Schüler

In heterogenen Gruppen unterstützen sich die Schüler wechselseitig und können auf die Probleme und Lernschwierigkeiten ihrer Mitschüler eingehen und sie so individuell fördern. Denn die Schüler der gleichen Altersstufe haben mit hoher Wahrscheinlichkeit unterschiedliche Kompetenzen auf unterschiedlichen Niveaus. Und gerade deshalb können sie erfolgreich miteinander und voneinander lernen. Ein besonderer Vorteil dabei ist, dass ihre kognitiven Kompetenzen zwar unterschiedlich sind, aber dennoch relativ nahe beieinander liegen. Und Schüler lernen mitunter besser von denen, die ihren Problemen noch nahe sind, weil sie diese vielleicht gerade selbst überwunden haben, als von Lehrenden, die viel weiter entwickelte kognitive Kompetenzen haben. In frontalen Unterrichtsituationen sind alle Schüler in ihrer kognitiven Entwicklung weit hinter den Unterrichtenden zurück. Beim Kooperativen Lernen geschieht der individuelle Kompetenzerwerb immer auch in Kooperation mit Schülern, die sich in den Zonen der nächsten Entwicklung befinden.

Der Begriff der „Zonen der nächsten Entwicklung“ stammt von Lew Wygotski. In seiner Nachfolge geht die kognitiv orientierte Entwicklungstheorie davon aus, dass Lernen vor allem dann erfolgreich ist, wenn die Lerngegenstände so ausgewählt werden, dass sie sich in der „Zone der nächsten Entwicklung“ der Schüler befinden.[8] Dabei geht es um den Abstand zwischen der aktuellen Entwicklungsstufe, auf der ein Schüler selbstständig Probleme auf einem bestimmten Niveau lösen kann, und der nächsten Stufe, bei der ein Problem zunächst nur durch Nachahmung und Anleitung gelöst werden kann. Dieser Übergang in die nächste Zone ist der entscheidende Lernfortschritt, für den die Gruppe beim Kooperativen Lernen die optimale Voraussetzung bildet.

Eine weitere Möglichkeit der wechselseitigen Unterstützung ist, dass Gruppen, die ihre Aufgaben schneller als andere erledigt haben, als Tutoren der anderen Gruppen arbeiten. Wenn die erste Gruppe fertig ist, können sich ihre Mitglieder auf andere Gruppen, die noch nicht fertig sind, verteilen. Dabei ist allerdings wichtig, dass sie nicht einfach nur die Lösung mitteilen, sondern dass sie die Gruppe bei der Überwindung ihrer Schwierigkeiten unterstützen.[9]

4.7 Zusammenfassung

Kooperatives Lernen steht für eine Unterrichtskultur, in der der einzelne Schüler mehr individuelle Lerngelegenheiten bekommt, die Schüler sich gegenseitig beim Lernen unterstützen und der Klassenunterricht einen relativ hohen Stellenwert behält. Mit den Routinen und Abläufen des Kooperativen Lernens vertraute Schüler erwerben darüber hinaus die sozialen Voraussetzungen, um sich in Teilgruppen intensiv und konzentriert den jeweiligen Förderschwerpunkten zuzuwenden. Guter Unterricht, der die Förderung

[8] Vgl. Textor 2000.

[9] Dass durch den Einsatz der leistungsstärkeren Schüler als Tutoren die Leistungsunterschiede innerhalb einer Lerngruppe verringert werden, ist empirisch nachgewiesen (vgl. Kunze 2008, S. 20).

Achtung

Den Möglichkeiten der Individualisierung sind keine Grenzen gesetzt. Doch überfordern Sie sich nicht. Es gibt viele Konzepte zur individuellen Förderung, die die Schulen präsentieren, und viele Vorführstunden, in denen in hohem Maße differenziert wird. Aber wir wissen, dass dies im Unterrichtsalltag sehr schwer durchzuhalten ist. Denn Differenzierung heißt, mehrere Stunden für eine vorzubereiten – z. B. in Bezug auf das Material. Beschränken Sie sich am Anfang auf kleine Differenzierungsvorhaben und weiten sie diese im Rahmen Ihrer Möglichkeiten nach und nach aus. Kooperieren Sie im Kollegium und tauschen bewährte Materialien aus. Und wählen Sie auch immer wieder Methoden aus, mit denen Sie ohne großen Zusatzaufwand differenzieren können, wie z. B. das Lerntempoduett.

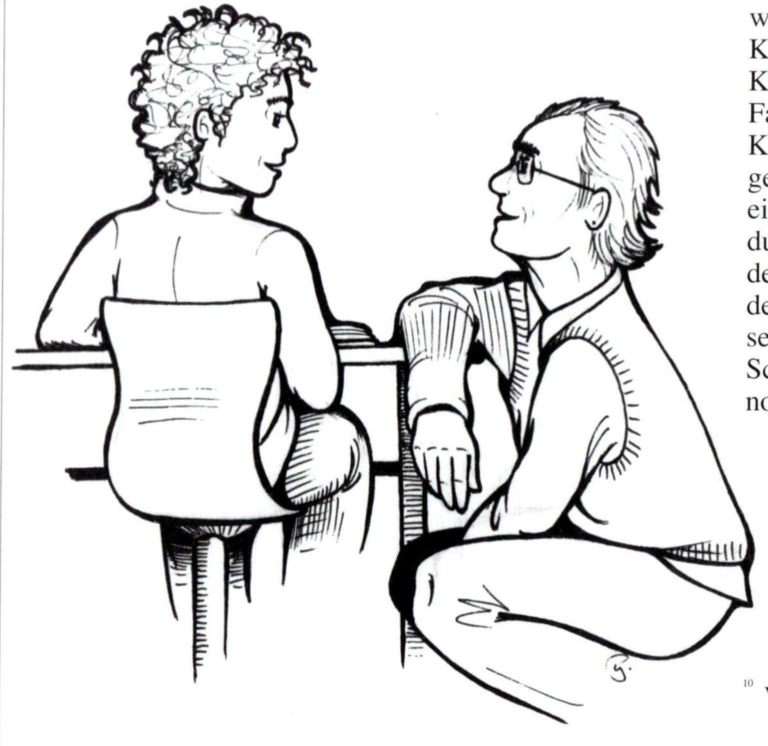

möglichst aller Schülerinnen und Schüler im Blick hat, besteht nach unserer Ansicht aus der gezielten Förderung einzelner Teilgruppen und aus Klassenunterricht in der Haltung des Kooperativen Lernens. Dies ist ein Beitrag zur Verbesserung des Unterrichts im Allgemeinen und ein Schritt hin zu verstärkter Individualisierung. Es ist innerhalb der gegenwärtigen Rahmenbedingungen in Schulen sehr gut umzusetzen und dennoch ausreichend flexibel, um auch unter verbesserten schulischen Rahmenbedingungen mehr Raum für die individuelle Förderung zu geben, ohne dass die bis dahin entwickelte Unterrichtskultur in kooperativen Schulen verändert werden müsste.

4.8 Perspektiven der Individualisierung

Martin Wellenreuther berichtet, dass die Lehrer in Neuseeland sehr erfolgreichen Leseunterricht durchführen. Dazu sind die Unterrichtsmaterialien in den Klassen nach Kompetenzstufen präzise eingeteilt. Hinzu kommt, dass die Schülerinnen und Schüler situativ in die oben beschriebenen leistungshomogenen Gruppen eingeteilt werden. In diesen Gruppen wird dann differenziert und gezielt das Lesen unterrichtet und gefördert. Manchmal arbeiten in Neuseeland auch zwei Lehrer in einer Klasse, um die Differenzierung sinnvoll durchführen zu können. Und wenn trotz der Förderung im Unterricht das Kind das Ziel „flüssiges Lesen" nicht im Klassenunterricht erreicht, so kümmern sich Fachkräfte an der Schule so lange um das Kind, bis die Defizite aufgeholt sind.[10] Hier geht die innere Differenzierung bei Bedarf in eine äußere Differenzierung und ganz individuelle Förderung über: Einzelne Schüler werden nicht mehr innerhalb des Klassenverbandes gefördert, sondern indem sie den Klassenverband verlassen. Hier wird sichtbar, wie Schulen sich entwickeln können, wenn sie die notwendigen Ressourcen bekommen.

[10] Vgl Wellenreuther 2004), S. 40

Ein Blick zurück

Individualisierung und Differenzierung durch Kooperatives Lernen

In diesem Kapitel haben Sie ...

- gesehen, wie Sie mit dem Kooperativen Lernen im Unterricht differenzieren können.
- vier Situationen der Differenzierung kennengelernt: Förderschwerpunkt, Kompetenzniveau, Lerntempo, Interesse. Alle vier Ausgangspunkte der Differenzierung sind im Kooperativen Lernen gut zu realisieren.
- erläutert bekommen, warum Sie im Kooperativen Unterricht mehr Freiräume haben, als im herkömmlichen Klassenunterricht. Diese Freiräume bieten immer wieder Gelegenheit, einzelne Schüler oder Kleingruppen im Lernprozess zu begleiten.
- erläutert bekommen, dass Differenzierung in Gruppen gleichsam automatisch stattfindet, da die Schülerinnen und Schüler sich in den Gruppen unterstützen können. In ähnlicher Weise sind Tutorenmodelle im Unterricht ein Weg, differenzierter auf die Bedürfnisse der Schülerinnen und Schüler zu reagieren.

5. Leistungsbewertung beim Kooperativen Lernen

In diesem Kapitel ...

- gehen wir auf die Problematik der Leistungsbewertung beim Kooperativen Lernen ein und unterscheiden dabei Leistungsmessung, Leistungsbeurteilung und Notengebung.
- weisen wir auf den Unterschied von Lern- und Prüfungssituationen hin.
- stellen wir Möglichkeiten zur Leistungsbewertung beim Kooperativen Lernen vor.
- gehen wir auf die Beurteilung der unterschiedlichen Kompetenzbereiche (kognitiv, methodisch, sozial-kommunikativ und personal) ein.

5.1 Einleitung

Die Notenfindung beim Kooperativen Lernen muss sich nicht zwangsläufig vom Vorgehen im herkömmlichen Unterricht unterscheiden. Es ist ohne Weiteres möglich, mit den bisherigen Instrumenten der Notengebung erfolgreich kooperativen Unterricht zu realisieren: Schriftliche Leistungsüberprüfungen, mündliche Mitarbeit im Unterricht, Heftführung, Lerntagebücher oder Portfolios, Präsentationen und Moderationen, Hausarbeiten oder Protokolle, Experimente oder szenische Darstellungen, alle diese Formen der Leistungsdokumentation haben auch beim Kooperativen Lernen ihren Platz.

Dass für viele Unterrichtende die Leistungsbeurteilung beim Kooperativen Lernen dennoch zunächst etwas ungewöhnlich erscheint, geht vermutlich darauf zurück, dass sich der traditionell relativ hohe Stellenwert der mündlichen Mitarbeit im kooperativen Klassenzimmer verändert. Im frontalen, meist fragendentwickelnden Unterricht kommt der mündlichen Mitarbeit eine hohe Bedeutung zu. Denn wenn nicht wenigstens einige Schüler mitdenken und -arbeiten, kommt jeder fragend-entwickelnde Unterricht zum Erliegen. Somit ist es nur folgerichtig, dass die mündliche Mitarbeit im herkömmlichen Unterricht neben den schriftlichen Leistungsüberprüfungen zum zentralen Maßstab der Leistungsbewertung und Notengebung geworden ist.

Beim Kooperativen Lernen geht die Bedeutung der mündlichen Mitarbeit im Plenum zurück. Denn die Schüler arbeiten immer wieder alleine, mit dem Partner oder in der Gruppe. Doch sie haben immer noch genügend Möglichkeiten zu zeigen, was sie in den Phasen der Einzel- und Gruppenarbeit gelernt haben: bei der Vorstellung von Ergebnissen, im Unterrichtsgespräch danach, bei schriftlichen oder mündlichen Tests oder auch bei der Führung ihres Heftes. Im Plenumsgespräch können die Schüler die vorgestellten Ergebnisse ergänzen, korrigieren oder beurteilen. Und nicht selten ist dieses Unterrichtsgespräch nach den Präsentationen besonders intensiv, da alle Schüler sich zuvor aktiv mit der Fragestellung auseinandergesetzt haben. Wer als Unterrichtender hier aufmerksam die Kommunikation beobachtet, findet weiterhin genügend Anhaltspunkte für die Beurteilung der mündlichen Mitarbeit.

Aber Lehrerinnen und Lehrer, die sich dem Kooperativen Lernen zuwenden und ihren Unterricht in diesem Sinne weiterentwickeln, stoßen bei der Leistungsbewertung auf weitere Fragen: Wie ist die Leistung in der Präsentationsphase zu bewerten, wenn sie doch im Wesentlichen aus der Kooperation erwächst? Wie bewerte ich die Leistung des Einzelnen in der Gruppe? Wie kann ich mündliche Mitarbeit bewerten, wenn ich die Schülerbeiträge nach Zufall einfordere?

5.2 Begriffliche Klärung

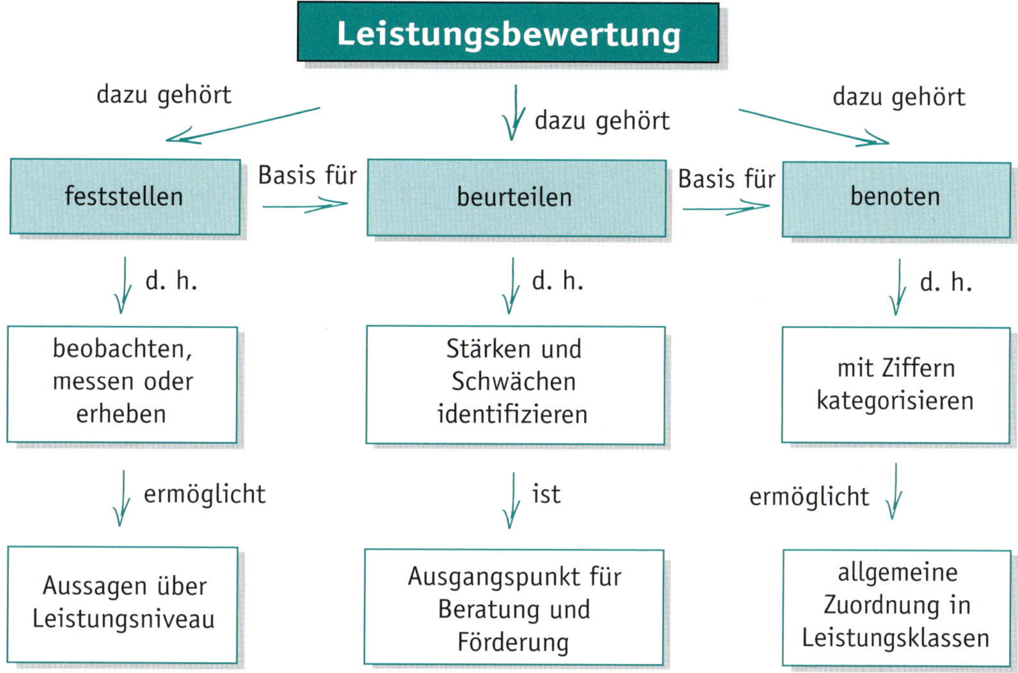

Bevor wir auf die Frage der Leistungsbewertung beim Kooperativen Lernen näher eingehen, ist aus unserer Sicht eine Klärung der unterschiedlichen Begriffe notwendig, die im Zusammenhang mit Leistungsbewertung gebraucht werden. Für uns ist es bedeutsam, die folgenden vier Begriffe deutlich zu trennen:

- **Leistungsmessung:** Hier geht es lediglich darum, Leistungen zu erheben oder zu beobachten. Ob diese Leistungen einen individuellen Fortschritt darstellen, mit Anstrengungen verbunden sind, in welchem Verhältnis sie zur Lerngruppe oder einer Sachnorm stehen, wird bei der Leistungsmessung noch nicht gesagt.
- **Leistungsbeurteilung:** Bei der Leistungsbeurteilung wird eine Aussage zur Qualität der erbrachten Leistung gemacht. Im Alltag geschieht dies immer, wenn den Schülern eine Rückmeldung zu ihren Beiträgen im Unterricht gegeben wird. In komplexeren Beurteilungssituationen wird die Leistung genauer beschrieben und auch in Beziehung zu Normen und Erwartungen gesetzt. Ein umfassender Kommentar unter einer Klassenarbeit bzw. Klausur oder das Ausfüllen eines Kriterienrasters gehört zum Beispiel in den Bereich der Leistungsbeurteilung. Aber auch die gezielte Beobachtung von Schülerverhalten und damit verbundenen Leistungen mit Hilfe von entsprechenden Beobachtungsbögen gehört in den Bereich der Leistungsbeurteilung. Die Leistungsbeobachtungen können sehr gut als Ausgangspunkt für Beratungsgespräche dienen. Differenzierte Beobachtungen erlauben eine genaue Diagnose des Leistungsvermögens und bieten gute Anhaltspunkte, das Lernen der Schüler individuell zu fördern (vgl. S. 118).
- **Notengebung:** Spätestens mit Eintritt in die 3. Jahrgangsstufe sind die Unterrichtenden an den meisten Schulen aufgefordert, die von den Schülerinnen und Schülern erbrachten Leistungen in Form einer Ziffernnote auszudrücken. Ist dies der Fall, sprechen wir von Notengebung. Nach unserer Definition muss die eigentliche Leistungsbeurteilung nicht zwingend mit der Notengebung verbunden sein, gleichwohl kann letztere nur auf Basis der Messung und Beurteilung erfolgen.
- **Leistungsbewertung:** Den gesamten Prozess nennen wir Leistungsbewertung. Sie beginnt mit der Beobachtung und führt dann über die Leistungsbeurteilung zur Benotung.

Alle vier Begriffe stehen in einem engen Beziehungsgefüge: Ohne Leistungsmessung oder -beobachtung kann keine Beurteilung erfolgen, und erst die Beurteilung erbrachter Leistungen erlaubt eine begründete Notengebung.[1]

[1] Bei der Lektüre der Ausführungen in diesem Kapitel sollten Sie die von uns vorgeschlagene Begrifflichkeit in Erinnerung behalten.

EXKURS

Zum Problem der Leistungsbenotung

Die Leistung im Unterricht angemessen zu erfassen, zu beurteilen und dann zu benoten erweist sich als ein sehr schwieriger und dennoch wichtiger Bereich des Unterrichts. Ohne hier die Diskussion und Ergebnisse der Forschung der vergangenen 30 Jahre auch nur annähernd abbilden zu können, sei auf zentrale Probleme hingewiesen:[2]

- Schon mit der eigentlichen *Messung* sind erhebliche Probleme verbunden. Nehmen wir beispielsweise eine Textaufgabe aus dem Fach Mathematik. Schwächen im Bereich der Lesekompetenz können dazu führen, dass einzelne Schüler die Problemstellung nicht angemessen erfassen. Die unzureichende Lösung dieser Schüler wird aber vielleicht als mathematische Schwäche gedeutet. Oder denken wir an umfangreiche Leistungsmessungen. Sie erlauben mitunter eher eine Aussage über die Konzentrationsfähigkeit als über den eigentlich in den Blick genommenen Leistungsbereich. Die für eine Beurteilung notwendige Messgenauigkeit stellt bereits das erste Problem im Bereich Leistungsbeurteilung dar.[3]
- Aber auch dann wenn die eigentliche Erhebung zuverlässig das erfasst, was der Unterrichtende in den Blick nehmen möchte, taucht als Nächstes die Frage nach der *Beurteilung* der erbrachten Leistungen auf. Was sind eigentlich angemessene Kriterien? Ist es sinnvoll, den individuellen Fortschritt zu beurteilen, die sachliche Richtigkeit vor dem Hintergrund zuvor festgelegter Kriterien, oder muss die Leistung in Relation zur Lerngruppe gesehen werden?
- Und wenn die zuvor differenziert ermittelten und beurteilten Leistungen in einer *Ziffernnote* gebündelt werden müssen, dann verschwinden diese qualitativen Aussagen zugunsten einer groben Einstufung in ein Ziffernsystem. Das, was der Lehrer bei der Beurteilung eigentlich leistet, wird von der Note verdeckt. Und im Alltag machen wir nicht selten die Erfahrung, dass es schwierig ist, eine inhaltliche Kommunikation über Leistungen zu führen und Gehör für sachliche Rückmeldungen zu finden, wenn die Zensuren selber im Mittelpunkt des Schülerinteresses stehen.[4]
- Hinzu kommt, dass es aus wissenschaftlicher Sicht sehr fraglich ist, ob die Notengebung überhaupt die vielfältigen, ihr zugewiesenen Funktionen zu erfüllen vermag. So ist zum Beispiel hinsichtlich der Motivierungsfunktion unbestritten, dass Schüler auch „ohne Noten motiviert" arbeiten können und im Umkehrschluss ein Teil der Schüler trotz Notendruck wenig Anstrengungsbereitschaft zeigen. Auch sind Noten keine wirklich genauen Maßzahlen für Leistungen. Das wissen wir spätestens durch die umfangreichen Arbeiten von Karlheinz Ingenkamp. Er konnte nachweisen, dass gleiche Leistungen durch Lehrerinnen und Lehrer in erheblichem Maße unterschiedlich beurteilt und bewertet werden.[5]
- An anderer Stelle haben wir deutlich gemacht (vgl. S. 146), dass eine Orientierung bei der Notengebung am Klassendurchschnitt auch beim Kooperativen Lernen sehr problematisch ist. Sie fördert im Grunde eine Konkurrenzorientierung. Schon in der Grundschule verinnerlichen viele Schüler eine Haltung, die sich am Leistungsvermögen der anderen Schüler orientiert. Dabei ist es dann notwendig, dass andere Schüler schwächer sind, damit sie selber in Relation zu ihnen gute Leistungen erzielen können. Sich gegenseitig zu unterstützen, kann dann nicht unbedingt das Ziel der gesamten Klasse sein, sondern ist vielleicht beschränkt auf enge Freunde.

Trotz der skizzierten Probleme gilt, dass die Wahrnehmung und Beurteilung der Leistung ein unabdingbarer Aspekt im Lernprozess ist. Jeder Lerner, der seinen Lernfortschritt selber steuern soll, ist darauf angewiesen, dass er eine Rückmeldung über seine Leistungen erhält oder sie selber zu beurteilen versteht. Nur so kann ein Schüler sein Verhalten entsprechend anpassen. Aber durch die fast an jeder Schule verpflichtende Notengebung gerät diese differenzierte Leistungsrückmeldung häufig aus dem Blick. Wir sind uns sehr wohl bewusst, dass hier viele Widersprüche auftauchen. Was aus schulrechtlicher Sicht verlangt wird, deckt sich häufig nicht mit pädagogischen Notwendigkeiten. Da die Notengebung aber von uns Unterrichtenden verlangt wird und mit ihr grundsätzliche Lebenschancen unserer Schülerinnen und Schüler verbunden sind, möchten wir sie nicht aus dem Blick verlieren. Denn trotz der skizzierten Unzulänglichkeiten müssen wir mit der Notengebung so umgehen, dass sie dem Lernen und der Entwicklung unserer Schülerinnen und Schüler möglichst wenig im Wege steht.

[2] Die Darstellung der Probleme geht zurück auf Winter 2008, S. 33-67.

[3] Vgl. auch den knappen Überblick bei Paradies/Wester/Greving 2005, S. 34ff.

[4] Vgl. Winter 2008, S. 66f.

[5] Vgl. Winter 2008, S. 40.

5.3 Die kognitiven Leistungen beim Kooperativen Lernen bewerten

Wenn man die Leistung der Schülerinnen und Schüler beim Kooperativen Lernen bewerten will, dann muss man zwischen dem unterscheiden, was die Schüler in der Einzelarbeit, in der Gruppenarbeit und im Plenum leisten. Es kann nicht immer alles auch bewertet werden; das wäre auch nicht wünschenswert. Der Lehrer muss sich bei der Planung des Unterrichts entscheiden, in welchen Phasen er die Leistung bewerten will, und dies den Schülern mitteilen. Er hat drei Möglichkeiten, die sich nicht ausschließen:

Die Leistungen der Schülerinnen und Schüler können in der ...

- Einzelarbeitsphase
- Kooperationsphase
- Präsentationsphase

bewertet werden.

Wenn man sich entscheidet, die Leistung in einem oder mehrerer dieser Bereiche zu bewerten, muss man sich bewusst sein, dass dann aus einer Lernsituation eine Prüfungssituation wird.

5.3.1 Lern- und Prüfungssituationen

Die Trennung dieser beiden Situationen geht ursprünglich auf den Lernforscher Franz E. Weinert zurück.[6] Demnach sind Lernsituationen auf die Erarbeitung eines Sachbereichs oder Problemzusammenhangs gerichtet. Prüfungssituationen hingegen erfordern, dass man über das zuvor Erarbeitete verfügt. Während zum Beispiel der Fehler in der Prüfungssituation zu vermeiden ist, kann er in der Lernsituation produktiv und damit ein Erkenntnismittel sein. Fehler oder unterschiedliche Sichtweisen und Lösungsansätze, die Äußerung, etwas nicht verstanden zu haben, all das sind in der Kooperation willkommene Anlässe zum Nachdenken und Diskutieren. Es führt ja gerade zu einem vertieften Durchdringen der Inhalte. Diese fruchtbaren Momente im Bildungsprozess machen einen Teil der Stärke des Kooperativen Lernens aus. Folgt man Weinert, so braucht erfolgreicher Unterricht beides, und zwar im Bewusstsein der Schüler möglichst separiert: viele entspannte Gelegenheiten zum intensiven Lernen und genügend anspruchsvolle Prüfungssituationen.[7]

Der herkömmliche Unterricht ist aber allzu oft eine einzige Prüfungssituation: Neben schriftlichen Leistungsüberprüfungen werden in der Schule auch die mündlichen Beiträge, die Mitarbeit und das Engagement in die Note miteinbezogen. Auf den ersten Blick ist in diesen Bereichen der Prüfungscharakter nicht offensichtlich. Wenn aber jede Schüleraktivität und jede Äußerung bewertet werden und in die Note eingehen, dann fühlt der Schüler sich ständig in einer Prüfungssituation. Dass der Unterricht aber auch Lernsituationen braucht, wird in der Tabelle auf der folgenden Seite klar.

5.3.2 Die Leistungen der Einzelarbeit bewerten

Wenn Sie sich ein Bild darüber verschaffen möchten, was der Einzelne mit in die Gruppe eingebracht hat, dann gibt es z. B. folgende Möglichkeiten. Sie können beim Placemat-Verfahren oder der Gruppenanalyse[8] die Beiträge der Einzelnen namentlich kennzeichnen lassen, am Ende einsammeln und bewerten.

Alle Aufzeichnungen, die die Schüler in der Phase der Einzelarbeit anfertigen, können Sie zum Gegenstand der Leistungsbeurteilung und Benotung machen. Bei entsprechender Heftführung können Sie diese auch in Beziehung zu den Ergänzungen aus der Gruppenarbeit setzen. Sie können dann sehen, was der Einzelne anfänglich leisten und zur Kooperation beitragen konnte.

[6] Weinert (1999, S. 33) spricht von Lern- und Leistungssituation. Das ist nach unserer Auffassung aber nicht konsequent, denn in jeder Lernsituation erzielen die Schüler eine Leistung. Sie bekommt jedoch nicht automatisch den Charakter einer Leistungsfeststellung mit dem Ziel der Notengebung (vgl. Winter 2008, S. 35). Meyer (2004, S. 118) bezeichnet Prüfungssituationen als „Leistungskontrolle", meint aber dasselbe.

[7] Meyer (2004, S. 118) äußert sich ähnlich: Auch er fordert eine Entmischung von Phasen der Leistungskontrolle und reinen Lern- und Arbeitsphasen.

[8] Vgl. die Darstellung im ersten Band auf S. 94ff.

Unterscheidung von Lern- und Prüfungssituationen

Kategorie	Lernsituation	Prüfungssituation
Ziel des Lernenden	Neues lernen, Wissenslücken schließen, unklar Gebliebenes verstehen	Erfolge erzielen, Misserfolge vermeiden
Funktion im Unterricht	Erarbeitung eines Sach- und Problemzusammenhangs, Strategien werden erkundet	Nachweis, dass über die in der Lernsituation erarbeiteten Kompetenzen, Strategien und Wissensbestände verfügt wird.
Umgang mit Fehlern	Fehler können produktiv und ein Erkenntnismittel sein.	angestrebt wird Richtigkeit
Beurteilung	Wenn Benotung, dann die Benotung der Anstrengung, zu lernen, Probleme zu lösen, sich mit anderen auseinanderzusetzen.	Gegenstand der Beurteilung ist die erbrachte Leistung, gemessen am Erwartungshorizont, das Urteil drückt sich in einer Note aus.
Aufgabentypen	Die Lehrperson wählt Aufgaben funktional aus für den Erwerb neuer Kompetenzen.	Die Lehrperson orientiert sich an den vorgeschriebenen Aufgabentypen.
Aufgaben	Sie sind durch den je spezifischen Kontext einer Unterrichtsstunde bestimmt, sind auf kommunikative Weiterverarbeitung angelegt, ermöglichen individuellen und kollektiven Konstruktionsprozess, Teilprozesse werden stärker fokussiert.	Sie sind durch die Abfolge der Anforderungsniveaus bestimmt, der einzelne Lerner muss die Aufgabe ohne kooperative Unterstützung bewältigen, nur ein individueller Konstruktionsprozess ist möglich, Kompetenzen für einen Gesamtprozess werden verlangt.
Kommunikative Bedingungen	Aktualisierung und Austausch vielfältiger Perspektiven in der Unterrichtskommunikation	Einzelarbeit ohne Anschlusskommunikation
Begründung	lerntheoretisch begründet (konstruktivistisch)	institutionell begründet
Bedeutsame Kompetenzen	umfassen darüber hinaus auch die nicht messbaren Bereiche sozialer Kompetenzen und der Persönlichkeitsentwicklung	Orientierung an Standards – Bedeutung haben vor allem fachliche und methodische Kompetenzen

5.3.3 Die Leistungen der Kooperationsphase bewerten

Wenn Sie einen Einblick in die fachlichen Leistungen während der Kooperation bekommen möchten, dann schlagen wir vor, in einer Stunde jeweils eine Gruppe gezielt zu beobachten. Sehr hilfreich ist es hier, einen vorbereiteten Beobachtungsbogen zur Hand zu nehmen, sich an einen Tisch zu setzen und die Gruppenmitglieder genau zu beobachten (vgl. S. 128). Wenn Sie hier etwas Übung haben, können Sie im Verlaufe eines Schuljahres sehr differenzierte Aussagen zur Leistungsfähigkeit der Schülerinnen und Schüler bekommen.

Hilfreich ist es, die eigenen Beobachtungen mit den Leistungsbeurteilungen der Gruppenmitglieder selber in Beziehung zu setzen. Denn es ist nicht selten, dass eher zurückhaltende Schülerinnen und Schüler in unbeobachteten Kooperationsphasen sehr aktiv sind. In dem Moment, wo sie aber vom Lehrer beobachtet werden, bringen sich diese Schüler kaum noch ein.

5.3.4 Die Leistungen der Präsentationsphase bewerten

Nach Abschluss der Kooperationsphase, in der die Schüler mit gegenseitiger Unterstützung ihr Wissen weiter ausgebaut haben, kann der Lernzuwachs und die Leistung individuell abgefragt werden - mündlich oder schriftlich. Das ist grundsätzlich in allen bekannten und im Unterricht verbreiteten Formen möglich. Sie sollten aber bedenken, dass auch die Präsentationsphasen mehr sind als eine Möglichkeit zur Leistungsbeurteilung und Notenfindung. Gerade wenn es darum geht, aufgrund unterschiedlicher Gruppenergebnisse mit Hilfe einer weiteren Lernschleife (vgl. S. 138f.) den Unterrichtsgegenstand tiefer zu durchdringen, kann die Benotung einzelne Schüler davon abhalten, widersprüchliche Ergebnisse vorzustellen.

Beobachtung der fachlichen Leistungen in der Kooperationsphase im Fach: ....

Datum: .... Stunde: .... Beobachtungsdauer: ....

Schülernamen ▶ ▼ Leistungsbereiche				
Die fachlichen Beiträge sind richtig.				
Der Schüler kann zentrale Inhalte benennen oder in anderen Beiträgen erkennen.				
Lösungen oder Vorschläge anderer Gruppenmitglieder werden aufgegriffen und bedacht.				
Der Schüler kann Zwischen- oder Endergebnisse formulieren.				
Der Schüler formuliert Zusammenhänge zu vorherigen Unterrichtsinhalten.				
Der Schüler bleibt beim Thema, lässt sich nicht ablenken.				
Fachspezifische Arbeitsmittel (Wörterbücher, Formelsammlung) werden genutzt.				
Anmerkungen:				

5.4 Schüler benoten ihre Leistungen wechselseitig

5.4.1 Gruppenpunkte aufteilen - Schüler benoten ihre Leistungen wechselseitig

Es ist bereits zur Sprache gekommen, dass die Beurteilung der Einzelleistungen während der Kooperation durch die Schüler eine wichtige Rückmeldung für die Unterrichtenden darstellen kann. Vor diesem Hintergrund wird mitunter vorgeschlagen,[9] dass die Schüler einer Gruppe sich auch selbst benoten. Dazu wird aber ausgehend von einer Gesamtnote des Fachlehrers eine Verteilung der Notenpunkte in der Gruppe vorgenommen.

Benotet der Fachlehrer beispielsweise eine Präsentation am Ende eines Kleingruppenprojektes mit der Note 3, dann entspricht es häufig nicht den Leistungen, wenn alle vier Gruppenmitglieder diese Note bekommen. Schüler die viel geleistet haben, werden nicht ausreichend gewürdigt, andere hingegen zu gut bewertet. Daher vergibt der Unterrichtende für das Ergebnis oder Produkt am Ende eines Lern- und Arbeitsprozesses eine gemeinsame Note. Die Gruppenmitglieder multiplizieren dann die Punkte mit der Anzahl der Gruppenmitglieder. Bekommt eine Gruppe vom Fachlehrer zum Beispiel eine 3+, d.h. 9 Punkte, dann werden diese in einer Vierer-Gruppe mit 4 multipliziert. Diese 36 Punkte werden jetzt in der Gruppe verteilt – je nach dem Anteil, den die Einzelnen am Ergebnis hatten (vgl. Übersicht S. 130). So kann einer 11 Punkte bekommen und der andere nur 7.

Dieses Vorgehen wird von vielen Schülern begrüßt. Denn sie haben meist ein sehr genaues Bewusstsein davon, wer welchen Beitrag bei der Erstellung des Gruppenergebnisses geleistet hat. Es hat aber auch seine negativen Seiten, da hier mitunter einer Konkurrenzorientierung Vorschub geleistet wird. Das Verfahren sollte deshalb sorgfältig mit den Schülerinnen und Schülern im Vorfeld besprochen und am Ende reflektiert werden.

5.4.2 Noten geben mit Kriterienrastern

Beurteilungsraster für die Benotung können vom Lehrer entwickelt werden; Schüler können dies aber auch selbst tun, wenn sie ein Modell für die zu erreichende Leistung bekommen haben.[10] Denn Schülern fällt es

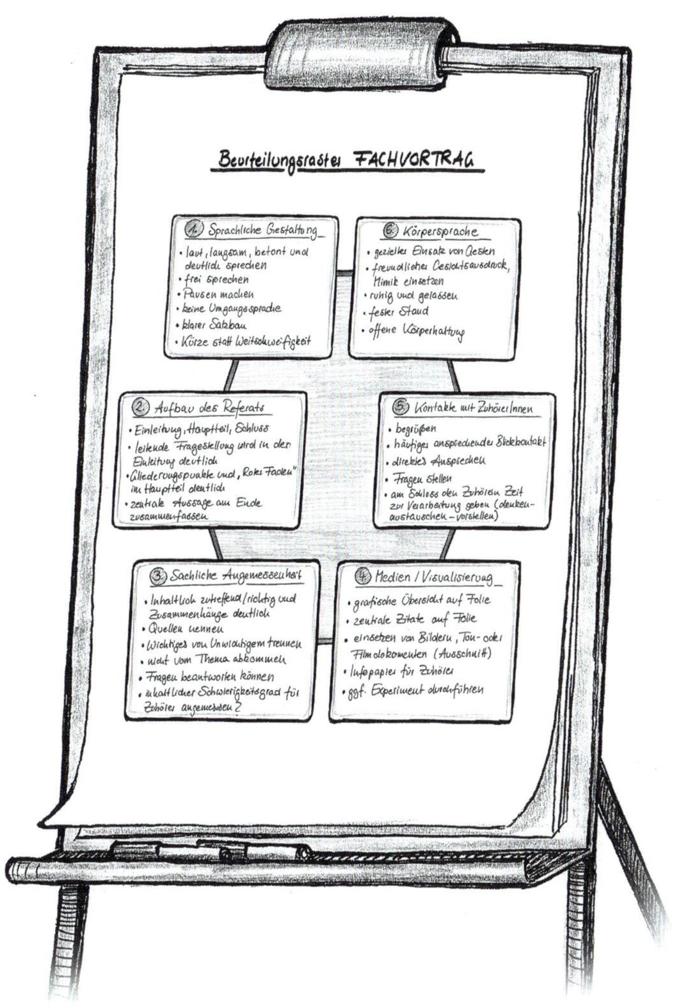

leichter, Standards umzusetzen, die sie selber entwickelt haben, als solche, die von außen vorgegeben werden. Vor diesem Hintergrund können Schüler selbstständig, aber moderiert durch den Lehrer, die Leistungskriterien entwickeln. Praktisch kann dies geschehen, indem die Schüler in einer Einzelarbeitsphase zunächst auf große Karten schreiben, was zu einem guten Vortrag oder einer guten Heftführung gehört. Anschließend kategorisieren sie die gefundenen Indikatoren und suchen entsprechende Oberbegriffe (vgl. S. 64f.). In dieser Phase werden zentrale Standards formuliert, deren Umsetzung die Schüler leisten sollen. Gleichzeitig erlaubt die Identifikation der einzelnen Aspekte, den Unterricht zielgerichtet und transparent zu gestalten. Dies wiederum ist zwingend notwendig, um die angestrebte Evaluationskompetenz der Lernenden zu fördern.

[9] Vgl. Druyen 2008, S. 109.

[10] Dieses Verfahren wird ausführlich dargestellt in Brüning/Saum 2007, S. 107ff.

Übersicht

Gruppenpunkte aufteilen - Schüler benoten ihre Leistungen wechselseitig

1. Schritt: Notenmitteilung

Der Lehrer teilt der Gruppe die Notenpunkte für die vorgestellte Leistung mit. Er begründet seine Notengebung. Die Leistungsbeurteilung sollte vor dem Hintergrund zuvor formulierter oder bekannter Kriterien erfolgen. Der Lehrer teilt mit, wie viele Punkte die Gruppe insgesamt bekommt und fordert sie auf, diese an die Gruppenmitglieder zu verteilen.

2. Schritt: Einzelarbeit

Jeder Schüler überlegt zunächst, wie viele Punkte er selber beansprucht und teilt auch jedem Gruppenmitglied entsprechend die Notenpunkte zu. Dazu überlegt er, welche Leistungen jeder Schüler in der Gruppe eingebracht hat.

3. Schritt: Austausch

1. Zunächst stellen alle Schüler ihre Vorschläge und Begründungen im Uhrzeigersinn vor. An dieser Stelle wird noch nicht diskutiert oder kommentiert.
2. Erst im nächsten Schritt darf jeder Schüler aus seiner Sicht Position beziehen. Dazu kann eine freie Diskussion gewählt werden. Denkbar ist aber auch, hier mit Redekärtchen zu arbeiten, damit die Diskussion ausgeglichen geführt wird.

4. Schritt: Vorstellen

Grundsätzlich gibt es zwei Möglichkeiten, die Ergebnisse aus der Kooperationsphase vorzustellen.

a. *In der Klasse:* In der Klasse stellt jede Gruppe ihre Notenverteilung vor. In diesem Fall erfahren alle Gruppen voneinander, wie die anderen vorgegangen sind. Nicht selten werden hier durchaus strenge Maßstäbe und ein insgesamt sehr umsichtiger Umgang mit den Noten deutlich. Gruppen, die weniger sorgfältig vorgegangen sind, werden angeregt, im nächsten Durchgang genauer zu sein.

b. *Im Gespräch mit dem Lehrer:* Die Schüler bekommen einen Auftrag, den sie in Stillarbeit erledigen sollen. Während dieser Zeit gehen die Gruppen nacheinander zum Unterrichtenden, der zum Beispiel bei offener Tür vor dem Klassenraum sitzt. Sie stellen ihm ihre Notenvorschläge vor und diskutieren sie ggf.

Nach bisheriger Erfahrung können die Schüler aller Jahrgangsstufen differenzierte Indikatoren im Bereich sozial-kommunikativer aber häufig auch methodischer Kompetenzen zusammentragen und gelangen immer zu einem umfassenden Kriterienraster. Das fertige Bewertungsraster kann in der Klasse aufgehängt werden. Es sollte aber auch für alle Schüler vervielfältigt werden und dient als Grundlage für die Evaluation der erbrachten Leistungen. Diese können mit Hilfe der Kriterien sowohl vom Unterrichtenden, aber auch von Schülern beurteilt werden. In kooperativen Verfahren haben die Schüler also dadurch eine Grundlage, mit der sie sich gegenseitig bewerten können.

Die vielfältigen Anforderungen im Unterricht machen es schon aus zeitlichen Gründen unmöglich, immer gemeinsam mit den Schülerinnen und Schülern Kompetenzraster zu entwickeln. Und wenn es um die fachlichen Anforderungen geht, dann ist es vielfach nicht leicht, diese gemeinsam mit den Schülern zu formulieren. Dann bietet es sich an, die Kriterienraster vorzugeben. Darin werden die erwarteten Leistungen möglichst genau beschrieben. Die Schüler wissen so im Voraus, was von ihnen erwartet wird, wenn sie eine bestimmte Note erreichen möchten.[11] Aber auch vom Unterrichtenden vorgegebene Raster sind gleichwohl sehr geeignet, den Lernfortschritt der Schülerinnen und Schüler zu fördern. Denn es ergeben sich intensivere Auseinandersetzungen über die Lösung einer Aufgabe, wenn diese mit dem Bewertungsraster von einem Partner beurteilt wird. Die gegenseitige Rückmeldung geschieht hier vor dem Hintergrund von Ansprüchen, die für den Lernerfolg bedeutsam sind. Gleichzeitig bleiben die Schülerinnen und Schüler mit ihrem Produkt nicht alleine, sondern bekommen ein distanziertes Urteil von einem Mitschüler. Dieses Vorgehen – im Unterricht häufig angewendet – steigert deutlich den Erfolg der Schüler. Der einzelne Unterrichtende kann so viele individuelle Rückmeldungen, schon aufgrund der Fülle von Schülerarbeiten, kaum leisten.

5.4.3 Soziale und kommunikative Leistungen bewerten

In der Phase der Kooperation leisten nicht alle Schüler gleich viel. Die einen halten sich eher zurück, erklären wenig oder stören vielleicht sogar. Daher ist es unabdingbar, die Kooperationsphase immer wieder zum Gegenstand intensiver Reflexion zu machen.

In dem sozial-kommunikativen Kompetenzbereich lassen sich aber keine Produkte bewerten. Hier kann nur der Prozess der Kooperation selbst in den Blick genommen werden. Daher ist es notwendig, die Schülerinnen und Schüler während der Kooperation zu beobachten. Nur so können wir einen Eindruck ihrer kommunikativen und sozialen Fähigkeiten gewinnen. Hilfreich sind zudem Instrumente zur Selbst- und Fremdbewertung.[12] Die Schüler beurteilen dabei die sozialen Fähigkeiten und die ihrer Gruppenmitglieder. Vor allem die Beurteilungen der Schüler können der Lehrperson als Ergänzung dienen. Schüler, die bei Anwesenheit des Lehrers verstummen, tragen nicht selten in der Kleingruppe zum Gelingen der Kooperation bei. Dies wird mitunter erst dann deutlich, wenn die Schülerinnen und Schüler ihre Kooperationsfähigkeit wechselseitig beurteilen. Gleiches gilt im Übrigen umgekehrt auch für solche Schüler, die meist dann auffällig mitarbeiten, wenn der beobachtende Blick des Lehrers durch die Klasse schweift.

Störungen im sozialen Miteinander in der Kleingruppe können kaum vom Unterrichtenden beobachtet werden, da Konflikte bei einer offenen Beobachtung meist unterdrückt werden. Lehrerinnen und Lehrer, die hier die Kompetenzen ihrer Schüler fördern möchten, sind auf eine Reflexion und Rückmeldung aus den Gruppen angewiesen. Aus diesen Beurteilungen immer eine Einzelnote zu bilden, erscheint aber eher problematisch. Denn die Schüler würden in diesem Fall, immer die Notengebung vor Augen, kaum noch selbstkritisch miteinander umgehen.

Erweiterter Leistungsbegriff

Gegenwärtig wird davon ausgegangen, dass die Leistungen der Schüler unter einem erweiterten Lernbegriff zu fassen sind. Dazu verweisen sowohl die Richtlinien als auch die einschlägige Fachliteratur auf vier Dimensionen des Lern- und Leistungsbegriffs. Demnach gilt es zu unterscheiden: 1. inhaltlich-fachliche, 2. methodisch-strategische, 3. sozial-kommunikative und 4. personale Lernbereiche.[13]

Diese Lernbereiche und das jeweilige Leistungsniveau zu beurteilen, ist für viele Lehrerinnen und Lehrer nichts grundsätzlich Neues. Sofern jedoch keine Möglichkeiten bestehen, die Leistungen in den einzelnen Kompetenzbereichen getrennt auszuweisen, verschmelzen notwendigerweise die Leistungen der Schüler, die sie in den einzelnen Kompetenzbereichen erbracht haben, in eine meist fachlich gebundene Ziffernote. Weniger gute kognitive Leistungen würden in diesem Fall vielleicht durch hervorragende kommunikative und soziale Kompetenzen ausgeglichen. Die Aussagekraft der Note selber, wird – ohne Erläuterungen – dadurch sicher nicht präziser. Die Leistungen der Schülerinnen und Schüler in einzelnen Kompetenzbereichen aber nicht zu berücksichtigen, macht die Ziffernote auch nicht gerechter. Und wenn die nicht kognitiven Leistungen keinen Einfluss auf die Note haben, dann wird sich die Motivation vieler Schüler in diesen Bereichen schwächen. Mit Lernentwicklungsberichten aber auch Noten für das Arbeits- und Sozialverhalten soll diesem Dilemma entgegengewirkt werden.

[11] In Paradies/Wester/Greving (2005, S. 107-179) finden Sie viele Beurteilungsraster als Kopiervorlagen, die auch für den Fachunterricht geeignet sind. Sie können als Ausgangspunkt und Vorbild für den eigenen Unterricht dienen.

[12] Vgl. Bd. 1, S. 152.

[13] So zum Beispiel in Winter 2008, S. 141; Bernhart/Bernhart 2007, S. 42; und Paradies/Wester/Greving 2005, S. 43f.

5.5 Ausblick

Nehmen wir an, Ihre Schülerinnen und Schüler im 5. Jahrgang beschäftigen sich gegenwärtig mit dem Thema „Märchen“. Dazu erstellen sie ein Portfolio, für das es Pflicht- und Wahlaufgaben gibt. Sowohl die Leistungen, die in der Schule erbracht werden, als auch die häuslichen Leistungen gehen darin ein. Dieses Portfolio können Sie einsammeln, untersuchen und beurteilen und dann auch zur Notengebung verwenden. Sinnvoll ist es, wenn die Schüler zuvor Gelegenheit bekommen, das Portfolio von einem anderen Schüler anhand eines Kriterienrasters beurteilen zu lassen, um es dann noch einmal zu überarbeiten. Dieses Kriterienraster kann die Klasse nach unserer Erfahrung bereits gemeinsam mit dem Lehrer entwickeln.

In diesem Vorgehen werden viele der hier vorgestellten Möglichkeiten zur Leistungsbewertung angewandt. Hier wird nachvollziehbar, wie das Kooperative Lernen durch die Formulierung gemeinsamer Standards[14] und darauf basierender Rückmeldungen durch die Mitschüler zur Leistungssteigerung beitragen kann.

[14] Vgl. auch Brüning 2003, S. 32.

Ein Blick zurück

Leistungsbewertung beim Kooperativen Lernen

In diesem Kapitel haben Sie ...

- Leistungsmessung, Leistungsbeurteilung, Notengebung als die drei Bereiche der Leistungsbewertung kennengelernt, und erfahren, dass sie begrifflich und in der Praxis zu unterscheiden sind.
- erfahren, dass die Leistungen der Schüler in allen drei Phasen des Kooperativen Lernens Gegenstand der Bewertung sein können, Lern- und Prüfungssituationen aber stets bewusst getrennt werden müssen.
- Hinweise auf Möglichkeiten zur Leistungsbeurteilung und Benotung beim Kooperativen Lernen dargestellt bekommen.
- Hinweise bekommen, wie die Ideen zur Beurteilung von Leistungen in Zusammenarbeit mit den Schülerinnen und Schülern erfolgen kann.

6. Zur Rolle der Unterrichtenden beim Kooperativen Lernen

In diesem Kapitel ...

- machen wir Vorschläge, wie Sie sich während der einzelnen Unterrichtsphasen verhalten können, damit der Lernerfolg gefördert wird.
- betonen wir noch einmal, dass dem Arbeitsauftrag und seinem Verständnis eine besondere Rolle hinsichtlich gelingender Lernprozesse zukommt.
- begründen wir, warum eine Zurückhaltung während der Kooperationsphase in den meisten Unterrichtssituationen sinnvoll ist.
- geben wir Anregungen, wie Lehrerinnen und Lehrer zu positivem Verhalten beim Kooperativen Lernen anregen können, zeigen aber auch auf, wie auf Unterrichtsstörungen reagiert werden kann.

6.1 Einführung

Beim Kooperativen Lernen ändert sich die Rolle des Unterrichtenden. Er muss sich nicht mehr in jeder Phase des Unterrichts darauf konzentrieren, das fragend-entwickelnde Gespräch zu leiten und zu den gewünschten Ergebnissen zu führen, sowie auf jeden Fehler zu reagieren und ihn zu verbessern. Der Lehrer gibt den Schülern im Rahmen der Struktur der Methode gewisse Freiräume. In diesen können sie ihre eigenen Lernwege gehen. Sie übernehmen so mehr Verantwortung für ihr Lernen und für das ihrer Gruppenmitglieder. Die Gruppe bekommt eine gewisse Autonomie, um ihr Lernen selbst zu steuern.

Diese neue Rolle des Lehrers kommt der Qualität des Unterrichts zugute. Denn die Unterrichtenden können ihre Aufmerksamkeit auf die Beobachtung und Betreuung der Schüler richten. Sie können stärker die Rolle des Lernbegleiters und Unterrichtsmoderators übernehmen. Neben der Begleitung der individuellen und kooperativen Arbeitsphasen muss der Lehrer aber auch an den Gelenkstellen des Unterrichts den Lernprozess auf den Weg bringen oder die Ergebnisse sammeln und sichern. Er muss entscheiden, ob eine Lernschleife eingefügt werden sollte oder eine unmittelbare Sicherung an der Tafel ausreichend ist. Unterrichtsstörungen während der Einzelarbeit verlangen genauso sein Handeln wie Schülerfragen in Kooperationsphasen. Kurz: Auch wenn das Kooperative Lernen von den Unterrichtenden als weniger anstrengend erlebt wird,[1] verlangt es doch ein professionelles Lehrerhandeln. Die folgenden Hinweise dazu sind aus unserer eigenen Praxis und aus den Rückmeldungen während der Fortbildungen erwachsen und vor dem Hintergrund der Ergebnisse der Lehr-Lernforschung reflektiert.[2] Diese Hinweise in das eigene Handlungswissen und in die eigenen Routinen zu integrieren, macht den Unterricht erfahrungsgemäß erheblich einfacher.

6.2 Bevor die Schüler mit der Arbeit beginnen

Undeutliche oder unverstandene Arbeitsaufträge sind einer der Hauptgründe für das Scheitern der anschließenden Arbeitsphasen. Und sie sind nicht selten Ausgangspunkt von Unterrichtsstörungen. Klare und von den Schülern verstandene Aufgabenstellungen sind also unverzichtbar.

Was hat sich bewährt?

- Sammeln Sie sich innerlich. Stellen Sie sich ruhig und fest vor die Klasse. Suchen Sie Blickkontakt mit den Schülern.
- Erteilen Sie die Arbeitsaufträge immer erst dann, wenn die Schüler ganz ruhig sind. Achten Sie darauf, dass in dem Moment niemand mehr seine Hefte sortiert oder in der Tasche nach Dingen sucht. Wenn Sie ein Ruhezeichen vereinbart und eingeführt haben, nutzen Sie es konsequent.
- Erteilen Sie Arbeitsaufträge möglichst schriftlich. Dann können die Schüler sich auch noch während der Arbeit den genauen Wortlaut in Erinnerung rufen.
- Erteilen Sie die Aufträge immer vom selben Ort im Klassenzimmer aus. Überlegen Sie einmal, vielleicht machen Sie das schon längst. Viele Schüler spüren dann deutlich, dass Sie gleich einen Auftrag erteilen möchten, obwohl Sie noch nichts gesagt haben.
- Vereinbaren Sie, dass Sie immer erst den gesamten Auftrag erläutern, bevor die Schüler notwendige Dinge aus ihren Taschen holen, Bücher aufschlagen oder Stifte hervornehmen.

Link

Vielleicht lesen Sie noch einmal unsere Hinweise zu Formulierung und Erteilung von Arbeitsaufträgen in Bd. 1, S. 159-162. Dort haben wir ausführlich vorgestellt, worauf Sie bei der Erteilung von Arbeitsaufträgen achten sollten, damit die Schülerinnen und Schüler ohne Unsicherheiten den Lernprozess beginnen können.

6.3 Herausforderungen der Einzelarbeit

Die Einzelarbeit ist die Sozialform, die im Unterricht schon immer eingesetzt wird. Ihre Anleitung bereitet den Unterrichtenden in der Regel kaum Probleme. Dennoch ergeben sich bei der Umstellung des Unterrichts mitunter bei den Schülern Unsicherheiten, auf die der Unterrichtende angemessen reagieren muss. Vielleicht glauben die Schülerinnen und Schüler, wenn Sie Gruppentische stellen lassen, dass jetzt ein eher entspannter Unterricht beginnt. Oder die Schüler denken, dass sie jetzt immer miteinander sprechen könnten. Dies ist aber genau nicht der Fall.

[1] Vgl. Wahl 2006, S. 172.

[2] Vgl. Helmke 2007, S. 48.

Was hat sich bewährt?

- Achten Sie daher darauf, dass in dieser Phase jeder alleine arbeitet. Wenn Schüler miteinander sprechen, gehen Sie hin und fragen leise, was sie zu besprechen haben.
- Verhalten Sie sich selber ganz ruhig. Gehen Sie langsam durch die Klasse. Beugen Sie sich zu den Schülern, wenn Sie mit ihnen sprechen müssen.
- Schaffen Sie Ruhe in der Klasse. Gehen Sie durch die Reihen und ermahnen mit leiser Stimme die Schüler, die noch miteinander sprechen.
- Vielleicht legen Sie die Hand auf die Schulter eines jüngeren Schülers oder Sie signalisieren durch ein Ruhezeichen, dass jetzt nicht gesprochen werden darf.
- Vermeiden Sie längere Zwiegespräche. Meistens können Sie dann beobachten, dass auch die Schüler anfangen, miteinander zu sprechen.
- Fordern Sie immer alle dazu auf, in der Einzelarbeit schriftlich zu arbeiten. Wer niederschreiben muss, was er denkt, arbeitet konzentrierter und die Verbindlichkeit des Unterrichts steigt.

6.4 Lernförderliches Lehrerverhalten während der Gruppenarbeit

Lehrer die ihren Unterricht im Sinne des Kooperativen Lernens weiterentwickeln, stoßen sehr bald auf die Frage, wie sie sich während der Kooperationsphase verhalten sollen. Nicht selten haben wir den Eindruck, dass eine Gruppe unsere Hilfe benötigt. Oder wir sehen beim Gang durch die Klasse, dass eine Gruppe nicht arbeitet oder ihre Überlegungen ins Stocken geraten. Oder einzelne Schüler oder Gruppen bitten uns gezielt um Hilfe. Wie aber verhalten wir uns in solchen Situationen? Welches Lehrerverhalten ist lernförderlich? Um auf diese Fragen eine Antwort geben zu können, muss zunächst unterschieden werden, welche Verhaltensmöglichkeiten jeder Unterrichtende hat. Werfen Sie dazu einen Blick auf die folgende Grafik (S. 136). Der Unterrichtende kann sich in der Kooperationsphase ganz zurückzuziehen, er kann aber auch in der Klasse umhergehen, Fragen beantworten und stockende Arbeitsprozesse in den Blick nehmen.

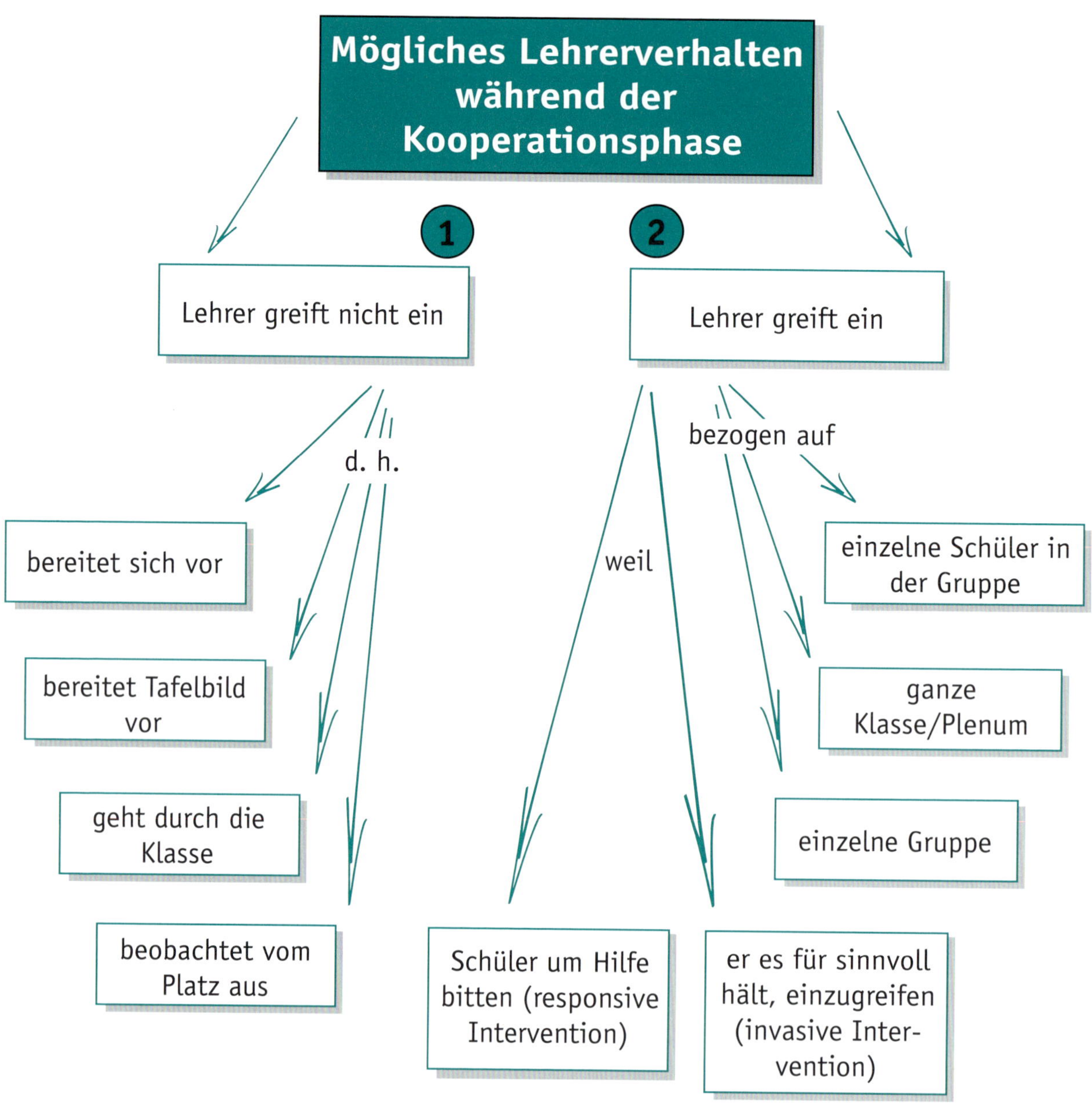

6.4.1 Was bewirkt ein Eingreifen während der Kooperation?

Aus der Unterrichtsforschung[3] lassen sich einige für manche Leser vielleicht überraschende Empfehlungen ableiten. Dabei wird dem Umstand Rechnung getragen, dass das Eingreifen des Unterrichtenden in der Regel nicht zu besseren Arbeitsergebnissen führt. Ludwig Haag berichtet aus seinen Forschungen, in denen authentischer Gruppenunterricht im Klassenzimmer über lange Jahre und „mikroskopisch genau" untersucht wurde. Dabei wurde festgestellt, dass Lehrerinnen und Lehrer ihren Schülern überwiegend überhaupt nicht helfen, wenn sie während der Gruppenarbeit intervenieren. Das liegt zum Beispiel daran, dass sie häufig neue Gesichtspunkte in die Gruppen bringen, die nicht selten zu neuer Desorientierung und damit letztlich schlechteren Arbeitsergebnissen führen.[4] Eine weitere Ursache ist, dass der eigentliche gruppeninterne Kommunikationsprozess durch die Einmischung des Unterrichtenden häufig zum Erliegen kommt. Denn wenn der Lehrer eingreift, reduzieren sich die Redeanteile aller Gruppenmitglieder und nicht selten dominiert der Lehrer mit seinem Wissensvorsprung die Gruppe so stark, dass anschließend bedrücktes Schweigen vorherrscht. Der eigentliche Spannungsbogen ist aufgelöst, die Motivation ist merklich geschwunden. Vor diesem Hintergrund sollte jeder Unterrichtende ganz genau überlegen, wann und wie er in den Arbeitsprozess der Gruppen eingreift.

[3] Vgl. Haag 2007, S. 28f., Nürnberger Projektgruppe 2001, S. 46-64.

[4] Vgl. Haag 2007, S. 28f.

6.4.2 Was hat sich bewährt?

Aus den Forschungsergebnissen lassen sich vier Empfehlungen ableiten:

1. **Greifen Sie möglichst nicht in die Gruppenarbeit ein:** Wenn Sie den Eindruck haben, helfen zu müssen, überlegen Sie genau, ob das sinnvoll ist. Denn Sie unterbrechen die Arbeit und verkürzen die Arbeitszeit. Sie reduzieren eher die Leistungsbereitschaft in den Gruppen. Die Qualität der Ergebnisse ist nach einem unaufgeforderten Eingreifen in der Regel deutlich schlechter, als wenn die Lehrkraft auf Wunsch der betreffenden Gruppe am Gruppentisch erscheint.

   Wenn Sie sehen, dass einzelne Gruppen nicht sonderlich gut miteinander arbeiten, ist es besser, nach der Kooperation eine Phase der Reflexion einzuplanen. Die Schüler werden dann ihre Probleme genau benennen und können daraus Konsequenzen für die kommenden Kooperationsphasen ableiten. Sie werden so eher das Vertrauen in ihre Fähigkeit erwerben, ihre Konflikte selber lösen zu können.

2. **Vermeiden Sie plenumsadressierte Interventionen:** In diesem Fall würden Sie immer die Arbeit aller Gruppen unterbrechen, auch wenn einzelne Gruppen bereits konzentriert arbeiten. Häufig verschwindet unmittelbar nach Ihrer Mitteilung die Ruhe, die Sie zuvor mit Mühe hergestellt haben. Wenden Sie deswegen eine an alle gerichtete Unterbrechung möglichst selten an.

3. **Halten Sie sich bei responsiven Interventionen zurück:** In Anlehnung an den Ulmer Neurowissenschaftler und Psychologen Manfred Spitzer können wir festhalten: „Schüler lernen immer.“[5] Übertragen auf diese Situation bedeutet das: Sie lernen, ob sie bei schwierigen Problemen darauf vertrauen können, dass der Unterrichtende ihnen erklärt, was sie durchaus selber lösen könnten, oder ob sie die Aufgaben selber lösen müssen, da der Lehrer nur sehr zurückhaltend Hilfestellungen gibt. Daher ist auch bei der Bitte um Hilfe eine gewisse Zurückhaltung langfristig sehr lernwirksam.

   - Vereinbaren Sie vorab, dass Sie nur hinzugezogen werden können, wenn es wirklich notwendig ist. Hier können Sie zum Beispiel „Hilfegutscheine“ ausgeben. Jede Gruppe bekommt einen solchen Gutschein und kann ihn in einer Woche nur einmal einsetzen.
   - Es ist wichtig, dass Sie sich den Stand der Arbeit in der betreffenden Gruppe genau vorstellen lassen. Hören Sie zu und fordern Sie die Schüler auf, ihr Problem ganz genau zu umreißen. Überlegen Sie dann, mit welchem Impuls die Schüler weiterkommen können. Geben Sie nur knappe Hinweise, halten Sie keine kleinen Vorträge, gestalten Sie die Intervention möglichst kurz. Stellen Sie Fragen, die die Schüler zum Denken anregen.

[5] Vgl. Spitzer 2002, S. 19.

- Verweigern Sie die Hilfe, wenn Sie den Eindruck haben, dass die Schüler auch selbständig zurechtkommen können.

4. Sichern Sie das Verständnis der Arbeitsaufträge: Präzise und von den Schülern verstandene Arbeitsaufträge machen viele Interventionen überflüssig.

Vielleicht werden Sie im Einzelfall mitunter anders entscheiden, als wir vorgeschlagen haben. Aber denken Sie im Alltag daran, dass sich der erhoffte Lernfortschritt durch unser Eingreifen nur selten einstellen wird. Gut gemeinte Hilfen wirken eben längst nicht immer so, wie wir annehmen.

6.4.3 Die Gruppen beobachten

Wenn die Schüler kooperieren, können Sie die Zeit nutzen, um sie zu beobachten.[6] Daraus können Sie wertvolle Schlüsse ziehen:

- Schaffen die Schüler die Arbeit innerhalb Ihrer Zeitvorgabe oder müssen Sie noch etwas mehr Zeit zur Verfügung stellen?
- Wo liegen besondere Schwierigkeiten, wo bleiben Gruppen hängen oder diskutieren lange?
- Wo fehlt Wissen oder wo mangelt es an Kompetenzen, die im weiteren Unterricht noch eingeübt werden müssen?
- Hat eine Gruppe vielleicht die Aufgabenstellung falsch verstanden?
- Funktioniert in einer Gruppe die Zusammenarbeit nicht?
- Wie sind die Kooperationsfähigkeiten der Schüler ausgeprägt?

Schauen Sie auf das, was die Schüler schreiben, hören Sie beim Vorübergehen zu oder setzen Sie sich ruhig auch mal zu einer Gruppe und hören zu, ohne sich zu beteiligen. Sie werden viel über den Arbeits- und Kooperationsprozess Ihrer Schüler lernen. Man muss sich dabei allerdings bewusst sein, dass sich die Kommunikation innerhalb der Gruppe ändern kann, wenn Sie dabeisitzen. Indem der Lehrer sich der Gruppe nähert, greift er schon ein.[7] Entscheiden Sie selbst – je nach Lerngruppe und Situation – ob Sie während der Gruppenarbeit eher vorne bleiben oder mehr beobachten. Doch es sind keine sich ausschließenden Alternativen: Meist wechselt man unserer Erfahrung nach als Lehrer zwischen beidem.

6.5 Verhalten in Plenumsphasen

Lernwirksamer Unterricht darf nicht nach der Präsentation der Ergebnisse zum nächsten Unterrichtsaspekt übergehen. Denn erst in der Weiterarbeit nach dem Dreischritt wird das Erarbeitete gesichert und vertieft. Daher muss diesem weiteren Prozess besondere Aufmerksamkeit gewidmet werden (vgl. S. 140, Übersicht).

6.5.1 Lernschleifen durchführen

Wenn in der Präsentationsphase mehrere Gruppen vorgestellt haben und es alternative Lösungsvorschläge gibt, dann sind gerade sie der Ausgangspunkt für ein vertieftes Lernen.

Es bietet sich an, die Lösungsvorschläge oder Widersprüche wieder im Dreischritt bearbeiten zu lassen. Im Unterricht wird also eine Lernschleife eingefügt, in der die Fragestellung vor dem Hintergrund der unterschiedlichen Antwortversuche neu bedacht wird. Auf diese Weise findet eine vertiefte Auseinandersetzung mit den Inhalten statt und die Schülerinnen und Schüler erwerben ein hohes Maß an analytischen Kompetenzen. Methodisch bedeutet dies, dass die Schüler zunächst wieder in Einzelarbeit über die Lösungsvorschläge nachdenken. Die Ergebnisse werden dann in den Kleingruppen verglichen und bewertet. Im Plenum kön-

[6] Jacobs u.a. betonen die Bedeutung des Beobachtens: „Observing lies at the heart of teaching." Jacobs u.a. 2002, S. 95.

[7] Vgl. Thüringer Institut für Lehrerfortbildung, 2002, S. 40.

nen die Schüler erneut ihre Ergebnisse vorstellen und besprechen. Hier wird sehr häufig deutlich, dass sie die Widersprüche intensiv bedacht haben und tiefer in den Sachzusammenhang eingedrungen sind. Damit es dazu kommt, müssen etwas komplexere Lösungsvorschläge aus der ersten Präsentationsphase für alle Schüler sichtbar sein.

Das wird erleichtert, wenn Sie ...

- mit halbierten Folien arbeiten, so dass immer zwei auf einen Tageslichtprojektor passen.
- einen zweiten Tageslichtprojektor ausleihen und so rechts und links der Tafel je eine Folie projizieren können.
- mit Lernplakaten arbeiten, die mit Magneten nebeneinander an die Tafel geheftet werden können.
- die Schülerergebnisse an die Tafel schreiben und auch für sich notieren, sodass Sie sie für die kommenden Stunde erneut anschreiben können.
- erste Arbeitsergebnisse immer an der rechten aufgestellten Tafelseite notieren. Dies kann das Tafelnotizbuch sein. Die dort notierten Stichpunkte werden dann in einer Lernschleife überprüft. Erst anschließend werden die richtigen Stichwörter in der Tafelmitte in ein abschließendes Tafelbild integriert.

Natürlich bieten sich Lernschleifen nicht in jeder Stunde an. Vielleicht sind die Ergebnisse widerspruchsfrei. Vielleicht ertönt das Pausenzeichen in wenigen Minuten oder die nächste Leistungsüberprüfung steht schon vor der Tür. Dann muss der Unterrichtende ein Unterrichtsgespräch anleiten, in dem die notwendige Klärung und Zusammenfassung herbeigeführt wird. Da die Lernwirksamkeit der Lernschleifen sehr hoch ist, sollten Sie aber immer gut überlegen, ob Sie auf sie verzichten möchten. Lernschleifen müssen übrigens nicht immer lang sein. Manchmal genügen wenige Minuten für eine erneute Einzelarbeit und Kooperation. Wichtig ist, dass Sie für die Lernschleife erneut einen präzisen Arbeitsauftrag formulieren.

Link

Vielleicht lesen Sie noch einmal die Ausführungen zur Lernschleife in Band 1, S. 53-57.

6.5.2 Integration unterschiedlicher Phasen

Damit der Dreischritt bzw. die angewandte Methode erfolgreich ist, muss sie intelligent in den Unterricht eingebunden werden. Es reicht nicht, die Methoden und Strategien des Kooperativen Lernens einfach nur anzuwenden. Wer hier stehen bleibt, der wird vom mäßigen Erfolg enttäuscht sein. Zum erfolgreichen Unterricht gehört, dass aus den Methoden und Strategien ein Unterricht erwächst, in dem die einzelnen Phasen[8] aufeinander abgestimmt sind. Dabei ist die Lernschleife eines der wirksamsten Elemente bei der Einbindung des Dreischritts oder einer Methode in den Unterricht. Die Schülerinnen und Schüler müssen aber auch Gelegenheit bekommen, die neu erworbenen Kenntnisse oder Fähigkeiten einzuüben und zu vertiefen, damit sie nachhaltig verankert werden. Und nicht zuletzt muss die Dramaturgie des schüleraktivierenden Unterrichts Raum lassen, um persönliche Lerndefizite in einem differenzierteren Unterricht auszugleichen.

Einwand

Immer wieder berichten Fortbildungsteilnehmer, dass für Methoden des Kooperativen Lernens im Allgemeinen und für Lernschleifen im Besonderen im Alltag kaum Zeit bleibt. Die Stofffülle und damit verbundene zentrale Prüfungen würden dieser Form der Unterrichtsgestaltung im Wege stehen.

Wir sind uns dieser Problematik bewusst. Aber gerade angesichts dieser Anforderungen, entscheiden sich immer mehr Lehrerinnen und Lehrer für das Kooperative Lernen und die vorgestellte Dramaturgie des Unterrichts. Denn wenn Sie gleichzeitig kognitive Fähigkeiten fördern und Wissen vermitteln sowie methodische, soziale und personale Kompetenzen fördern wollen, bietet das Kooperative Lernen und schüleraktivierende Lehren das größte Potential. In diesem Unterricht können die Schüler das Wissen und die Kompetenzen erwerben, die sie in den Abschlussprüfungen brauchen. Dafür gibt es aus der Praxis vieler Lehrerinnen und Lehrer sowie aus der empirischen Unterrichtsforschung viele Belege.

Und wenn Sie Ausdauer beim Lernen, Analyse- und Problemlösekompetenz, Selbstständigkeit und Genauigkeit fördern wollen, dann sind Lernschleifen dafür der richtige Weg. Denn diese werden gerade dann geschult, wenn den Dingen auf den Grund gegangen wird.

[8] Vgl. Band 1, S. 154 - 167.

Dramaturgie des Unterrichts

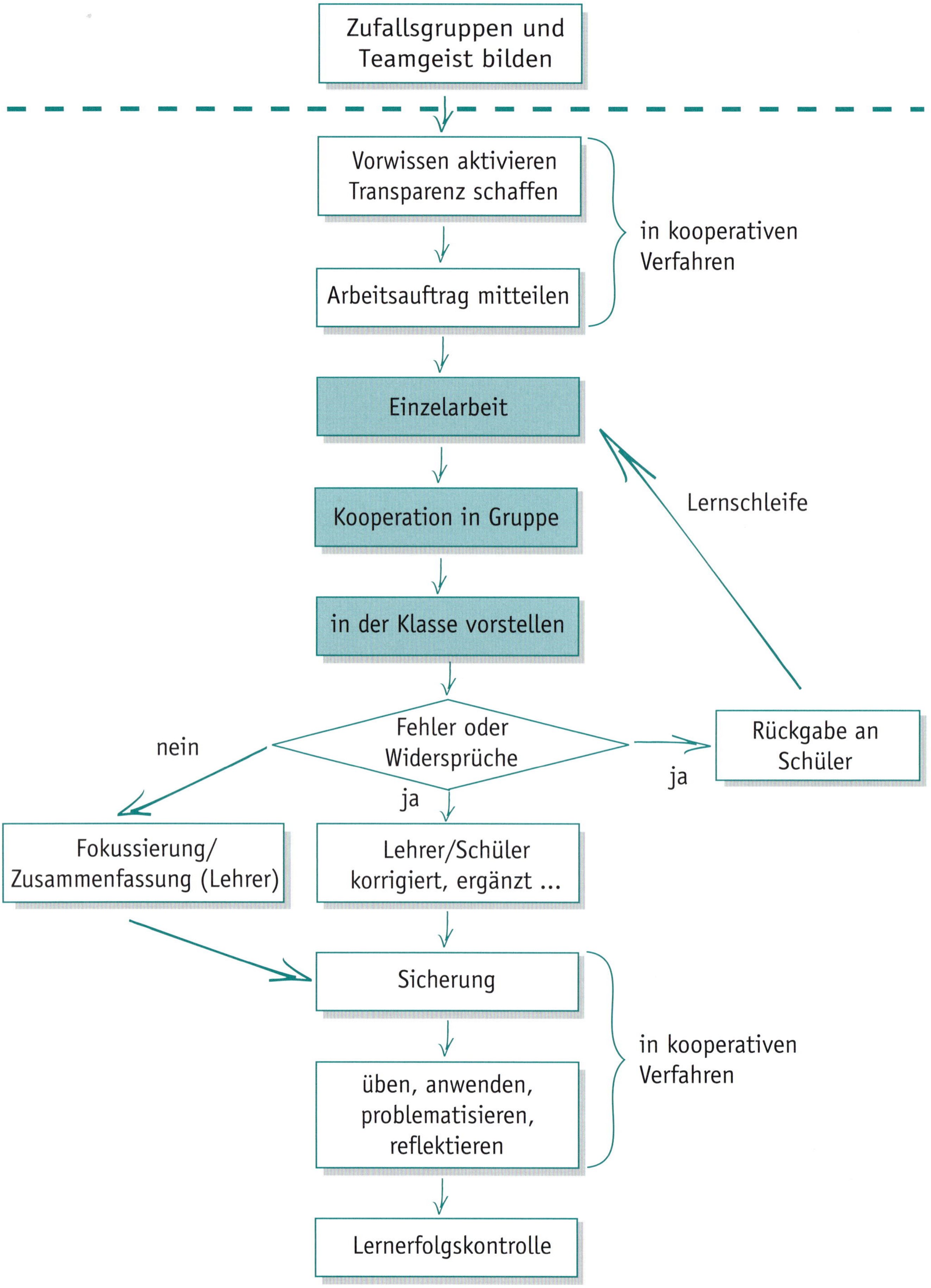

Zufallsgruppen und Teamgeist bilden

Vorwissen aktivieren
Transparenz schaffen

Arbeitsauftrag mitteilen

in kooperativen Verfahren

Einzelarbeit

Kooperation in Gruppe

in der Klasse vorstellen

Fehler oder Widersprüche

nein

ja

ja

Rückgabe an Schüler

Lernschleife

Fokussierung/
Zusammenfassung (Lehrer)

Lehrer/Schüler
korrigiert, ergänzt ...

Sicherung

üben, anwenden,
problematisieren,
reflektieren

in kooperativen Verfahren

Lernerfolgskontrolle

6.5.3 Ergebnisse sichern

Immer wieder werden wir gefragt, wie die Ergebnisse am Ende der Gruppenarbeit gesichert werden können. Wenn es um die Gestaltung der Ergebnissicherung geht, dann ist ihre Funktion[9] in den Blick zu nehmen:

1. Die Ergebnissicherung dient der Protokollierung der zentralen Inhalte des Unterrichts. Und häufig bekommen die Unterrichtsinhalte erst durch die Sicherung der Arbeitsergebnisse in den Augen der Schüler einen verbindlichen Charakter. Unterricht, der auf Sicherungen verzichtet, wirkt für viele Schüler weniger bedeutsam.
2. Nachhaltiges Üben und vertiefendes Lernen ist ohne Sicherung der Lernergebnisse kaum möglich. Offene oder selbstgesteuerte Unterrichtsphasen, in denen die Schüler auf vorherige Ergebnisse angewiesen sind, verlangen übersichtliche und nachvollziehbare Ergebnissicherungen. Diese müssen für alle Schüler greifbar sein.
3. Ergebnissicherungen dienen als Anknüpfungspunkte für den Unterricht. Oftmals sind sie der Ausgangspunkt für die kommende Stunde.
4. Ergebnissicherungen sind notwendig, wenn der bisherige Stand der Arbeit reflektiert werden soll.

Im Hinblick auf die Ergebnissicherung unterscheidet sich das Kooperative Lernen nicht grundsätzlich vom herkömmlichen Unterricht. Ob die Ergebnisse nun in einem Tafelbild vom Unterrichtenden zusammengeführt werden oder zum Beispiel in einer Concept Map durch die Schüler, ist eine Entscheidung, die vor dem Hintergrund der Kompetenzen der Lerngruppe und der zeitlichen Möglichkeiten getroffen werden sollte.

Was hat sich bewährt?

- Planen Sie die Ergebnissicherung ausdrücklich ein. Häufig lässt sich der Dreischritt „Denken – Austauschen – Vorstellen" auch in der Sicherungsphase anwenden, damit die richtigen Ergebnisse noch einmal aktiv von den Schülerinnen und Schülern durchdrungen und angeeignet werden.
- Die zentralen Ergebnisse müssen ins Heft der Schüler, Lernplakate können hier nur eine Vorstufe sein.
- Ergebnisse müssen strukturiert und übersichtlich sein. Grafische Strukturierungen bieten sich häufig an.

Link

Ergebnisse sichern

Im ersten Band haben wir ausführlich die Ergebnispräsentation und Ergebnissicherung dargestellt. Vielleicht lesen Sie unsere Hinweise in Band 1 auf den Seiten 53-56 noch einmal nach.

- Nicht alle Unterrichtsergebnisse müssen behalten werden oder sind für den Wissensaufbau der Schüler nochwendig. Wichtige Inhalte jedoch, die für das kumulative Lernen von Bedeutung sind, müssen in jedem Schülerheft visuell hervorgehoben sein.
- Gestalten Sie den Unterricht so, dass die Schüler immer wieder auf ihre Heftaufzeichnungen zurückgreifen müssen. So bekommen die Ergebnissicherungen einen Sinn und tragen zur Nachhaltigkeit bei.

6.6 Mit Unterrichtsstörungen professionell umgehen

Unterrichtsstörungen erschweren die Arbeit der Lehrerinnen und Lehrer. Aber sie kommen doch immer wieder vor. Vielleicht kommt ein Schüler verspätet und stört so die Stille der Einzelarbeit. Oder ein Umlauf der Schulleitung wird hereingereicht und muss verlesen werden. Ein Schüler muss sich die Nase putzen und macht lautstark auf sich aufmerksam. Für all diese Unterrichtsstörungen verfügt der Unterrichtsprofi über ausreichendes Handlungswissen, aufgehoben in Routinen, um Unterrichtsstörungen zu vermeiden oder auf diese angemessen zu reagieren.

Aus der Forschung zur Klassenführung wissen wir, dass erfolgreiche Lehrerinnen und Lehrer sich dadurch auszeichnen, dass sie in vier Bereichen über effektives Handlungswissen verfügen. Sie beherrschen (1) die Einführung von Regeln und Routinen und überwachen ihre Einhaltung.[10] Ferner (2) reagieren sie situationsangemessen auf Unterrichtsstörungen, bemühen sich aber gleichzeitig um (3) eine positive Lehrer-Schülerbeziehung. Und obwohl sie eine solche positive Beziehung realisieren, haben sie (4) eine emotionale Objektivität und Allgegenwärtigkeit, sodass sie ihre eigentliche Aufgabe – Unterricht – nur sehr selten aus dem Blick verlieren.[11]

[9] Vgl. Meyer 1991, S. 165.

[10] Vgl. Brüning 2004, S. 20ff.; Band 1, S. 134-143; Brüning/Saum 2009, S. 91-94.

[11] Zur Klassenführung vgl. den hervorragenden Überblick bei Wellenreuther 2004, S. 244 bis 324.

6.6.1 Was hat sich bewährt?

Im Zusammenhang mit dem Kooperativen Lernen können wir die folgenden Hinweise geben, die sich positiv auf die Lernatmosphäre auswirken:

1. **Organisieren Sie Ihren Unterricht so, dass unnötige Störungen vermieden werden.** Zum Beispiel können Sie vereinbaren, dass Schüler nicht mehr fragen, ob sie zur Toilette dürfen. Legen Sie ein Toilettenbuch aus, in das sich jeder Schüler selbstständig einträgt, wenn er zur Toilette geht. Wir haben das in Jahrgang 5 eingeführt, es funktioniert hervorragend.
2. **Üben Sie ein, wie sich zu spät kommende Schüler verhalten sollen:** bereits auf dem Flur Jacken ausziehen und das Material aus den Taschen nehmen, anklopfen und ruhig den Klassenraum betreten.
3. **Vermeiden Sie Leerlauf.** Aufgrund der ganz unterschiedlichen Lerngeschwindigkeiten werden einzelne Schüler schnell, andere eher langsam arbeiten. Reagieren Sie darauf, indem Sie einfache Formen der Individualisierung einführen, die den Lehrgangsunterricht nicht stören.

- Vielleicht führen Sie an Ihrer Schule das „Buch in der Tasche" ein. Jeder Schüler hat immer ein Jugend- oder Sachbuch in seiner Schultasche oder unter dem Tisch. Wer fertig ist, kann darin lesen. Eingebettet in ein umfassendes Leseförderungskonzept, muss es dann kaum noch Leerlaufphasen geben.
- Arbeiten Sie mit Lerntagebüchern, in denen die Schüler ihren Lernprozess reflektieren. Immer wenn sich Lücken auftun, können die Schüler ihre Überlegungen eintragen.
- In den unteren Jahrgansstufen können Sie auch ein Knobel- und Rätselbuch ausgeben. Das dürfen die Schüler immer dann zur Hand nehmen, wenn sie gerade nichts mehr zu tun haben. Übrigens lassen sich damit auch unvorhergesehene Vertretungsstunden überbrücken.
- Wenn Sie damit vertraut sind, können Sie auch die Arbeit mit Portfolios einführen. Darin finden sich dann Arbeitsaufgaben, die thematisch ausgerichtet sind und eine Unterrichtseinheit begleiten.

4. **Verstärken Sie positives Verhalten:** Ermahnen Sie möglichst selten die lauten Schüler. Loben Sie hingegen die Schüler, die vorbildliches Verhalten gezeigt haben: *„Ich habe in dieser Stunde gesehen, dass viele Tischgruppen sehr intensiv gearbeitet haben. Besonders sind mir heute Sven, Sedad, Kay und Viktoria aufgefallen, die sehr ruhig aber intensiv miteinander gearbeitet haben. Auch Andreas, Jacky, Caroline und Miriam sind mir sehr positiv aufgefallen. Das ist super, macht so weiter."*

6.6.2 Mit massiven Unterrichtsstörungen umgehen

Was als massive Störung bezeichnet wird, kann kaum auf einen einheitlichen Nenner gebracht werden. Lehrerinnen und Lehrer, die unter schwierigen Bedingungen arbeiten, vielleicht an einer Hauptschule in einen Stadtteil mit vielen sozialen Problemen, werden mit ganz anderen Unterrichtsstörungen konfrontiert, als dies beispielsweise Lehrerinnen und Lehrer erleben, die an einer Realschule in ländlicher Umgebung arbeiten. Während die Unterrichtenden in der einen Schule vermutlich viel Zeit damit verbringen, überhaupt eine Lernatmosphäre herzustellen, können sie an der anderen Schule unmittelbar nach dem Pausenzeichen mit dem Unterricht beginnen. Unterrichtsstörungen sind dann vielleicht leise Zwiegespräche oder umfallende Schultaschen. Dennoch gilt, dass in der Wahrnehmung der Unterrichtenden in nahezu jeder Schule und Schulform verstärkt auf Unterrichtsstörungen reagiert werden muss. Diese Entwicklung fordert natürlich auch beim Kooperativen Lernen ihre Aufmerksamkeit. An vielen Stellen haben wir dazu bislang Hinweise gegeben, so dass hier nur noch wenig gesagt werden soll.

Als massive Störungen bezeichnen wir solche Verhaltensweisen, die die Arbeit der anderen Schüler unmöglich machen. Es geht also nicht um leise, kurze Zwiegespräche einzelner Schüler während der Einzelarbeit. Auch stört ein vereinzelter kurzer Zwischenruf eines Schülers nur in seltenen Fällen die Arbeit der anderen. Viel störender kann es sein, wenn Schüler laut zurechtgewiesen werden. Hier einzugreifen geht immer auf Kosten der Lernzeit aller.

Massive Störungen hingegen müssen sofort unterbunden werden. Diese Störungen können von einzelnen Schülern ausgehen, aber auch mit dem mangelhaften Sozialverhalten ganzer Klassen zu tun haben.

TIPP!

Auffällige Kinder

Das Kooperative Lernen ist kein Zaubermittel. Wenn Schülerinnen oder Schüler dem Unterricht nicht folgen können, weil familiäre Probleme ihr Denken bestimmen, wenn Schüler verhaltensauffällig sind, Aufmerksamkeitsdefizite aufweisen oder hyperaktiv sind, dann werden diese Kinder auch beim Kooperativen Lernen immer wieder den Unterricht oder die anderen Kinder stören. Hier werden Sie nicht umhin kommen, gemeinsam mit den Eltern und der Schulleitung und ggf. einen Kinderarzt oder -psychologen nach Lösungen für das betroffene Kind – immer auch mit Blick auf die anderen Kinder in der Klasse – zu suchen.

- Geht die Störung von einem einzelnen Schüler aus, sollten Sie sofort intervenieren. Sprechen Sie ihn gezielt an. Machen Sie deutlich, dass er andernfalls nicht in der Gruppe mitarbeiten darf. Wenn der Schüler sein Verhalten nicht ändert oder auch nicht einfach ändern kann, sollten Sie ihn aus der Gruppe nehmen und die Arbeitsaufträge ganz alleine erledigen lassen. Mitunter werden Sie ihn vielleicht auch auffordern, sein Arbeitsergebnis im Plenum vorzustellen. Sprechen Sie nach dem Unterricht noch einmal mit dem Schüler und reflektieren gemeinsam sein Verhalten. Nicht selten kann dies auch in der Gruppe geschehen. Wenn die Mitschüler ihm ruhig rückmelden, dass sie sein Verhalten nicht akzeptieren, wird er sich vielleicht ändern.
- Gehen die Störungen von vielen Schülern aus und sind so massiv, dass in den Gruppen nicht gearbeitet werden kann, sollten Sie ebenfalls sofort intervenieren. Wenn es möglich ist, können Sie mit der Klasse sprechen und erfragen, was die Ursachen für ihr Verhalten sind. Bitten Sie anschließend um eine konzentrierte Arbeit in den Gruppen. Wenn Sie aber den Eindruck haben, dass hier die Leistungsgrenze der Klasse erreicht ist und das Sozialverhalten große Schwächen aufweist, müssen Sie überlegen, ob das Unterrichtsarrangement zur Lerngruppe passt. Vielleicht können Sie in der Klasse gegenwärtig nur den Dreischritt „Denken - Austauschen - Vorstellen“ mit Partnerarbeit realisieren. Seien Sie aber zuversichtlich, auch in schwierigen Lerngruppen wird die Klassenführung durch das Kooperative Lernen langfristig leichter, da sich die Unterrichtsstörungen reduzieren.

Ein Blick zurück

Zur Rolle der Unterrichtenden beim Kooperativen Lernen

In diesem Kapitel haben Sie ...

- Hinweise und Tipps zum Verhalten des Lehrers in den verschiedenen Phasen des nach dem Konzept des Kooperativen Lernens gestalteten Unterrichts bekommen.
- erfahren, dass die Lehrerintervention während der Kooperationsphase gut bedacht sein sollte, da sie häufig nicht zu einer besseren Kooperation und auch nicht zu besseren Lernergebnissen führt.
- Möglichkeiten kennengelernt, wie Sie im Vorfeld Unterrichtsstörungen vermeiden und auf typische Störungen reagieren können.

Warum kooperieren Schüler miteinander?

In diesem Kapitel ...

- zeigen wir, welche Gründe es dafür gibt, dass Schülerinnen und Schüler miteinander kooperieren.
- geben wir Tipps für den täglichen Unterricht, damit die Kooperation in den Schülergruppen intensiver, ausgeglichener und motivierter erfolgt.
- zeigen wir, wie auch inhaltlich weniger interessante Themen durch entsprechende Aufgabenstellungen interessant werden und die Kooperation bereichern können.

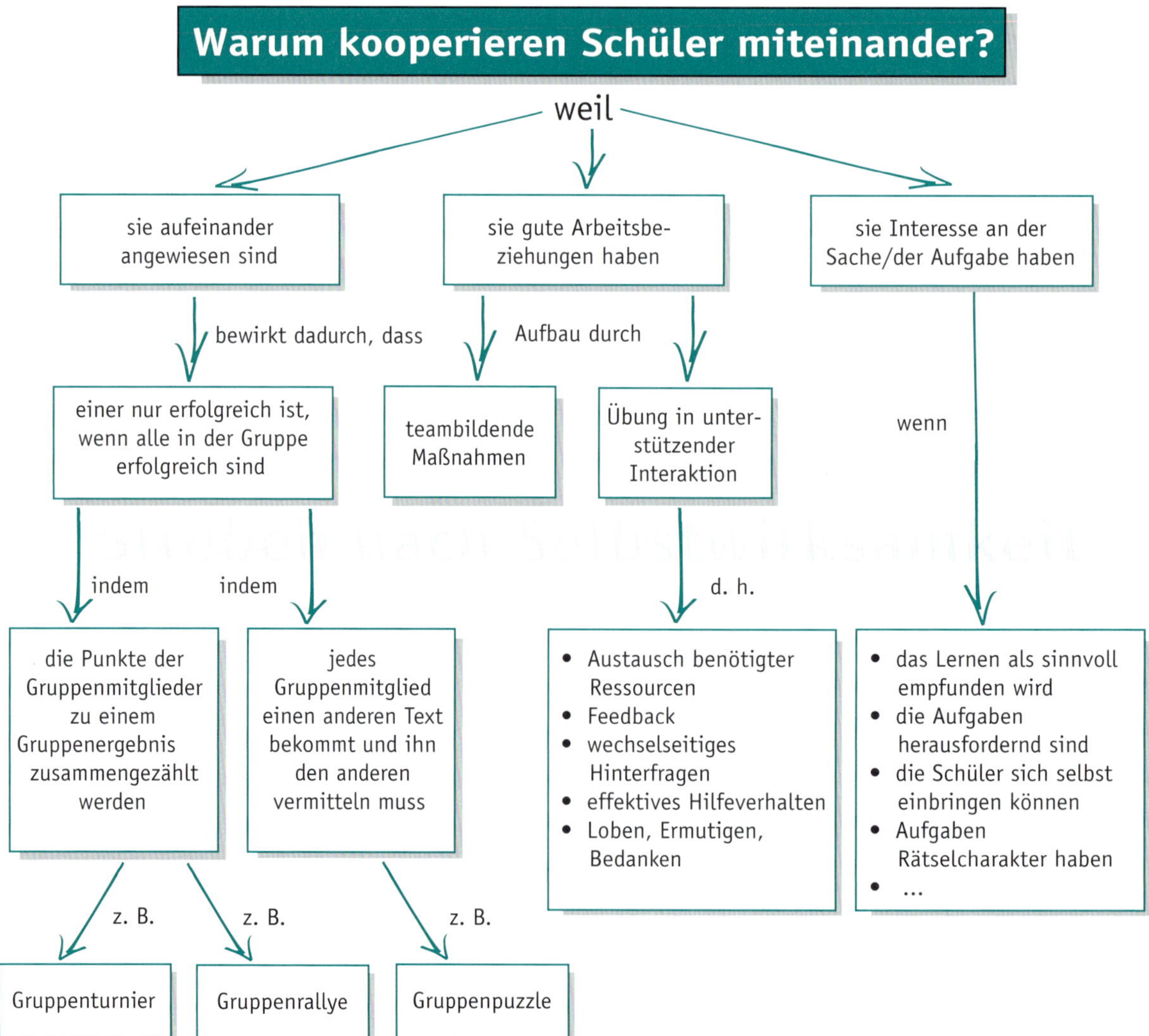

7.1 Einführung

Es ist nicht selbstverständlich, dass Schülerinnen und Schüler, die in einer Gruppe eine Aufgabe miteinander bearbeiten sollen, gut zusammenarbeiten. Viele Schülerinnen und Schüler sowie Lehrerinnen und Lehrer haben eher gegenteilige Erfahrungen gemacht: Wenige machen häufig die Arbeit und die anderen beteiligen sich kaum. Um dieses Trittbrettfahrerphänomen zu vermeiden, müssen die Lernenden Motive haben, aus denen heraus sie kooperieren. Wenn der Lehrer Kooperatives Lernen professionell anleitet, dann kooperieren die Schüler aus einem oder mehreren dieser Gründe. Denn sie schließen sich nicht aus, sondern ergänzen und verstärken sich, wie in den folgenden Ausführungen deutlich werden wird.

Grundsätzlich können beim Kooperativen Lernen vier Gründe für die Kooperation voneinander unterschieden werden:

1. Die Schülerinnen und Schüler kooperieren, weil sie aufeinander angewiesen sind.
2. Sie kooperieren, weil sie gute Arbeitsbeziehungen haben.
3. Sie kooperieren, weil sie Interesse an der Sache haben.
4. Sie kooperieren, weil sie sich dabei als selbstwirksam erleben.

7.2 Die Schülerinnen und Schüler kooperieren, weil sie aufeinander angewiesen sind

Das Verhältnis der Schüler untereinander hat im Unterricht Einfluss auf ihr Verhalten und auf ihre Leistung. Dabei unterscheiden wir zwei gegensätzliche Formen des Verhältnisses: entweder stehen die Schüler in Konkurrenz zueinander oder sie sind aufeinander angewiesen.[1]

Wenn eine Aufgabe so strukturiert ist, dass die Schüler aufeinander angewiesen sind, dann sind sie nur erfolgreich, wenn die anderen Gruppenmitglieder auch erfolgreich sind. Dadurch bemüht sich jeder nicht mehr nur, selbst etwas zu lernen, sondern auch, dass die anderen Mitglieder der Gruppe etwas lernen. Um das zu erreichen, gibt es viele Möglichkeiten.[2] Zwei haben sich im Unterricht als besonders wirksam erwiesen. Sie sollen hier erläutert werden.

Angewiesen auf das Material der anderen

Bei der ersten Möglichkeit haben die Schüler unterschiedliches Material, das sie sich vermitteln müssen. Um alles Material kennenzulernen, sind sie auf die anderen angewiesen, die Informationen haben, die sie selbst nicht kennen. Diese Struktur finden Sie bei Methoden wie dem „Gruppen- und Partnerpuzzle“[3] und dem Kleingruppenprojekt. Beim Gruppenpuzzle bekommen vier Mitglieder einer Gruppe je einen anderen Text, den sie zuerst alleine erarbeiten. Dann tauschen sie sich mit Schülern aus, die den gleichen Text bearbeitet haben. Anschließend muss jeder in der Gruppe den anderen Teammitgliedern seinen Text vorstellen, so dass jeder über alle vier Texte Bescheid weiß. Die vier Mitglieder einer Gruppe sind hier deswegen aufeinander angewiesen, weil sie nur dann das gesamte Wissen bekommen, wenn jeder in der Gruppe seine Texte richtig vermittelt hat. Wenn sich einer zurücklehnen würde, würden die anderen gleich heftig protestieren.

Angewiesen auf die Punkte der anderen

Wenn man den Gruppenmitgliedern die Möglichkeit gibt, individuell Punkte zu sammeln, die dann zu einem Gruppenergebnis zusammengezählt und mit dem Ergebnis der anderen Gruppen verglichen werden, sind sie auf eine andere Art und Weise aufeinander angewiesen. Denn beim Vergleich zählt die Leistung der Gruppe insgesamt, basierend auf der Leistung der Einzelnen. Um ein möglichst gutes Ergebnis zu erzielen, müssen alle Gruppenmitglieder relativ viele Punkte holen. Jeder hat daher ein Interesse, dass die anderen Gruppenmitglieder das Gelernte beherrschen, damit sie für die Gruppe viele Punkte sammeln können. In der Phase der Kooperation, in der sich die Schüler gemeinsam auf den anschließenden individuellen Test vorbereiten, führt das unserer Erfahrung nach zu einem hohen Engagement aller Gruppenmitglieder. Die leistungsstärkeren bemühen sich, den leistungsschwächeren zu helfen, und diese wiederum tun ihr bestes, alles zu verstehen und zu behalten. Die Teammitglieder sind also dafür verantwortlich, dass jeder in der Gruppe gut vorbereitet in den Wettkampf geht. Dies führt zu einer intensiven Kooperation-

[1] Johnson/Johnson sprechen hier von positiver und negativer wechselseitiger Abhängigkeit. Außerdem unterscheiden sie noch ein drittes Grundverhältnis, nämlich das Nicht-Verhältnis, die völlige Unabhängigkeit voneinander (vgl. Roseth/Johnson/Johnson 2008, S. 225). Wir glauben aber, dass dies in der schulischen Realität nur eine untergeordnete Rolle spielt.

[2] Ausführlich sind sie dargestellt in Band 1, S. 144ff.

[3] Vgl. Band 1, S. 111ff und S. 76ff.

tion, in der sich die Schüler wechselseitig unterrichten.[4] Würde nur ein Gruppenergebnis, zum Beispiel ein Plakat oder ein Protokoll bewertet, unabhängig davon, wer etwas dazu beigetragen hat, dann würde es von den Leistungsstärkeren alleine gemacht.

Anmerkung

Konkurrenz im herkömmlichen Unterricht

Im herkömmlichen Klassenunterricht sind die Schüler nicht aufeinander angewiesen - im Gegenteil, sie stehen in Konkurrenz miteinander, ohne dass uns dies im Alltag immer bewusst ist. Diese Konkurrenz soll im Folgenden an zwei Beispielen verdeutlicht werden:

- **Fragend-entwickelndes Unterrichtsgespräch**: Wenn der Unterrichtende eine Frage stellt und sich mehrere Schüler melden, dann kann nur einer die richtige Antwort geben. Die anderen können dann nur noch hoffen, auch aufgerufen zu werden, wenn der erste Schüler etwas Falsches oder Unvollständiges sagt. Sie stehen also in dieser Situation zu dem, der aufgerufen worden ist, in Konkurrenz. Das wird besonders anschaulich, wenn man beobachtet, wie vor allem jüngere Schüler den Lehrer dazu bringen möchten, dass er sie aufruft, wenn sie sich melden: Schnipsen, Ausrufe, Schwenken des Armes und vieles mehr setzen sie ein, um auf sich aufmerksam zu machen – und nicht selten werden sie dann auch eher aufgerufen. Beim fragend-entwickelnden Unterricht stehen die Schüler, die gute Leistungen erbringen wollen, also in einem Kampf um die Aufmerksamkeit des Lehrers. Weniger temperamentvolle oder unsichere Schüler haben dann oft das Nachsehen.
- **Klassenarbeiten**: Eine andere Weise, in der sich die Konkurrenz im Schulalltag einer Klasse zeigt, sind die Notendurchschnitte bei einer Klassenarbeit. Die Klassenarbeiten fallen meist so aus, dass die Noten in einer bestimmten Weise verteilt sind: Wenige Noten werden in den Randbereichen und viele Noten werden in den mittleren Bereichen vergeben. Es ist also im Interesse der Schüler, die eine gute Note bekommen wollen, dass es genug Schüler gibt, die eine schlechtere Leistung erbringen. Warum sollten sie die anderen also unterstützen? Wenn alle so gut werden wie sie, würde das Niveau der Klasse steigen und es würde schwerer werden, gute Noten zu erreichen (vgl. S. 124).[5]

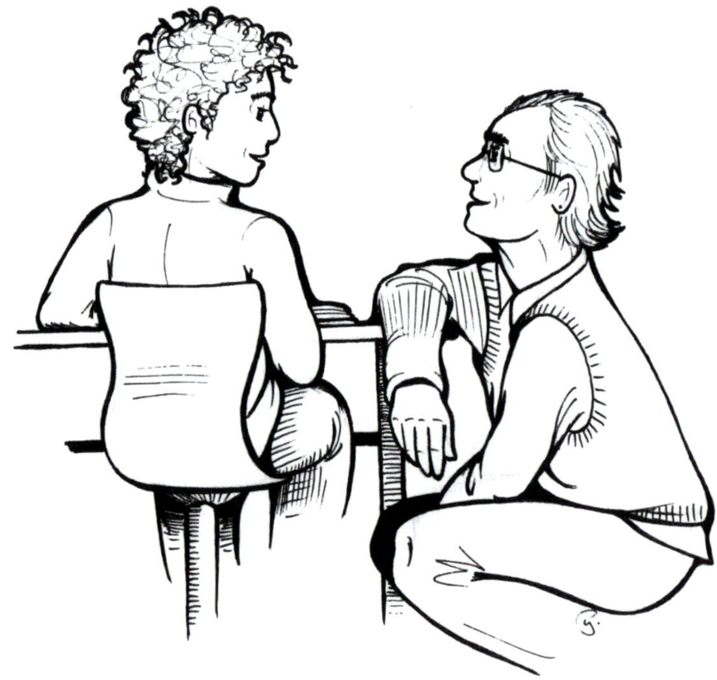

7.3 Die Schülerinnen und Schüler kooperieren, weil sie gute Beziehungen haben bzw. haben möchten

Der Ansatz, dass die Schüler vor allem dann miteinander kooperieren, wenn sie aufeinander angewiesen sind, ist in seiner Wirksamkeit zwar empirisch gut untersucht, doch er ist nicht unumstritten. Denn er geht davon aus, dass Menschen nur aus Eigeninteresse und nur dann, wenn es zu ihrem Erfolg notwendig ist, kooperieren. Die Erfahrung vieler Lehrer ist jedoch, dass die Schüler auch ohne diese positive Abhängigkeit kooperieren, wenn sie gute Arbeitsbeziehungen aufgebaut haben. Die guten Beziehungen motivieren die Schülerinnen und Schüler, miteinander zu arbeiten. Sie unterstützen sich gegenseitig, weil ihnen etwas an den anderen liegt. Dazu brauchen sie nicht die extrinsische Anreizstruktur des Wettbewerbs oder der aufgeteilten Mate-

[4] Das wirkt sich wieder sowohl auf leistungsstarke als auch auf leistungsschwache Schüler positiv aus. Nicht nur, dass sie sozial lernen, indem sie miteinander arbeiten. Beide gewinnen auch kognitiv, der leistungsschwache Schüler durch die Erläuterungen des leistungsstarken Schülers; der Starke dadurch, dass er den Sachverhalt erneut erklärt und ihn vielleicht so noch stärker durchdringt und ihn sich besser einprägt.

[5] Leistungsüberprüfungen, bei denen vor der Korrektur der Erwartungshorizont und die Punkteverteilung festgelegt werden, reduzieren die Konkurrenz. Bei ihnen können theoretisch alle Schüler aufgrund der festgelegten Punktzahlen und Notenzuordnungen gute Leistungen bringen, da der Prüfende dies zuvor festgelegt hatte. Die zentralen Abschlussprüfungen mit Korrekturschlüssel sind ein Beispiel dafür. Wohin eine Orientierung am Durchschnitt führt zeigt Weidenmann (2008) auf.

rialien. Um jedoch solche Arbeitsbeziehungen zu schaffen, sollte der Unterrichtende in den meisten Klassen immer wieder gezielte Übungen zur Teambildung durchführen,[6] die Gruppenarbeit reflektieren lassen und Konflikte sofort thematisieren. Auch wenn die Arbeitsbeziehungen gut sind, halten wir es für unabdingbar, dass die Schüler zuerst alleine arbeiten und der Präsentierende per Zufall aufgerufen wird.

7.4 Die Schülerinnen und Schüler kooperieren, weil sie Interesse an der Sache haben

Dass es lernförderlich ist, wenn die Schüler motiviert und interessiert sind, ist eine Binsenwahrheit. Sie gilt unabhängig von der Form des Unterrichts. Interessante Themen führen zu besonders intensiver Beschäftigung der Schülerinnen und Schüler mit der Sache. Das führt natürlich auch zu einer besonders intensiven Kooperation. Wie jeder Unterricht wird daher auch das Kooperative Lernen erleichtert, wenn die Inhalte für die Schüler interessant sind. Aber wir möchten betonten, dass dieses Interesse nicht alleine durch den Gegenstand selber hervorgerufen werden muss. Jeder Schulpraktiker weiß, dass sich unsere Schüler im Lauf ihrer Schulzeit mit vielen Dingen beschäftigen, deren Sinnhaftigkeit sie kaum erkennen können. Das scheinbar unbändige Interesse an allen Dingen, das die Schulanfänger mit in die Grundschule bringen, geht im Verlauf der Sekundarstufe leider viel zu häufig zurück. Und Äußerungen wie die folgenden sind keine Seltenheit: „Wozu brauche ich später die indirekte Rede?“, „Ich werde später doch keinen Sinussatz benötigen!“, „Was interessiert mich das Verhalten der Haussperlinge?“ oder „Wozu sollte ich wissen, wie Stickoxide entstehen?“ Hier den Schülern immer die Bedeutung zu vermitteln, ist eine große Herausforderung.

Wir machen die Erfahrung, die viele Fortbildungsteilnehmer bestätigen, dass gerade im kooperativen Unterricht Interesse und Motivation an Themen entstehen, die wir im herkömmlichen Klassenunterricht seltener beobachten können. Denn Interesse an einer Sache entwickelt sich auch durch die Art und Weise, wie die zugehörige Aufgabe gestellt ist.

- **Kommunikation:** Miteinander zu kommunizieren ist ein Grundbedürfnis des Menschen. Eine Aufgabe, die die Möglichkeit zur Kooperation gibt, ist allein schon deswegen attraktiver. Die Schüler können sich in vertrauter Runde austauschen und werden nicht abgehängt. Motivation und das Interesse an vielen Dingen bleiben so erhalten oder werden wieder geweckt.
- **Schwierigkeitsgrad der Aufgaben:** Der Praktiker weiß, dass beim Kooperativen Lernen die Aufgaben für möglichst alle Gruppenmitglieder selbstständig zu bewältigen sein müssen, denn sonst würden Einzel- und Gruppenarbeit scheitern. Sie müssen also in der „Zone der nächsten Entwicklung liegen“, wie es der Entwicklungspsychologe Wygozki formuliert hat.[7] Dann besteht nicht die Gefahr, dass die Schüler aufgrund von Überforderung abschalten und viele Könnenserfahrungen werden ermöglicht. Diese wiederum wirken sich positiv auf die Motivation und das Interesse aus. Auf der anderen Seite dürfen die Aufgaben auch nicht zu leicht sein, damit die Schüler nicht aufgrund von Unterforderung abschalten.
- **Über die Wissensebene hinausgehen:** Im guten Unterricht werden die Aufgabenstellungen immer wieder über die Wissensebene hinausgehen und eine Vertiefung des Themas in Analyse und Reflexion fordern. Gerade die Möglichkeit des Einbringens eigener Gedanken und Standpunkte bewirkt hohes Engagement.
- **Rätsel als Vorbild:** Attraktiv werden Aufgaben auch dann, wenn sie Rätselcharakter haben.
  - o Zum Beispiel können Sie die Zeilen eines Gedichtes, die Schritte eines Lösungsweges oder eine Landkarte auseinanderschneiden und die Schüler es wieder richtig ordnen lassen. Jeder Schüler bekommt Zeilen zugeordnet und wenn jeder Schüler nur seine Teile berühren darf, dann kooperieren die Schüler, um die Lösung zu finden.
  - o Auch können die Schüler bewusst einen Fehler einbauen, den der Partner oder die Gruppe finden muss: Jeder stellt fünf Vokabeln mit Übersetzung vor, eine ist falsch. Welche? In Partnerarbeit wird nach einer Textarbeit vorgestellt, was eine chemische Reaktion ist. Partner A stellt vor und baut einen Fehler ein. Partner B muss ihn finden.[8] Nach der Lektüre einer Szene aus

[6] Einige Beispiele finden Sie in Band 1, S. 126ff.

[7] Vgl. Gräsel/Gruber 2000, S. 164f.

[8] Vgl. Band 1, S. 63.

Don Carlos fasst ein Partner die Szene zusammen, baut jedoch einen Fehler ein. Was ist falsch?

- Lernschleifen einplanen: Wie an anderer Stelle ausgeführt, erhöhen Lernschleifen das Engagement (vgl. S. 138). In ihnen werden Fehler und Widersprüche, die in der Präsentation sichtbar werden, von den Schülern erneut bearbeitet. Dies schafft Interesse, denn die eigenen Gedanken führen zur Lösung.

In erster Linie ist es wichtig, dass die Schüler inhaltlich interessiert, was im Unterricht gemacht wird. Sie müssen das Gefühl haben, dass das Lernen für sie sinnvoll ist. Aber dieses Gefühl ist in hohem Maße abhängig von Motivation und diese wiederum von Erfolgserlebnissen. Im Kooperativen Lernen entsteht in viel höherem Maße Interesse für die Sache, als dies im herkömmlichen Unterricht der Fall ist. Dies wirkt sich dann auch wieder auf die Kooperation selber aus: „Wir werden die Aufgabe lösen, das haben wir fast immer geschafft!“

7.5 Die Schülerinnen und Schüler kooperieren, weil sie sich dabei als selbstwirksam erfahren

Das gerade angesprochene Interesse an der Sache steht in einem engen Zusammenhang mit dem elementaren Bedürfnis des Menschen, sich als selbstwirksam zu erfahren. Das Selbstwirksamkeitsgefühl ist das Vertrauen in die eigene Leistungsfähigkeit und die Überzeugung, dass das eigene Tun wirksam ist. Es ist ein wesentlicher Aspekt des Selbstwertgefühles. Im fragend-entwickelnden Unterricht haben die Schüler nur sehr begrenzt die Möglichkeit, ihr Selbstwirksamkeitsgefühl zu entwickeln. Das einzig mögliche Erfolgserlebnis (neben guten schriftlichen Lernerfolgskontrollen) besteht meist darin, eine oder mehrere richtige Antworten auf die Fragen des Unterrichtenden zu geben. Und selbst das ist nur einer begrenzten Zahl vorbehalten, nämlich den leistungsstärkeren und schneller denkenden Schülern. Andere kommen fast nie zu Wort; nur dann, wenn sie ohne Meldung aufgerufen werden. Und bei diesen Schülern entstehen aufgrund von Angst nicht selten Denkblockaden, so dass sie nichts oder wenig sagen können. Und solch ein Misserfolgserlebnis ist das genaue Gegenteil zu einer Selbstwirksamkeitserfahrung.

Beim Kooperativen Lernen dagegen erleben die Schülerinnen und Schüler sich immer wieder als selbstwirksam:

- wenn der Nachbar etwas besser versteht, weil man es ihm erklärt hat
- wenn der Partner die Vokabeln kann, weil man ihn abgefragt hat
- wenn die eigene Gruppe auch dadurch so erfolgreich ist, weil man selber so viele Punkte gesammelt hat
- wenn man das Gruppenergebnis gut präsentiert hat
- wenn man beim Gruppenpuzzle den anderen seinen Text so erklärt hat, dass sie ihn wirklich verstanden haben.

Diese und ähnliche Erfahrungen wirken wieder positiv auf die Schülerinnen und Schüler selbst zurück.[9] Durch die hohe motivationale Wirkung und die damit verbundenen Erfolge machen fast alle Schülerinnen und Schüler Könnenserfahrungen, die sich wieder in ihrem Selbstkonzept positiv niederschlagen. Auch dies ist ein Grund, dass Schüler nach einiger Zeit das Kooperative Lernen dem fragend-entwickelnden Unterricht vorziehen. Sie erleben sich als selbstwirksam und erfahren eine Stärkung ihres Selbstvertrauens. Denn sie merken immer wieder, dass sie sich auf ihre eigenen Fähigkeiten verlassen können.

[9] Vgl. DeVries/Mescon/Shackman 1975, S. 3f.

7.6 Schüler kooperieren aus vielen Gründen

Die vorgestellten Erklärungsansätze schließen sich nicht aus, sondern ergänzen sich. Schüler kooperieren nicht immer aus demselben Grund und nicht immer aus einem Grund. Denken Sie einmal an den Sportunterricht. Dort kooperieren die Schüler vielleicht, weil sie in einer Handballmannschaft sind und ein Spiel gewinnen möchten. Es ist aber auch möglich, dass sie kooperieren, weil ihnen ein Spiel Freude bereitet, weil sie einfach nur gut spielen möchten, ohne dass ein Wettbewerb sie motiviert. Und nicht selten spielen sie gut miteinander, weil sie einfach gerne gemeinsam Sport treiben. Oder sie kooperieren, weil sie genau wissen, dass die Hilfestellung des Partners bei einer Turnübung in der Krisensituation hilfreich sein könnte. Kaum anders ist es im Kooperativen Lernen.

7.7 Hinweise für die Praxis

Was auf den ersten Blick etwas theoretisch erscheinen mag, ist bei genauerer Betrachtung für die Praxis durchaus bedeutsam. Erfolgreicher Unterricht hängt in hohem Maße davon ab, die Kooperation auf eine tragfähige Basis zu stellen. Das heißt für die Praxis:

- Die Grundlage der Kooperation sollten immer gute Arbeitsbeziehungen zwischen den Schülerinnen und Schülern sein. Daher sollten Sie bei neu gebildeten Tischgruppen vor dem eigentlichen Lernprozess immer Übungen anleiten, in denen der Teamgeist gefördert wird.
- Gestalten Sie die Aufgabe so, dass sie für die Schüler interessant ist: Bauen Sie ein Rätsel ein, lassen Sie Fehler suchen, unterrichten Sie mit Lernschleifen usw.
- Es gibt Aufgaben, die inhaltlich nicht interessant sind, aber notwendig, z. B. Vokabeln lernen oder Rechtschreibung üben. Hier können Sie durch den Wettbewerb in einem Gruppenturnier hohes Engagement erzeugen. Machen Sie selber die Erfahrung, dass Ihre Schüler begeistert Inhalte lernen, die sie eigentlich weniger interessieren.
- Und auch bei interessanten Aufgaben und guten Beziehungen führt ein Aufeinander-angewiesen-sein in der Gruppe dazu, dass die Beteiligung der Schüler und ihr Engagement noch höher sind. Dadurch steigen die Leistungen der Schüler.[10]

Dass die Schüler sich beim Kooperativen Lernen als selbstwirksam erleben, ist in der kooperativen Phase und bei professioneller Anleitung fast immer der Fall.

TIPP!

Wir meinen, dass es auch für die tägliche Praxis gut ist, die einzelnen Ansätze zu kennen. So können Sie die kooperativen Lernprozesse noch gezielter steuern: Wenn die Schüler in Ihrer Klasse mit dem Gruppenpuzzle nur bescheidende Lernergebnisse erreichen, können Sie es einmal mit einem Wettbewerb kombinieren. Und wenn einzelne Lerngruppen kaum miteinander ins Gespräch kommen, dann sollten Sie überlegen, ob die Beziehungen stärker gefördert werden müssen.

[10] Vgl. Slavin 1993, S. 157.

Ein Blick zurück

Warum kooperieren Schüler miteinander?

In diesem Kapitel haben Sie ...

- vier Erklärungsansätze kennengelernt, die aufzeigen, wann und warum Schülerinnen und Schüler erfolgreich miteinander kooperieren.
- konkrete Möglichkeiten kennengelernt, wie Sie gezielt die Kooperation intensivieren können.

8. Empirische Untersuchungen zur Wirksamkeit des Kooperativen Lernens

In diesem Kapitel ...

- stellen wir die wesentlichen Ergebnisse der empirischen Forschung zum Kooperativen Lernen zusammengefasst vor.
- setzen wir das hier vorgestellte Konzept eines schüleraktivierenden Unterrichts in Bezug zu Ergebnissen der empirischen Forschung zum Kooperativen Lernen.
- geben wir Hinweise zur Praxis, die sich aus der Forschung ergeben.
- gehen wir auf die Frage ein, ob die einzelnen Methoden hinsichtlich ihrer Wirksamkeit zu vergleichen sind.

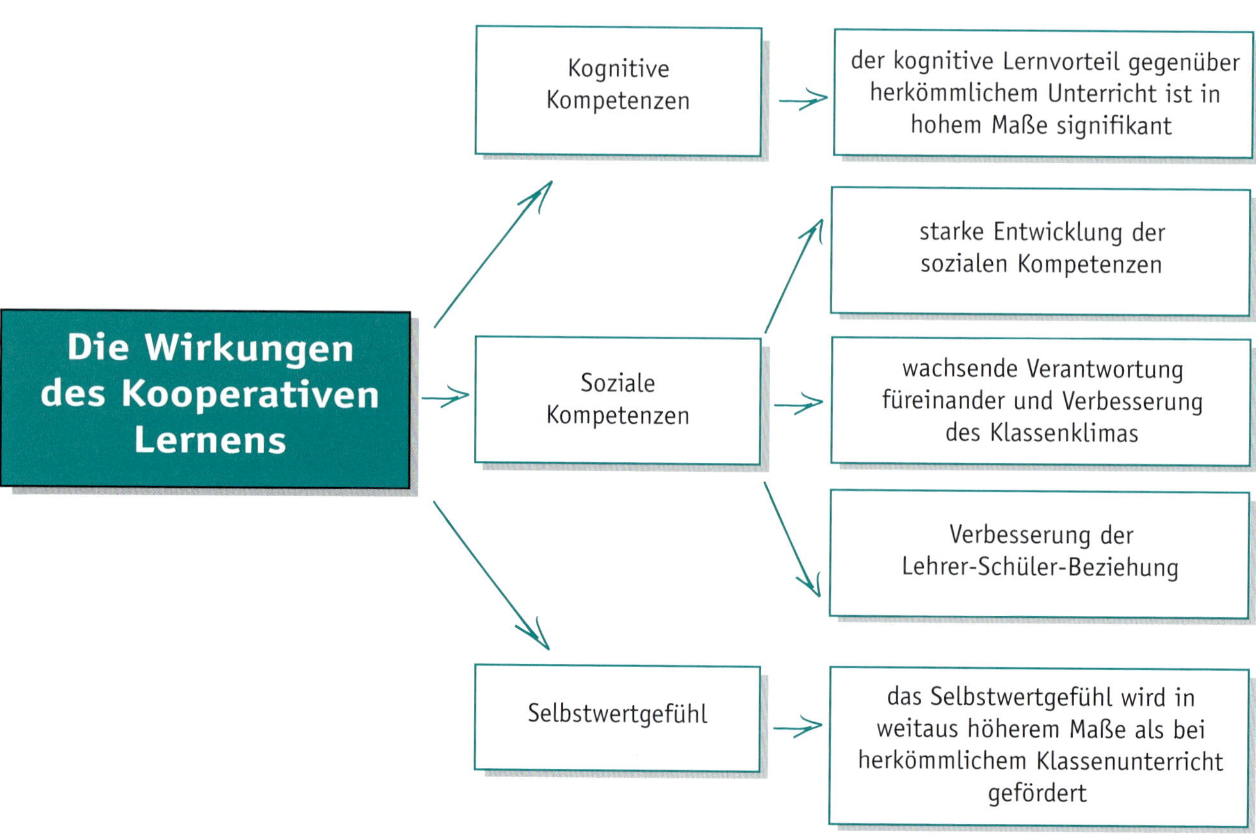

8.1 Einführung[1]

In einem Sammelband zum Kooperativen Lernen wird ein Überblick über die empirische Lehr-Lern-Forschung gegeben und dabei die Frage gestellt: „Ist kooperatives Lernen, ist Lernen in Gruppen effektiv?"[2] Die Fragestellung selbst führt uns sofort zu zwei Problembereichen, wenn es um Aussagen zur Wirksamkeit des Kooperativen Lernens geht:

1. Durch diese Fragestellung wird eine Gleichsetzung von Kooperativem Lernen und Lernen in Gruppen vorgenommen. Das kommt hierzulande nicht selten vor, gründet aber auf einem Missverständnis. Denn beides meint mitunter ganz unterschiedliche Unterrichtsformen.[3] Empirische Forschung, die Aussagen über das Kooperative Lernen machen möchte, kann nicht herkömmlichen Gruppenunterricht mit herkömmlichem Klassenunterricht vergleichen, sondern darf nur ausgewiesene Formen des Kooperativen Lernens in den Blick nehmen und mit anderen Lehr-Lernformen vergleichen.[4]
2. In unserem Konzept des Kooperativen Lernens geht es nicht nur um eine Phase der Kooperation im Unterricht; es geht um die Integration von Einzelarbeit, Kooperation, Lehrervortrag und anderen Unterrichtsformen in einer umfassenden Unterrichtsdramaturgie. Nur dann können die einzelnen Methoden des Kooperativen Lernens ihre Wirksamkeit voll entfalten. In unserem Konzept gibt es keine Kooperation ohne Einzelarbeit.[5] Erst vor diesem Hintergrund können die empirisch gestützten Ergebnisse zur Wirksamkeit des Kooperativen Lernens interpretiert werden.[6]

8.2 Kooperatives Lernen ist lernwirksam

In der empirischen Unterrichtsforschung sind in den vergangenen 30 Jahren unzählige Studien zum Kooperativen Lernen durchgeführt worden. Um diese Aussagen zu bündeln, fassen die Wissenschaftler die Einzelergebnisse in sogenannten Metaanalysen zusammen. Einige Ergebnisse aus diesen Studien stellen wir hier zusammengefasst vor.

- **Kognitive Kompetenzen:** Zahlreiche Studien haben gezeigt, dass professionell angeleitetes Kooperatives Lernen im Vergleich mit anderen Unterrichtsmethoden zu deutlich besseren Lernergebnissen führen kann.[7] So hat Slavin bereits 1983 in einer Metaanalyse festgestellt: In 88 % des untersuchten Unterrichts führt das Kooperative Lernen zu höheren Leistungen als traditioneller Unterricht. Selbst in den restlichen 12 % erzielten die Schüler immer noch gleichwertige Leistungen.[8] Die Wissenschaftler Roseth/Johnson/Johnson haben in einer aktuellen Metaanalyse 148 Studien zusammengefasst, die das Kooperative Lernen mit Formen des herkömmlichen Klassenunterrichts vergleichen. Auch in dieser Zusammenschau können die Wissenschaftler nachweisen, dass die Schülerinnen und Schüler durch das Kooperative Lernen signifikant bessere Leistungen erzielen, als sie dies im Klassenunterricht tun.[9]
- **Soziale Beziehungen:** Schülerinnen und Schüler entwickeln durch das Kooperative Lernen deutlich ihre sozialen Beziehungen. Slavin berichtet, dass beim Kooperativen

[1] Für fachliche Hinweise bedanken wir uns bei Judith Lanpfen, Marburg.

[2] Hänze 2008, S. 25.

[3] Johnson/Johnson 1999, S. 71ff.; vgl. auch Wellenreuther 2004, S. 368.

[4] Dann/Diegritz/Rosenbusch (1999) betonen in der wohl umfassendsten deutschen Studie zum Gruppenunterricht deshalb, dass sie das Kooperative Lernen nicht untersuchen konnten, da es in Deutschland bis zum Abschluss der Untersuchungen noch nicht in ausreichendem Maße in die Klassenzimmer vorgedrungen sei. Dennoch macht Kruse (2007) diesen Fehler, da er die „Belastungen beim Kooperativen Lernen" untersuchen möchte, dazu aber ausdrücklich „traditionellen Gruppenunterricht" untersucht. Dies führt dazu, dass die Mängel des klassischen Gruppenunterrichts auf das Kooperative Lernen übertragen werden, auch wenn letzteres nicht Gegenstand der Untersuchung war. Ein positives Gegenbeispiel findet sich bei Tepner/Melle/Roeder (2005), die in ihrer Untersuchung das Gruppenpuzzle und Frontalunterricht vergleichen.

[5] Das empfiehlt auch Huber 2006, S. 264.

[6] Eine leichtverständliche, auf das Nötigste konzentrierte und gleichzeitig praxisnahe Erläuterung zur Statistik im Schulalltag findet der interessierte Leser bei Eikenbusch/Leuders 2004.

[7] Eine Studie dazu haben wir dargestellt in: Brüning/Saum 2006 b, S. 10f. Siehe auch Wellenreuther 2004, S. 387ff., und Johson/Johnson 1999, S. 188ff.

[8] Vgl. Slavin nach Huber 2006, S. 263.

[9] Vgl. Roseth/Johnson/Johnson 2008, S. 232f. Der knappe Überblick verschiedener Metaanalysen bei Marzano (2001, S. 86) kommt zu ähnlich positiven Ergebnissen. Wie in allen ihren Untersuchungen unterscheiden die Gebrüder Johnson auch in der aktuellen Studie drei Unterrichtsformen: Kooperatives Lernen, konkurrenzorientiertes Lernen oder individuelles Lernen. Wenn wir hier vom „herkömmlichen Klassenunterricht" sprechen, fassen wir konkurrenzorientiertes und individuelles Lernen zusammen. Denn im herkömmlichen Unterricht kommen diese beiden Formen zum Tragen.

Lernen die wechselseitige Sympathie steigt und sich das Klassenklima verbessert.[10] Untersuchungen haben außerdem gezeigt, dass durch die Methode „Kleinprojekte in Gruppen“ positive Beziehungen zwischen Schülern, die aus verschiedenen Kulturen stammen, wirksam gefördert werden.[11] Liebermann und Miller zeigen, dass sich im integrativen Unterricht, der mit Kooperativem Lernen gestaltet wird, die Beziehungen zu den behinderten Mitschülern verbessern und bei den nicht behinderten Schülern die Emphatie aber auch die Fähigkeit zum Perspektivwechsel steigt.[12]

- **Selbstwertgefühl:** Die Gebrüder Johnson berichten von rund 80 Studien, in denen der Einfluss unterschiedlicher Lehr-Lern-Formen auf das Selbstwertgefühl untersucht wird. Die Studien zeigen, dass das Kooperative Lernen die Ausbildung eines angemessenen Selbstwertgefühls in deutlich höherem Maße fördert, als dies beim herkömmlichen Klassenunterricht der Fall ist.[13] Das Kooperative Lernen fördert das Erleben der eigenen Wirksamkeit. Dies wiederum wirkt sich positiv auf die Motivation und den Kompetenzerwerb aus. Langfristig können sich dadurch die Fähigkeits- und Selbstkonzepte der Schüler positiv entwickeln.[14]

Diese drei Kompetenzbereiche sind in der Forschung idealtypisch getrennt. In Wirklichkeit aber bilden sie jedoch ein Bedingungsgeflecht. Zum Beispiel konnten Roseth/Johnson/Johnson in der bereits angeführten Studie nachweisen, dass es einen Zusammenhang zwischen dem Anstieg der Leistung und der Verbesserung der sozialen Beziehungen der Schüler beim Kooperativen Lernen gibt. Und wir wissen, dass Schüler gerade dann erfolgreicher lernen, wenn sich ihr Selbstwertgefühl verbessert, da dies entscheidenden Einfluss auf die Motivation und damit auf den Lernerfolg hat.

8.3 Gibt es besonders wirksame Methoden?

Vielleicht haben Sie sich bereits gefragt, ob es innerhalb des Kooperativen Lernens auch Unterschiede hinsichtlich der Lernwirksamkeit der Einzelmethoden gibt. Auch diese Frage wurde schon mehrfach in den Blick genommen. So vergleicht Wellenreuther drei verschiedene kooperative Methoden hinsichtlich ihrer Lernwirksamkeit.[16] Und auch die Gebrüder Johnson haben eine Rangliste von Methoden aufgestellt.[17] Die Problematik dieser Vergleiche besteht aber darin, dass die Methoden aufgrund ihrer unterschiedlichen Ziele und Anforderungsebenen nur schwer vergleichbar sind.[18] So eignet sich das Gruppenpuzzle zur Erschließung von neuen Inhalten, während das Gruppenturnier dazu dient, bereits erarbeitete Inhalte zu festigen und einzuüben. Die Strukturierte Kontroverse hingegen dient vor allem der argumentativen Durchdringung eines Sachverhaltes und der Urteilsbildung. Jede der Methoden leistet also etwas anderes und könnte daher nur mit Methoden verglichen werden, die dasselbe leisten. Für alle Methoden des Kooperativen Lernens gilt jedoch, dass sie bei professioneller Durchführung im Durchschnitt dem herkömmlichen Klassenunterricht, schon aufgrund seiner fehlenden methodischen Variabilität, überlegen sind.

8.4 Hinweise der empirischen Unterrichtsforschung für die Praxis

Die empirische Unterrichtsforschung sagt aber nicht nur etwas über die Wirksamkeit des Kooperativen Lernens. Sie gibt uns auch Hinweise zur Praxis:

- **Gruppengröße:** Lou u. a. haben im Jahr 1996 in einer Metaanalyse die Bedeutung der unterschiedlichen Gruppengröße für den Lernfortschritt in den Blick genommen. Dabei konnten sie feststellen, dass Gruppen mit drei oder vier Schülern der Partnerarbeit in Hinsicht auf den Lernfortschritt nur geringfügig überlegen sind. Hingegen lernen die Schüler in Gruppen mit fünf bis sieben Teammitgliedern signifikant weniger.[19] Auch deshalb raten wir, immer mit Vierer-Gruppentischen zu arbeiten. Jede Klasse lässt sich in Dreier- und Vierergruppen aufteilen.

[10] Vgl. die Hinweise bei Wahl 2004, S. 93f.; siehe auch Roseth/Johnson/Johnson 2008, S. 227; Slavin 1991, S. 79f.

[11] Sharan 1994, S. 99f.

[12] Liebermann/Miller 1991, S. 92ff.

[13] Zu den Wirkungen in den sozialen und personalen Kompetenzbereichen vgl. den Überblick bei Johnson/Johnson 1999, S. 195-218.

[14] Vgl. Wahl 2004, S. 65.

[15] Vgl. Roseth/Johnson/Johnson 2008, S. 235f.

[16] Wellenreuther 2004, S. 387ff., in Anlehnung an Slavin.

[17] Johnson/Johnson 2000.

[18] Vgl. Johnson/Johnson 2000, S. 10f.

[19] Vgl. Marzano u.a. 2001, S. 88.

- **Strukturiertheit:** Es ist unstrittig, dass Unterricht im Allgemeinen dann lernwirksam ist, wenn die Schüler in ihm die Inhalte in sehr strukturierter Weise dargeboten bekommen.[20] Und mehrere Studien zeigen,[21] dass auch eine deutlich strukturierte Kooperation in der Regel zu besseren Lernergebnissen führt, als dies bei unstrukturierten Gruppenarbeiten der Fall ist. Ein Kennzeichen des von uns vorgestellten Kooperativen Lernens ist seine relativ hohe Strukturiertheit. In der Dramaturgie des Unterrichts wird der Dreischritt „Denken – Austauschen – Vorstellen" vielfältig variiert und liefert dennoch eine feste Struktur. Das bietet Handlungssicherheit für Lehrer und Schüler. Hinzukommt, dass die einzelnen Methoden in der Regel auch innerhalb der Phase der Kooperation klare Abläufe und Strukturen aufweisen, so dass die Kommunikation sehr zielgerichtet erfolgen kann. Aus diesem Grund achten wir im eigenen Unterricht wie auch in den Fortbildungen darauf, die Inhalte und Abläufe sehr strukturiert darzubieten.
- **Förderung der Beziehung:** Umso besser die Beziehungen der Schüler untereinander sind, desto erfolgreicher arbeiten sie miteinander. Die gezielte Förderung einer positiven sozialen Beziehung gehört schon deshalb zur Aufgabe des Unterrichtenden. Denn sie verhilft den Schülerinnen und Schülern letztlich auch zu besseren Leistungen und ist auch im Sinne eines Unterrichts, der zum Ziel hat, den ganzen Menschen zu fördern. In der Praxis schlägt sich also die für das soziale Lernen genutzte Unterrichtszeit mit hoher Wahrscheinlichkeit auch in den besseren Lernergebnissen nieder.[22]

Einwand

Wenn wir in Lehrerfortbildungen über die einschlägigen Ergebnisse der Forschung berichten, dann äußern sich in der anschließenden Plenumsdiskussion hin und wieder einzelne Teilnehmer in der folgenden Weise: „Die Forschung kann vieles untersuchen und berichten. Meine Klassen sind so problematisch, dass ich auch mit diesen Methoden nicht weiterkomme." In diesen und ähnlichen Beiträgen wird für uns eine große und sehr ernst zu nehmende Resignation deutlich. Die Kolleginnen und Kollegen, die sich so äußern haben einmal mit viel Schwung und Elan ihre Arbeit begonnen und im Laufe ihrer beruflichen Tätigkeit viele entmutigende Erfahrungen gemacht. Klassischer Frontalunterricht erscheint vielen da seit Jahren als einziger Ausweg. Das ist schade, denn gerade das Kooperative Lernen bietet viele Gelegenheiten, die Freude an der eigenen Arbeit mit einem variantenreichen Unterricht zu verbinden. Das wirkt sich dann auch auf die Schülerinnen und Schüler aus. Die Methoden des Kooperativen Lernens wurden in dörflichen, städtischen und großstädtischen Schulen, in allen Alterklassen und vielen Fächern untersucht. Immer waren sie ein Gewinn für den Unterricht. Das deckt sich auch mit unserer Erfahrung und den Rückmeldungen von den Lehrerinnen und Lehrern, die mit etwas Geduld diese Methoden zum Bestandteil ihres Unterrichts gemacht haben.

[20] Vgl. Wellenreuther 2004, S. 337; Helmke 2007, S. 45ff.

[21] Vgl. Gillies bei Hänze 2008, S. 25.

[22] Vgl Roseth/Johnson/Johnson 2008, S. 239.

9. Schule entwickeln – Wege zur kooperativen Schule

In diesem Kapitel ...

- thematisieren wir, wie Kooperatives Lernen in der Schule implementiert werden kann.
- stellen wir dar, welche Bedeutung innerschulische Netzwerke in diesem Zusammenhang haben.
- erläutern wir, wie eine Schule organisiert sein sollte, damit Kooperatives Lernen von vielen Kollegen im Unterricht umgesetzt wird.
- übertragen wir die fünf Gelingensbedingungen des Kooperativen Lernens auf die Schulorganisation.
- gehen wir auf die Aufgabe der Schulleitung in diesem Prozess ein.

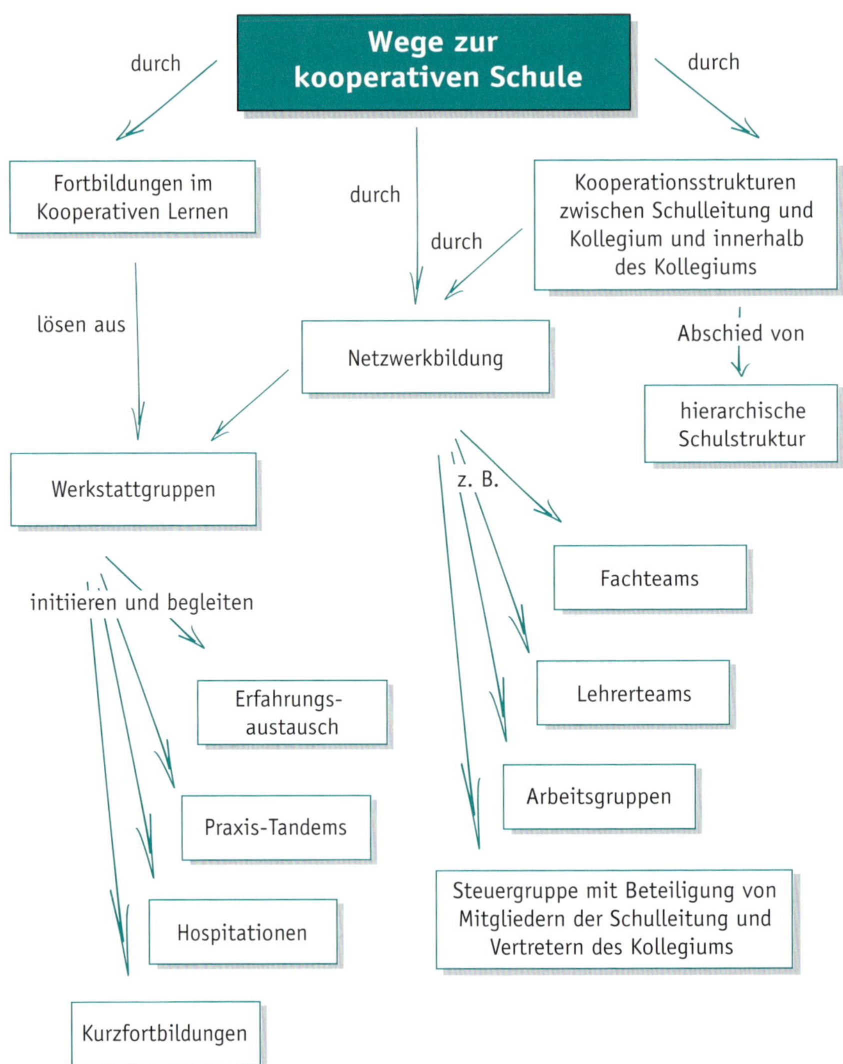

9.1 Kooperatives Lernen in die Schule bringen

Wer sich bereits mit der Veränderung von Unterrichtskultur beschäftigt hat, der weiß, wie mühsam es ist, über guten Unterricht ins Gespräch zu kommen, in einer Schule neue Formen des Unterrichtens einzuführen und gewohnte Routinen zu erweitern. Das gilt auch für Unterrichtsentwicklung im Sinne des Kooperativen Lernens. Wir haben die Erfahrung gemacht, dass sich Unterricht vor allem dann verändert, wenn die Prozesse der Unterrichtsentwicklung langfristig in den Blick genommen werden und die Schulen einen langen Atem beweisen. Dann allerdings verändern sie sich nachhaltig, wird Unterricht ertragreicher und sind Schüler, Eltern und Lehrer zufriedener. In diesem Abschnitt stellen wir eine Möglichkeit vor, wie dieser Prozess erfolgreich durchgeführt werden kann.

9.1.1 Mit Fortbildungen beginnen

Damit Lehrerinnen und Lehrer das Kooperative Lernen umsetzen, müssen sie es natürlich zunächst kennenlernen. Dazu sind praxisorientierte Fortbildungen das Mittel der Wahl. Aus Sicht einer Schule insgesamt hat es sich als relativ wirkungslos erwiesen, wenn nur einzelne Kollegen an solchen Fortbildungen teilnehmen. Gleiches gilt, wenn die Kollegen nur eine eintägige Fortbildung zu diesem Thema bekommen. Daher sollte eine Schule möglichst eine über mehrere Jahre gehende Reihe von Fortbildungen zum Kooperativen Lernen bekommen.

9.1.2 Netzwerke bilden

Fortbildungen allein haben erfahrungsgemäß oft noch nicht die gewünschte Wirkung: Häufig sind die bisherigen Routinen so stark, dass sie sich wieder durchsetzen, sobald die Trainer wieder weg sind. Dies geschieht seltener, wenn die Lehrkräfte in der Schule Netzwerke bilden, in denen sie sich austauschen, anregen und ermutigen können. Diese Netzwerke sollten sich langfristig bilden, d. h. auch fortgeführt werden, wenn die Fortbildungsreihe abgeschlossen ist. Die Veränderung hin zum Kooperativen Lernen wird in der Regel gerade durch solche Netzwerke angetrieben. Eine erprobte Form der Netzwerkbildung sind Werkstattgruppen. In diesen Gruppen finden wichtige inhaltliche Austauschprozesse über die Herausforderungen eines veränderten Unterrichts statt. Erfahrungen werden berichtet und Probleme in der Umsetzung gemeinsam gelöst. Gerade in der Phase der Umsetzung und der Praxiserprobung sind Werkstattgruppen eine wichtige Hilfe, um den Lernprozess in Gang zu halten. Unterschiedliche Formen des kollegialen Austausches in der Werkstattgruppe haben sich bewährt:

- **Strukturierter Erfahrungsaustausch:** Abwechselnd können sich die Kolleginnen und Kollegen einzelne Sequenzen aus ihrem veränderten Unterricht vorstellen, z. B. in der Form des Stationenlernens: Die Gesamtgruppe wird in zwei oder drei Kleingruppen aufgeteilt und diese verteilen sich an die Stationen. In einem begrenzten Zeitrahmen, in dem auch die Rückfragen erfolgen können (max. 30 Minuten), stellt der Stationsleiter seine kooperative Stunde oder Sequenz vor. Nach der ersten Präsentation wechseln die Teilnehmer zur zweiten Station und dann ggf. noch zur dritten. So inspirieren und ermutigen sich die Kolleginnen und Kollegen gegenseitig.
- **Kurzfortbildungen:** Neben solchem Erfahrungsaustausch werden in den Werkstattgruppen auch kleinere Fortbildungen von Kolleginnen und Kollegen durchgeführt, die sich in ein Thema besonders eingearbeitet haben.
- **Praxis-Tandems und Hospitationen:** Einfachere Formen des Netzwerks sind Praxis-Tandems. Dabei schließen sich zwei Kollegen zusammen, tauschen sich aus, besprechen ihre kooperativen Lernsequenzen oder planen sie gemeinsam, besuchen sich gegenseitig im Unterricht, lernen von- und miteinander und geben sich Feedback zu vereinbarten Schwerpunkten. Dies kann zu Hospitationen, bei denen sich Kollegen nicht nur innerhalb des Tandems gegenseitig im Unterricht besuchen, ausgeweitet werden. So wird für die Kollegen unmittelbar erfahrbar, wie die Umsetzung des Kooperativen Lernens in der eigenen Schule und in konkreten Klassen aussehen kann.

9.1.3 Unterstützung durch die Schulleitung

Zentral in diesem Prozess ist außerdem die Unterstützung durch die Schulleitung. Sie muss bereit sein, den Prozess aktiv zu begleiten und auch selbst an den Fortbildungen teilzunehmen. Innerschulisch muss sie für die Praxis-Tandems oder Hospitationen die organisatorischen Voraussetzungen schaffen, damit sie sich gegenseitig in ihrem Unterricht besuchen können. Das Engagement der Kollegen, die sich auf den Weg machen, ausreichend innerhalb der Schulgemeinde zu würdigen, ist in diesem Zusammenhang fast schon selbstverständlich. Kollegen, die sich besonders engagieren, indem sie z. B. die Werkstattgruppe organisieren, sollten entlastet werden. Unsere Erfahrungen zeigen, dass es ohne aktive Unterstützung der Schulleitungen nicht zu nachhaltigen Veränderungen kommen kann.

TIPP!

Trainer ausbilden

Eine besondere Schwierigkeit besteht immer wieder darin, geeignete Moderatoren und Trainer zu finden. Konkret bedeutet dies, dass die Schulaufsicht die Ausbildung von Trainern auf den Weg bringen muss, die in der Lage sind, einen langfristigen Fortbildungsprozess im Sinne des Kooperativen Lernens zu begleiten. Diese Ausbildung benötigt nach unserer Erfahrung einen mehrjährigen Vorlaufprozess, wenn nicht bereits auf qualifizierte Trainer zum Kooperativen Lernen zurückgegriffen werden kann. Hier ist eine große Sorgfalt notwendig, damit nicht im Schnellverfahren vermittelte Inhalte von Trainern ohne persönlichen Erfahrungshintergrund weitergegeben werden. Erst wenn die Trainer selber kooperativ unterrichten und mit den Problemen der Unterrichtsgestaltung vertraut sind, werden sie authentisch auftreten und erfolgreich fortbilden können.

9.1.4 Was hat sich in der Praxis bewährt?

- **Freiwillige Fortbildungsteilnahme:** Die Teilnahme an der Fortbildung zum Kooperativen Lernen sollte den Kollegen freigestellt werden. Sonst kann es passieren, dass sie durch den Widerstand einiger Teilnehmer gestört wird. Meist nimmt unserer Erfahrung nach ein Großteil des Kollegiums freiwillig an den Fortbildungen teil und aufgrund ihrer Begeisterung kommen viele derjenigen, die anfangs nicht dabei waren, später hinzu.
- **Fortbildungen in der Lehrerkonferenz beschließen:** Die Fortbildungen zum Kooperativen Lernen sollten nicht von oben verordnet werden, sondern mindestens mit Zweidrittelmehrheit von der Lehrerkonferenz gewünscht werden. Das ist für die Akzeptanz sehr wichtig. Damit das Kollegium das Kooperative Lernen kennenlernt, kann zunächst eine eintägige Einführungsveranstaltung durchgeführt werden.
- **Mentoren ausbilden:** Als sehr wirkungsvoll hat es sich erwiesen, wenn mindestens vier Kolleginnen oder Kollegen einer Schule eine längerfristige Ausbildung im Kooperativen Lernen erhalten, um dann die Werkstattgruppe zu leiten und die Kollegen auf ihrem Weg zu unterstützen. Hier ist die Schulaufsicht gefordert, entsprechende Fortbildungen anzubieten.

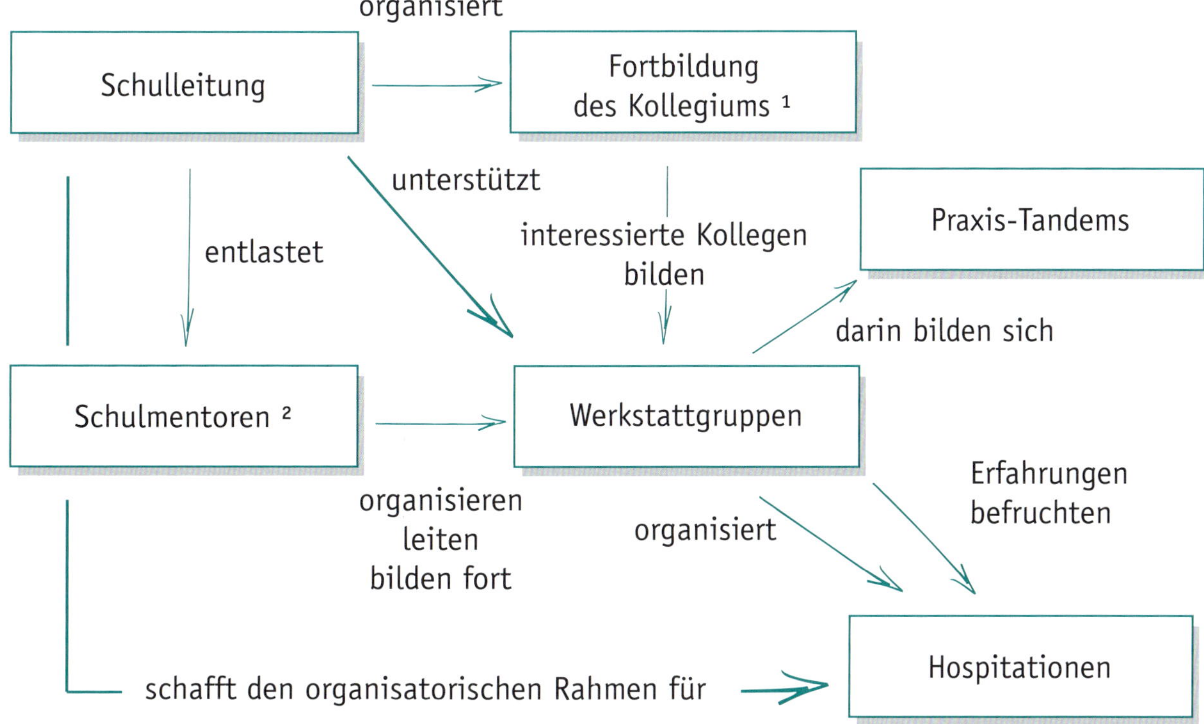

[1] Fortbildung durch externe Trainerinnen und Trainer

[2] Ausbildung durch externe Trainerinnen und Trainer

9.2 Die Organisation der Schule

Wenn Schulen zwar in die Fortbildung ihrer Kollegen investieren, der Unterricht sich aber nicht entscheidend oder nur kurzfristig verändert, kann dies daran liegen, dass die innere Struktur der Schule im Widerspruch zu einer Unterrichtsentwicklung im Sinne des Kooperativen Lernens steht: Lehrkräfte, die weder ihre Arbeit miteinander noch die zwischen Schulleitung und Kollegium als kooperativ erfahren, werden vermutlich kaum eine auf Zusammenarbeit angelegte Unterrichtsphilosophie wertschätzen und bereit sein, diese auf Dauer einzusetzen.

9.2.1 Schulstruktur und Lehrerhandeln

Die innere Schulstruktur, die die Unterrichtenden in ihren Arbeitszusammenhängen täglich erleben, prägt entscheidend ihre Erfahrungen. Und diese bestimmen ihre subjektiven Lehrertheorien und somit auch das tägliche Lehrerhandeln.[1] Also muss die Veränderung der Lernkultur mit einer Veränderung der internen Schulorganisation einhergehen. Wie die Unterrichtenden beim Kooperativen Lernen die Schüler anleiten, die Kooperationsprozesse steuern, auf ihre Initiative reagieren, sie an der Planung und bei Entscheidungen beteiligen, so kommt der Schulleitung die Aufgabe zu, diesen Prozess des Interessenausgleichs innerhalb des Kollegiums und zwischen Kollegium und Schulleitung zu steuern.

9.2.2. Hierarchische Strukturen in Unterricht und Schule

Bei den Formen der Schulorganisation kann man idealtypisch zwei Formen unterscheiden: Auf der einen Seite steht die hierarchische Form. Auf der anderen Seite steht eine Form, die möglichst viele Möglichkeiten der Mitbestimmung gibt und in der es Strukturen zur Kooperation der Kollegen untereinander und zwischen Schulleitung und dem Kollegium gibt. Setzt man die Form der Schulorganisation mit der Form des Unterrichts in Beziehung, dann wird deutlich: In der hierarchisch geführten Schule gibt es viele Parallelen zu lehrerzentriertem Frontalunterricht. Der Unterrichtende verhält sich an einer solchen Schule systemkonform, wenn er auf Kooperation zwischen den Schülern wenig Wert legt. Ein Lehrer, der in diesem System eher offene oder kooperative Formen des Unterrichtens anstrebt, ruft unter Umständen Irritationen bei vielen Mitgliedern des Systems hervor, die ihn veranlassen, sich wieder systemkonform zu verhalten. Vielleicht wird ein Lehrer, der das Kooperative Lernen in seinen Unterricht integriert, belächelt oder gar kritisiert, solche Unterrichtsformen passten doch nicht in die Schule. In diesen Äußerungen wird dann aber vor allem deutlich, dass die Unterrichtsentwicklung im Sinne des Kooperativen Lernens in einer Schule mit hierarchischer Binnenstruktur einzelne Kollegen irritiert.

9.2.3 Kooperative Strukturen in Unterricht und Schule

Die Schulstruktur, die dem Unterricht im Sinne des Kooperativen Lernen entspricht, ist durch Kooperationsstrukturen gekennzeichnet. In diesen werden gemeinsame Entscheidungen getroffen und Prozesse, die die Arbeit betreffen, gemeinsam gesteuert und reflektiert. In kooperativen Systemen sind die Lehrkräfte an der Entwicklung der Schule und vor allem an der Unterrichtsentwicklung beteiligt; hier bekommen sie echte Entscheidungsspielräume. Die Verteilung von Ressourcen, die Umsetzung von curricularen Anforderungen, die Wege zur Erreichung der Bildungsziele und andere wesentliche Aspekte werden in Kooperation mit der Schulleitung entschieden. In ähnlicher Weise sind Schüler beim Kooperativen Lernen eingebunden. Sie stellen innerhalb der Gruppen Fragen, planen, initiieren ihre Tätigkeiten, sind in hohem Maße aktiv am Lernen beteiligt und kommunizieren häufig im Sinne des Lernprozesses konstruktiv mit den Mitschülern (vgl. Tabelle S. 159).

[1] Vgl. Shachar/Sharan 1993, S. 70. Für den kollegialen Austausch bedanken wir uns bei Gerd Konietzko, Hagen.

	Merkmale hierarchischer Schulorganisation		**Merkmale kooperativer Schulorganisation**	
	frontaler Unterricht	**hierarchische Schulorganisation**	**kooperativer Unterricht**	**kooperative Schulorganisation**
Inhalte, Methoden etc.	Der Lehrer bestimmt allein über Aufgabenstellung, Arbeitsmaterialien, Arbeitstempo und Bewertung.	Die Schulleitung bestimmt über Inhalte, Termine und Verfahren.	Lehrer binden Schüler in die Planung und Bewertung von Unterricht mit ein.	Die Lehrer sind an Entscheidungen über Inhalte, Ziele und Verfahren beteiligt.
Kommunikation	Der Lehrer hält entweder einen Vortrag oder er redet beim fragend-entwickelnden Unterrichtsgespräch immer nur mit einem Schüler.	Kommunikation existiert weitgehend von oben nach unten.	Schüler kommunizieren miteinander und mit dem Lehrer. Der Lehrer ist vielfach der Moderator für das Lernarrangement.	Die Kommunikation findet sowohl zwischen den Lehrern als auch zwischen den Lehrern und der Schulleitung statt, so werden alle Fragen zu Inhalten, Zielen und Verfahren geklärt.
Verantwortung, Rechenschaft	Schüler legen nur Rechenschaft gegenüber dem Lehrer ab.	Lehrer legt Rechenschaft über seine Tätigkeit gegenüber der Schulleitung ab.	Schüler gehen mit Beiträgen aus Einzelarbeit in Kooperation, sie übernehmen Verantwortung für sich und die Gruppe, sie legen Rechenschaft über ihr Lernen und Verhalten auch gegenüber ihren Mitschülern ab.	Lehrer und Schulleitung legen Rechenschaft über ihre Tätigkeiten gegenüber allen am Schulleben Beteiligten ab.
Kooperation	Der Schüler arbeitet allein, wenn, dann wird er nur vom Lehrer in seinem Lernprozess unterstützt.	Jeder Lehrer arbeitet allein, die Schulleitung arbeitet allein.	Die Schüler arbeiten zu zweit oder in der Gruppe und unterstützen sich gegenseitig im Lernprozess.	Die Lehrer arbeiten zusammen, sprechen sich ab, verteilen Aufgaben und unterstützen sich in ihrer Tätigkeit.

Nach: Shachar/Sharan 1993, S. 60f.

9.3 Unterricht und Schule in kooperativen Systemen entwickeln

Wenn sich eine Schulgemeinde entscheidet, sich gezielt zu entwickeln, dann muss sich die Schule hin zu einer kooperativen Organisation verändern. In ihr legen die Mitglieder Wert auf eine gelingende Zusammenarbeit und haben gleichzeitig ein Bewusstsein dafür, dass dies die Grundlage befriedigender und erfolgreicher Arbeit ist. Die Unterrichtsforscher Johnson/Johnson haben in einer Vielzahl empirischer Untersuchungen herausgearbeitet, unter welchen Bedingungen Kooperatives Lernen erfolgreich ist.[2] Nach unserer Auffassung müssen diese fünf Bedingungen auch in der Organisation einer Schule gegeben sein, damit optimale Voraussetzungen für die Unterrichtsentwicklung vorliegen. Im Folgenden stellen wir dar, wie diese Gelingensbedingungen auf der Ebene der Schulorganisation aussehen können.

9.3.1 Kleine Einheiten bilden

Gruppen und Systeme sind vor allem dann erfolgreich, wenn sie über angemessene Kommunikationsstrukturen verfügen. Beim Kooperativen Lernen ist es daher sinnvoll, mit Kleingruppen von zwei bis vier Schülern zu arbeiten, die an einem Tisch sitzen, Blickkontakt haben und direkt miteinander ins Gespräch kommen können. Auch Schulen benötigen solche Formen der Untergliederung. Natürlich sind dazu nicht Kleingruppen wie im Unterricht notwendig aber überschaubare Einheiten, die eng zusammenarbeiten. Erst sie erlauben es, eine gemeinsame Vorstellung von der Arbeit, von mittelfristigen Zielen, gemeinsamen Normen und Problemlösungen zu entwickeln. Deshalb weisen Schulen, in denen die Kollegen mehr oder wenig isoliert arbeiten und sich über das eigentliche Kerngeschäft, den Unterricht, kaum austauschen, nur wenig Entwicklungspotential auf.

[2] Vgl. Band 1, 132ff.

In Schulen mit mehr als 20 Kollegen bietet sich vor allem das Teammodell an.[3] Dabei wird pro Jahrgang ein Lehrerteam gebildet, das schwerpunktmäßig in diesem Jahrgang unterrichtet, idealerweise ein eigenes Lehrerzimmer in unmittelbarer Nähe zu den Klassenräumen hat und sich regelmäßig zu einer Teamkonferenz trifft. Dass viele Schulen den Teams keine eigenen Lehrerzimmer zur Verfügung stellen können, ist kein Hindernis. Es gibt auch erfolgreiche Teamschulen, die nur ein Lehrerzimmer haben. Entscheidend sind die Teamkonferenzen, die etwa einmal im Monat stattfinden sollten. Dazu geht dann jedes Team einfach in einen Klassenraum.

Ein Blick in eine Teamkonferenz

Die Gesamtschule Haspe in Hagen ist als Teamschule organisiert. Vor einer Woche hat Sylvia Schneider[4], die Teamsprecherin des 6. Jahrgangs, die Einladungen für die heutige Teamkonferenz in die Fächer gelegt. Mitglieder des Teams sind die Klassenlehrer der sechs Klassen des Jahrgangs; da jede Klasse zwei Klassenlehrer hat, sind es also zwölf Personen. Außerdem gehören noch die Sozialpädagogin zum Team und ein Lehrer, der zwar viel im Team unterrichtet, aber kein Klassenlehrer ist. Zu Gast ist heute zudem die Abteilungsleiterin für die Jahrgänge 5 und 6, die auch Mitglied des Schulleitungsteams ist. Die Kollegen haben bis 13.05 Uhr Unterricht und die Konferenz soll um 13.30 Uhr beginnen. Die Gesamtschule Haspe ist eine Ganztangsschule, aber am Dienstagnachmittag haben die Schüler frei, damit die Konferenzen und Arbeitsgruppen stattfinden können.

Auf der Tagesordnung stehen heute neben der Vorbereitung auf die nächste Lehrerkonferenz, das gemeinsame Erziehungshandeln und die Überarbeitung der Unterrichtspartitur. Eine Unterrichtspartitur ist eine Übersicht über die Inhalte sowie die Lern- und Lehrmethoden, die in den Fächern in dem Schuljahr vermittelt und angewendet werden sollen. Durch diese Übersicht wird für alle transparent, wann z. B. in Deutsch die Methode zur Texterschließung eingeführt wird. Die anderen Fächer wissen dann, ab wann sie bei der Erschließung von Texten darauf zurückgreifen können. Ebenso sehen alle auf der Unterrichtspartitur, wann im Fach Gesellschaftslehre Ägypten behandelt wird. Die Fächer Kunst und Religion können dann zu dieser Zeit diesen Unterrichtsgegenstand auch aufnehmen, so dass fächerübergreifender Unterricht stattfindet. Jeder Jahrgang hat die Möglichkeit, diese Partitur, die einmal bei einer schulinternen Fortbildung erstellt worden ist, an die eigenen Ideen und Möglichkeiten anzupassen. Da die einzelnen Fachkollegen schon ihre Jahresplanung erstellt haben, bleibt jetzt nur die Aufgabe, diese aufeinander abzustimmen. Da es nicht viele Änderungsvorschläge gibt, kann Frau Schneider bald zum nächsten Tagesordnungspunkt, dem gemeinsamen Erziehungshandeln, übergehen.

Schon am Anfang des 5. Jahrgangs wurde ausgehend von den schulischen Grundsätzen die Umsetzung des gemeinsamen Erziehungshandelns besprochen. Dabei wurden unter anderem Absprachen dazu getroffen, wie z. B. Regelverstöße geahndet werden, wie man mit den Wünschen der Schüler umgeht, während des Unterrichts auf die Toilette zu gehen, ob die Schüler während des Unterrichts Wasser trinken dürfen, dass sie in den 5-Minuten-Pausen nicht die Klassen verlassen dürfen, sondern die Materialien für die nächste Unterrichtsstunde aus ihrem Fach hinten im Klassenraum holen sollen etc. Diese Absprachen sind wichtig. Sie erleichtern es den Schülern, die Regeln zu verinnerlichen, und sie geben den Kolleginnen und Kollegen Handlungssicherheit. Da die Regeln bei jedem Lehrer gelten, können diese nicht gegeneinander ausgespielt werden. („Bei Herrn xy darf ich aber während des Unterrichts Wasser trinken…“).

Die Vorbereitung auf die Lehrerkonferenz ist dann das letzte Thema der Teamsitzung. Auch dabei gilt das Prinzip des Kooperativen Lernens: Erst alleine arbeiten (jeder liest die Vorlagen für die Lehrerkonferenz und macht sich seine Gedanken), dann austauschen (in der Teamkonferenz) und abschließend die Teampositionen auf der Lehrerkonferenz vorstellen und diskutieren.

[3] Alle Preisträger des Deutschen Schulpreises der Robert-Bosch-Stiftung zeichnen sich durch professionelle Kooperation innerhalb der schulinternen Arbeitsstrukturen aus. Die Kollegen des Hauptpreisträgers 2006 der Dortmunder Grundschule Kleine Kielstraße arbeiten z. B. in einer aus Schulleitung und Kollegen bestehenden Steuergruppe sowie in Jahrgangsteams und in thematischen Teams zusammen. Zu näheren Informationen vgl. www.deutscher-schulpreis.de. Dort finden Sie auch Kurzprofile der Preisträger, aus denen die Kooperationsstrukturen entnommen werden können.

[4] Namen geändert.

Kommentar

Vorteile des Teammodells für Schule und Lehrkräfte

Die Konferenz dauerte insgesamt beinahe zwei Stunden. Kooperation braucht Zeit, wie jedes intensiv kooperierende Team bestätigen wird. Aber der Gewinn ist um ein Vielfaches höher als die Zeit, die man investiert. Nicht nur Schüler profitieren davon, weil sie mehr lernen und eine positive Schulkultur haben, sondern auch die Lehrer, weil sie die Kooperation auf der anderen Seite auch entlastet und die Arbeitszufriedenheit sehr erhöht.

Dass eine Teamschule zu einer Reduzierung der Belastungen des Lehrerberufes und erhöhter Arbeitszufriedenheit und Gesundheit führt, ist in der wissenschaftlichen Forschung inzwischen unbestritten.[5] Ergänzend sei angemerkt, dass effektive Schulen, in denen Absprachen über das Erziehungshandeln zum Bestandteil der Schule gehören, einen signifikanten höheren Einfluss auf den Lernerfolg ihrer Schüler haben, als Schulen, denen dieses Kooperationselement fehlt.[6]

In Schulen mit einem Teammodell ist die Schulentwicklung in der Regel erheblich leichter zu realisieren, als wenn solche Strukturen fehlen. Und die Teams werden häufig sogar selbst zum Motor der Innovation, da diese eben aus der Kooperation erwächst. Ob Trainingsraum, Inhalte für Fortbildungen, Organisation von Mittagsaufsichten oder Gestaltung der Schule, viele Impulse der Schulentwicklung erwachsen aus den Teams und werden so auf den Weg gebracht und in der Lehrer- und der Schulkonferenz vorgestellt, besprochen und beschlossen. Teams sind also eine erfolgreiche Möglichkeit, die oben angesprochene flache Schulorganisation zu realisieren, da in den Teams der Willensbildungsprozess erfolgen kann und die unmittelbare Mitbestimmung für jeden Einzelnen erfahrbar wird.

9.3.2 Persönlich Verantwortung übernehmen

Wenn Gruppen erfolgreich arbeiten und lernen, dann gehören immer auch die persönliche Verantwortung des Einzelnen für die Leistung der Gruppe und ein Bewusstsein für den eigenen Beitrag dazu. Nicht umsonst ist Kooperatives Lernen immer dann erfolgreich, wenn die Schüler ein Bewusstsein davon haben, dass sie zum Lernergebnis der Gruppe beitragen, aber auch über das Gesamtergebnis der Gruppe Rechenschaft ablegen müssen.

Nicht anders verhält es sich mit den Lehrenden. Auch sie müssen Rechenschaft über ihren Beitrag innerhalb des Systems Schule ablegen können. Sie sind verantwortlich für ihren Unterricht, der durchaus mehr oder weniger erfolgreich sein kann, wie viele empirische Studien belegen. Wer eine Schule entwickeln möchte, der muss immer wieder das Bewusstsein dafür wecken, dass alle Unterrichtenden eine Mitverantwortung für die Entwicklung der Schüler tragen, die jeder mit seiner selbst gewählten Rolle übernommen hat. Wir sind eben in ganz besonderem Maße an der Entwicklung der Kinder und Jugendlichen beteiligt.[7] Innerhalb der Schule geht es vor allem darum, dass die Lehrerteams gemeinsame Vereinbarungen treffen und die Kollegen sich auch an die Absprachen halten und ihr Lehrerhandeln danach ausrichten. Dazu gehören z. B. die oben aufgezeigten Absprachen zum gemeinsamen Erziehungshandeln oder zur Unterrichtspartitur, die auf der Teamkonferenz getroffen worden sind.

[5] Vgl. hierzu Netzwerk Bildung und Gesundheit in NRW: www.opus-nrw.de.

[6] Vgl. Marzano et al. 2003, S. 2ff. und S. 103ff.

[7] Fullan et al. 2005, S. 54f.

Da unterschiedliche Lehrformen zu ganz unterschiedlichen Lernergebnissen bei den Schülern führen, ist auch die Frage, wie unterrichtet wird, keine ganz persönliche Entscheidung. Diese Einsicht ist nicht immer angenehm und die daraus resultierenden Konsequenzen sind nicht leicht zu realisieren. Aber gerade in einem kooperativen System ist eine Antwort darauf möglich. Eine innerschulische Kultur der Transparenz („offene Klassentür") und der Rechenschaftslegung aber auch der gegenseitigen Achtung sind hier zu schaffen.[8]

Diese Erkenntnis kollidiert nur auf den ersten Blick mit dem von uns geforderten flachen, kooperativen System der Schulorganisation: Es geht uns nicht darum, dass bestimmte Unterrichtsformen „von oben" verordnet werden, sondern dass gemeinsam an der Verbesserung des Unterrichts gearbeitet wird, im Bewusstsein der persönlichen Verantwortung für die uns anvertrauten Schüler. Erfolgreiche Schulentwicklung kann ohne das persönliche Verantwortungsbewusstsein der Unterrichtenden für die Entwicklung ihrer Schüler nicht gelingen. Dieses Bewusstsein immer wieder in den Fokus der Arbeit zu rücken, ist Aufgabe erfolgreicher Schulleitungen.

9.3.3 Nur gemeinsam ist ein Kollegium erfolgreich

Dass die Gruppen so strukturiert sind, dass sie aufeinander angewiesen sind, ist eine Kernbedingung erfolgreicher Kooperation. Aufeinander angewiesen sein heißt, dass der Einzelne nur erfolgreich ist, wenn alle erfolgreich sind.

Was das für ein Kollegium heißt, lässt sich gut am erzieherischen Arbeiten veranschaulichen. Es ist gerade dann erfolgreich, wenn es auf der Grundlage gemeinsamer Absprachen basiert. Der Erfolg der eigenen Anstrengungen ist davon abhängig, dass sich möglichst viele Kollegen um die Umsetzung der gemeinsamen Erziehungsziele konsequent bemühen.

Eine Schule kann nur erfolgreich arbeiten, wenn alle Beteiligten miteinbezogen werden – alle Kollegen, aber auch die Eltern und die Schüler. Der Einbezug der Kollegen ist in Teamschulen einfach zu realisieren. Denn außer den Bereichen, in denen die Schulleitung alleine entscheiden muss (z. B. Personalentscheidungen), werden die Teams zu den anderen Fragen gehört und können ihre Positionen und Argumente in die Diskussion einbringen.

Ein weiteres zentrales Gremium, in dem die Kollegen einbezogen werden, ist eine Steuergruppe. In der Steuergruppe sind Vertreter der Schulleitung, alle Teamsprecher sowie die Leiter der Arbeitsgruppen. Alle Fragen und Konzepte, die in den Teamsitzungen und der Lehrerkonferenz diskutiert werden sollen, werden hier besprochen und vorbereitet. Dadurch kennen die Teamsprecher die zur Diskussion stehenden Konzepte genau und können sie in der Teamkonferenz besser erläutern. Genauso können die Teams hier ihre Ideen einbringen und so die Tagesordnungen der nächsten Teamsitzungen und Lehrerkonferenzen mitbestimmen. Die Schulleitung kann die in der Steuergruppe vorgebrachten Ideen oder Einwände aufnehmen und die Konzepte und Vorlagen noch überarbeiten, bevor sie in die Teams kommen. Dadurch erübrigen sich in den Teams manche Diskussionen und die Zeit kann intensiver genutzt werden.

In kooperativ ausgerichteten Schulen gibt es aber in der Regel noch weitere Gruppen, in denen Kollegen an der Entscheidungsfindung beteiligt sind. Ein Beispiel ist eine Gruppe, die über die Entlastungsstunden entscheidet. Dazu entsendet das Kollegium Kollegen, die dann gemeinsam mit dem Schulleiter die Wünsche der Kollegen nach Entlastungsstunden für besondere Aufgaben (z. B. Leitung der Sammlung in den Naturwissenschaften, Arbeit in der Schulbibliothek, hohe Anzahl von Korrekturen, Leitung der Werkstattgruppe für Kooperatives Lernen etc.) prüfen und versuchen, die zur Verfügung stehenden Stunden möglichst gerecht zu verteilen. Ihr Vorschlag wird dann in der Lehrerkonferenz zur Entscheidung gestellt.

9.3.4 Prozesse evaluieren

Eine weitere Gelingensbedingung des Kooperativen Lernens ist die regelmäßige Reflexion. Dabei können soziale, methodische oder inhaltliche Elemente in den Blick genommen werden. Diese Reflexion ist aber nicht nur ein zentrales Element im Unterricht, sondern auch in einer lernenden Organisation. Denn das Lernen geschieht gerade durch solche Reflexions- und Evaluationsprozesse. Neben den heute zunehmend obligatorischen externen Evaluationen sind dabei auch interne Evaluationen von großer Bedeutung.

[8] Vgl. hierzu die knappe aber sehr aufschlussreiche Darstellung von Moser 2003.

Wenn eine Schule sich in kooperativen Prozessen Ziele gesetzt hat und eine Unterrichtsentwicklung im Sinne des Kooperativen Lernens initiiert hat, dann muss der Weg dorthin in regelmäßigen Abständen evaluiert werden. Dabei ist es praktikabel, wenn das Kollegium immer nur einzelne Aspekte der eigenen Entwicklung in den Blick nimmt, da umfassende Evaluationen umfangreiche Erhebungen erfordern, deren Durchführung, Auswertung und die daraus resultierenden Konsequenzen die Einzelschule sonst überfordern kann.

So blicken z. B. die Teams am Schuljahresende auf das zurück, was sie im Schuljahr gemacht haben. Sie stellen Unterrichtsmaterialien, die sich bewährt haben, zusammen, sammeln Erfahrungen gelungener Wandertage und Klassenfahrten, weisen auf Dinge hin, bei denen es im Jahrgang Probleme gab usw. Dies wird dann von einem Vertreter des Teams dem Team des nachfolgenden Jahrgangs vorgestellt. Dieses Team kann dann seine Schuljahresplanung auf der Grundlage der Erfahrungen machen, die das letzte Team gemacht hat. Dafür treffen sich am Anfang jedes Schuljahres neben dem Team auch die Fachteams zu einer Konferenz. Im Fachteam sind die Kollegen, die ein Fach in einem Jahrgang unterrichten, z. B. die Deutschkollegen aller sechs Klassen des 6. Jahrgangs. Dieses Fachteam hat dann das hausinterne Deutschcurriculum für den 6. Jahrgang vorliegen, in das das Deutschfachteam des letzten 6. Jahrgangs seine Erfahrungen eingetragen hat. Dort steht dann z. B. der Roman „Momo“ als Ganzschrift, die bei den Schülern besonders guten Anklang gefunden hat, oder das spannende Erzählen, bei dem die Schüler ihre Schreibkompetenz besonders gut entwickelt haben. In Jahrgang 8 ist dieses Jahr der Balladenwettbewerb hinzugekommen und in Jahrgang 9 die Facharbeit. Das Fachteam des neuen Jahrgangs entscheidet dann, was es davon in seine Jahresplanung aufnimmt und was dafür wegfällt.

So wird das Curriculum (immer mit Blick auf die Kernlehrpläne) beständig optimiert und gute Ideen gehen nicht verloren, sondern können von dem nachfolgenden Jahrgang aufgenommen werden. Da diese Jahresevaluation, Weitergabe und Überarbeitung natürlich Zeit kostet, müssen hierfür Zeiträume geschaffen werden.

9.3.5 Atmosphäre der Achtsamkeit und Kooperation fördern

Nur wenn alle Beteiligten über grundlegende soziale Fähigkeiten verfügen, ist auch die fünfte Gelingensbedingung des Kooperativen Lernens erfüllt: Wenn die Schüler einer Klasse nicht leise miteinander sprechen oder sich nicht zuhören können, dann ist keine Arbeit in Kleingruppen möglich. Ebenso wie in der Klasse gehören zur Kooperation im Kollegium grundlegende soziale Fähigkeiten, die glücklicherweise meist vorausgesetzt werden können: Die Kollegen müssen in der Lage sein, sachlich Kritik zu üben und Kritik anderer als Hilfe zu sehen, anstatt sich angegriffen zu fühlen. Alle Beteiligten müssen kompromissbereit sein und dürfen nicht nur ihren eigenen Vorteil suchen. Konflikte müssen offen angesprochen und geklärt werden, sie dürfen nicht unterdrückt oder autoritär gelöst werden. In einer Atmosphäre der Achtsamkeit und Kooperation ist all dies selbstverständlich, aber gerade in der Anfangsphase der Unterrichtsentwicklung muss hin und wieder daran erinnert werden.

In jeder Schule wird es beispielsweise vorkommen, dass sich Lehrkräfte nicht an die Absprachen halten. Nicht alle sind von einer Kultur der Kooperation unter den Lehrkräften begeistert, da es dem Einzelnen natürlich auch etwas Freiheit nimmt. Die Schulleitung braucht hier ein bisschen Fingerspitzengefühl, um zu entscheiden, wann sie eingreift und wann sie etwas laufen lässt: Ein Eingreifen bei jedem Versäumnis würde zu einem Klima der Kontrolle führen und kontraproduktiv sein. Bei der hohen Arbeitsbelastung der Lehrkräfte ist hier auch Verständnis und Achtsamkeit gefragt. Wenn aber Absprachen ignoriert werden und jemand versucht, sich dem Prozess der Kooperation zu entziehen, dann muss die Schulleitung unbedingt die entsprechenden Lehrkräfte zum Gespräch bitten und versuchen, die Gründe für das Verhalten herauszufinden und gemeinsam Veränderungen anzubahnen. In regelmäßig stattfindenden Gesprächen sollten diese Lehrkräfte dann eine Zeit lang begleitet werden.

Würde hier nicht eingegriffen werden, dann bestünde die Gefahr, dass sich die Kultur der Kooperation unmerklich auflösen würde – zum Nachteil der Schüler. Wichtig ist, Überzeugungsarbeit zu leisten. Die Schulleitung sollte sowohl in Lehrerkonferenzen in allgemeiner Weise wie in Einzelgesprächen deutlich machen, welchen Gewinn nicht nur die Schüler, sondern auch die Kolleginnen und Kollegen aus einer Kultur der Kooperation ziehen.

9.4 Schule leiten in lernenden Organisationen

Kooperatives Lernen ist eine hoch lernwirksame Unterrichtsstrategie. Sie führt nachweislich zu hervorragenden Ergebnissen (vgl. S. 150ff.). Um Kooperatives Lernen zu verankern, darf aber nicht nur der Unterricht, sondern es muss der gesamte Schulentwicklungsprozess in den Blick genommen werden: Die Wahrscheinlichkeit, dass Schulentwicklungsmaßnahmen zu einer nachhaltigen Veränderung des Unterrichts führen, steigt mit der Veränderung der Schulorganisation hin zu offenen, kooperativen Strukturen.

Dazu gehört, dass auch die Schulleitung sich als Team versteht. Schulen von einem hierarchischen in ein kooperatives System zu verwandeln, bedarf mitunter eines langen Atems und ausgesprochener Leitungskompetenz.[9] Denn nicht alle Beteiligten werden diesen Weg gerne gehen. In vielen Schulen werden die Beteiligten alte Handlungsmuster ablegen müssen. Nicht selten kann dies bei den Kollegen und mitunter auch bei manchen Eltern Unsicherheit, Ängste und Widerstände auslösen. In dieser Situation ist eine verlässliche und professionelle Schulleitung unverzichtbar, die mit dem Kollegium gemeinsame Ziele entwickelt, die als Orientierung für die Schulentwicklung dienen können und nicht aus dem Blick verloren werden dürfen.

Die hier vorgestellten Bedingungen für erfolgreiche Schulentwicklung lassen sich kaum in ihrer Wirksamkeit quantifizieren. Fortbildungen, Werkstattgruppen, Steuergruppen, Teamstrukturen und kooperative Schulleitungen sind als multifaktorielles Gefüge zu verstehen. Erst ihr Zusammenspiel entscheidet über den Verlauf der Schulentwicklung. Daher muss jede Schule ihren Weg entwickeln, wie sie den von außen an sie herangetragenen Anforderungen und vor allem der Verantwortung für die Kinder und Jugendlichen gerecht wird. Bei der Suche nach diesem Weg bietet das Konzept einer Kooperativen Schule viele Orientierungspunkte, zentrale Kriterien und praktische Hinweise.

[9] Vgl. Fullan et al. 2005, S. 54ff.

Ein Blick zurück

Schule entwickeln

In diesem Kapitel haben Sie ...

- erfahren, wie Kooperatives Lernen in der Schule implementiert werden kann.
- Formen und Bedeutung innerschulischer Netzwerke – wie einer Werkstattgruppe – kennengelernt.
- lesen können, dass eine Schule kooperativ organisiert sein muss, damit Kooperatives Lernen von den Kollegen im Unterricht wirklich umgesetzt wird.
- die zentrale Aufgabe der Schulleitung in diesem Prozess umrissen bekommen.

10. Intelligent unterrichten mit Kooperativem Lernen

Zum Abschluss unserer beiden Bände über Kooperatives Lernen und schüleraktivierendes Lehren möchten wir in diesem Kapitel noch einmal einige Fäden zusammenführen, um ein übergreifendes Bild zu präsentieren.

10.1 Das Herz des Kooperativen Lernens

Das Kooperative Lernen ist das Kernelement eines Unterrichts, in dem alle Schülerinnen und Schüler in jeder Phase des Unterrichts mental aktiviert werden sollen. Die Grundstruktur des Kooperativen Lernens bestimmt all seine Formen, die einfachsten wie die komplexesten.

Sie hat drei Elemente, die immer wieder neu arrangiert werden können. Das erste Element ist die Einzelarbeit. Ganz gleich, welches Verfahren man wählt, am Anfang steht die Einzelarbeit – das eigene Denken. Und da man nicht sehen kann, ob alle auch denken, müssen die Schüler immer auch aufschreiben, was sie denken. Das zweite Element ist die Kooperation. Erst jetzt arbeiten die Schülerinnen und Schüler also mit ihrem Partner oder in Kleingruppen. Das dritte Element ist das Vorstellen der Ergebnisse. Dieser Dreischritt „Denken – Austauschen – Vorstellen“ ist nicht eine einzelne Methode unter anderen; er ist das Grundprinzip, das Herz des Kooperativen Lernens.

Ein reichhaltiges Bild von Unterricht

Das Grundprinzip Denken – Austauschen – Vorstellen ist der rote Faden, der alle Methoden durchzieht. Das gilt für die, die wir im ersten Band vorgestellt haben – zum Beispiel das Gruppenpuzzle, die Gruppenanalyse, das Lerntempoduett und das Partnerpuzzle, – wie für die in diesem Band vorgestellten Methoden – zum Beispiel das Gruppenturnier, die Gruppenrallye und die Strukturierte Kontroverse. In ihrem je unterschiedlichen Gewebe zeigen sich die vielfältigen Muster des Kooperativen Lernens. Diese Muster müssen in das Gesamtbild des Unterrichts intelligent eingebunden werden, damit sie ihr volles Potenzial entfalten können. Dabei können sie mit Elementen des Frontalunterrichts wie des offenen Unterrichts, mit Methoden der Begriffsbildung und Strategien zur Lesekompetenzförderung oder mit Visualisierungstechniken kombiniert werden. Immer ergibt sich ein anregender, vielfältiger und sehr lernwirksamer Unterricht.

Kooperieren können

Innerhalb der drei Schritte hat die Kooperation eine besondere Bedeutung. Für sie müssen die Schüler die meisten Fähigkeiten erwerben. Kooperieren bedeutet, anderen zuzuhören, eigene Gedanken anderen verständlich zu erklären, Gedanken zusammenzuführen und Kompromisse zu schließen. Wer kooperiert, lernt anderen zu helfen, ohne die Arbeit für sie zu tun, und Hilfe anzunehmen, sich in andere hineinzuversetzen und an ihre Bedürfnisse zu denken, sowie freundlich Kritik zu üben und Kritik von anderen als wertvoll für die eigene Entwicklung zu sehen. Die Schüler lernen, mit unterschiedlichen Menschen zurechtzukommen – Menschen anderer Kulturen, Menschen mit anderen Interessen und anderem Temperament, Menschen, mit denen sie sonst nicht ins Gespräch gekommen wären.

All dies sind Fähigkeiten, die wichtig für den späteren Beruf sind, aber auch für das familiäre Zusammenleben und für das Miteinander mit Freunden und Nachbarn. Beim Kooperativen Lernen werden die Schüler also nicht nur erfolgreich auf die Abschlussprüfungen vorbereitet, sondern sie erwerben auch Fähigkeiten, die für ein gelingendes Leben notwendig sind.

Die Kooperation hat auch deswegen eine so große Bedeutung, weil beim Austausch oft neue Ideen kommen oder Lücken deutlich werden. Wichtig ist, dass die Schüler lernen, dass es nicht nur auf das Mitteilen der Lösungen ankommt, sondern auch darauf, die eigenen Gedanken, die zur Lösung geführt haben, mitzuteilen. Denn vor allem dadurch lernen die Schüler, die die Lösung nicht gefunden haben. Und oft lernen die Schüler besser von ihren Mitschülern als vom Lehrer.

Das Wunder der Kooperation

Das Wunder der Kooperation besteht darin, dass die Gruppe häufig zu einem Ergebnis kommt, das über das hinausgeht, was jeder Einzelne gedacht und beigetragen hat. Jeder gibt etwas in die Gruppe hinein und dies entwickelt sich im Austausch weiter. Am Ende des Prozesses haben alle Einsichten, die sie zu Beginn nicht hatten. Das Kooperative Lernen „regt die Gruppe an, ein Niveau zu erreichen, das über dem ihres stärksten Mitgliedes ist." [1]

Die Details machen den Unterschied

Doch diese Ergebnisse stellen sich nicht von selbst ein. Es kommt bei der Umsetzung auf viele Details und die Einbindung in die Gesamtkonzeption des Unterrichts an. Die Details reichen von der klaren Strukturierung des Ablaufs – deutliche Trennung der Phasen mit Signalen für ihren Beginn und ihr Ende, angemessene Zeitvorgaben etc. – über das konsequente Einhalten der Regeln – Schriftlichkeit bei der Einzelarbeit, Reihenfolge beim Austausch, Zufallsauswahl bei der Präsentation etc. – bis hin zur effizienten Klassenführung, bei der konsequent gegen Störungen vorgegangen wird. In beiden Bänden finden Sie eine Fülle weiterer Details, die zu beachten sind.

10.2 Auf der Reise in das Land des Kooperativen Lernens

Wir freuen uns, dass Sie sich auf die Reise ins Land des Kooperativen Lernens gemacht haben. Sie haben aus der Landkarte, die wir hier in zwei Bänden vorgelegt haben, vielleicht alles, vielleicht auch nur Auszüge gelesen und Sie haben gesehen, dass es viele Wege gibt, große Alleen genauso wie kleine Seitenpfade. Möglicherweise haben Sie das Glück gehabt, die Reise nicht alleine antreten zu müssen, sondern Gefährten gefunden, die mit Ihnen gehen. Wir selbst haben die Erfahrung gemacht, dass man die Energie des Kooperativen Lernens noch stärker spürt, wenn man selber kooperiert. Und wir haben erst dann das Kooperative Lernen konsequent in unserem Unterricht umgesetzt, als wir angefangen haben, uns mit anderen regelmäßig auszutauschen und miteinander und voneinander zu lernen.

Von der Raupe zum Schmetterling

Wenn Sie bisher nicht nur die Landkarte studiert, sondern auch schon ins Land des Kooperativen Lernens aufgebrochen sind, dann haben Sie vielleicht nicht sogleich jeden Weg gefunden. Vielleicht hat nicht alles gleich so geklappt, wie es hier beschrieben ist. Manchmal sind die Lernergebnisse dürftig, manchmal erscheint der Zeitaufwand zu hoch. Wir möchten Sie ermutigen, Ihre Reise dann nicht abzubrechen. Ein Schmetterling kommt nicht gleich auf die Welt; erst muss er sich mühsam als Raupe fortbewegen und jeder Stein erscheint als beinahe unüberwindliches Hindernis. Doch ganz sicher kommt die Zeit, wo er sich verpuppt und sich in einen Schmetterling verwandelt. Die Steine, die der Raupe riesig erschienen, existieren für ihn nicht mehr. Dass beim Kooperativen Lernen Schwierigkeiten auftauchen, ist ganz normal. Sowohl Sie lernen etwas Neues als auch Ihre Schüler. Wenn es dann läuft, werden Sie und Ihre Schülerinnen und Schüler für das Durchhalten vielfach belohnt.

Das Land erkunden

Wenn Sie in ein unbekanntes Land gereist sind, dann werden Sie erfahren haben, dass es nicht reicht, eine Gegend einmal zu besuchen. Man kennt sich erst richtig aus, wenn man mehrmals dort war, verschiedene Seiten kennengelernt und sich vielleicht auch einmal verlaufen hat. Am Anfang gehen Sie vielleicht mal diesen, mal jenen Weg, dann kennen Sie sich immer besser aus, gehen vielleicht bestimmte Wege besonders gerne und schließlich bahnt der ein oder andere auch neue Pfade, querfeldein. So ist es auch bei der Erkundung des Lands des Kooperativen Lernens. Erst probiert man diese oder jene Methode aus. Man plant den Einsatz der Methoden von Tag zu Tag und bindet sie nicht immer in eine Dramaturgie ein. Nach und nach bildet sich dann ein eigenes Repertoire heraus. Der Dreischritt kommt in jeder Stunde vor und man wendet bestimmte Methoden immer wieder an, passt sie auf seine Unterrichtssituation an und bindet sie in eine intelligente Unterrichtsdramaturgie ein. Und irgendwann beginnt dann der ein oder andere, die Methoden zu variieren, zu kombinieren oder neue zu entwickeln.

Zum Abschluss

Wir möchten Sie ermutigen, Ihren eigenen Weg ins Land des Kooperativen Lernens zu gehen und Ihre eigenen Erfahrungen zu machen. Wir freuen uns, wenn wir Ihnen dazu die ein oder andere Anregung geben konnten. Unsere Schüler gehen viel lieber in einen Unterricht, in dem das Kooperative Lernen angewandt wird, und sie lernen dort auch mehr. Und auch für uns ist das Unterrichten durch das Kooperative Lernen interessanter, zufriedenstellender und entspannter geworden. Wir wünschen Ihnen, dass Sie dieselbe Erfahrung machen.

[1] Jacobs u.a., S. 83.

11. Literaturverzeichnis

11.1 Verwendete Literatur

Aebli, Hans: Zwölf Grundformen des Lernens, Stuttgart 1983.

Baurmann, Jürgen: Kooperatives Lernen im Deutschunterricht. In: Praxis Deutsch, 207/2007, S. 6-11.

Bennett, Barrie/Rolheiser, Carol/Stevan, Laurie: Cooperative Learning. Where Heart Meets Mind. Toronto (Kanada) 1991.

Bennett, Barrie/Rolheiser, Carol: Beyond Monet. The Artful Science of Instructional Integration. Ontario (Kanada) 2001.

Bernhart, Annette/Bernhart, Dominik: Methodentraining: Kooperatives Lernen. Ein Praxisbuch zum wechselseitigen Lehrern und Lernen (WELL), Klasse 3 bis 10. Donauwörth 2007.

Biermann, Christiane u.a. (Hrsg.): Individuell Lernen – kooperativ arbeiten. (Friedrich Jahresheft XXVI) Seelze 2008.

Bochmann, Reinhard/Kirchmann, Ruth: Kooperatives Lernen in der Grundschule. Zusammen arbeiten – Aktive Kinder lernen mehr. Essen 2006.

Bovet, Gislinde/Huwendiek, Volker (Hrsg.): Leitfaden Schulpraxis. Pädagogik und Psychologie für den Lehrerberuf. 2. Aufl. Berlin 1998.

Bruder, Regina: Sicherung von Basiswissen – Verständnisvolles Lernen auf unterschiedlichen Niveaus. (Erläuterungen zu Modul 4 mit Beispielen aus dem Mathematikunterricht, BLK-Programm SINUS-Transfer) 2006. Download unter www.sinus-transfer.uni-bayreuth.de.

Brüning, Ludger: Schüler entwickeln Standards für Fachvorträge selbst. In: Deutschunterricht, H. 5, 2003, S. 32-35.

Ders.: Erziehungsziel: Kooperation. Soziale Voraussetzungen für Kooperatives Lernen schaffen. In: Pädagogik, H. 9, 2004, S. 20-24.

Ders./Saum, Tobias: Erfolgreich unterrichten durch Kooperatives Lernen. Strategien zur Schüleraktivierung. Essen 2006 a.

Dies.: Warum eigentlich kooperieren? Worin eigentlich besteht der Gewinn von Kooperation? In: Neue Deutsche Schule, 6-7/2006 b, S. 10f.

Dies.: Erfolgreich unterrichten durch Visualisieren. Grafisches Strukturieren mit Strategien des Kooperativen Lernens. Essen 2007.

Dies.: Regisseure im Klassenzimmer. Über die Dramaturgie individueller und kooperativer Unterrichtsphasen. In: Biermann u.a. (Hrsg.) 2008, S. 38-41.

Dies.: Soziale Kompetenzen in der Klasse erwerben. In: Erziehen – Klassen leiten (Friedrich Jahresheft 2009) Seelze 2009, S: 91-94.

Czerwanski, Annette/Solzbacher, Claudia/Vollstädt, Witlof (Hrsg.): Förderung von Lernkompetenz in der Schule. Bd. 1: Recherche und Empfehlungen. Gütersloh 2002.

Dann, Hanns-Dietrich/Diegritz, Theodor/Rosenbusch, Heinz S. (Hrsg.): Gruppenunterricht im Schulalltag. Realität und Chancen. Erlangen 1999.

De Bono, Edward: De Bonos neue Denkschule. Kreativer denken, effektiver arbeiten, mehr erreichen. München 2002.

Deci, Edward L./Ryan, Richard M.: Die Selbstbestimmungstheorie der Motivation und ihre Bedeutung für die Pädagogik. In: Zeitschrift für Pädagogik. H. 39, 1993, S. 223-239.

DeVries, David L./Mescon Ida T./Shackman Susan L.: Teams-Games-Tournament (TGT) Effects on Reading Skills in the Elementary Grades. Report No. 200. John Hopkins University, Baltimore, Maryland (USA) 1975. (vervielfältigt)

Druyen, Carmen: Wie benotet man Gruppenarbeit? In: Biermann u.a. (Hrsg.) 2008, S. 109-111.

Dürr, Rolf: Moralerziehung – Erziehung zur Demokratie. In: Bovet/Huwendiek 1998, S. 434-449.

Edelmann, Walter: Lernpsychologie. 6. Auflage, Weinheim 2000.

Eikenbusch, Gerhard/Leuders, Timo (Hrsg.): Lehrer-Kursbuch Statistik. Alles über Daten und Zahlen im Schulalltag. Berlin 2004.

Emmer, Edmund T./Evertson, Carolyn M.: Classroom Management for Middle and High School Teachers. 8. Aufl., New Jersey (USA) 2009.

Fullan, Michael/Cuttress, Claudia/Kilcher, Ann: 8 Forces for Leaders of Chance. In: JSD, Jg. 26 (2005), Nr. 4, S. 54-64. Download unter: http://www.michaelfullan.ca/Articles_06/8Forcesfor-Leaders.pdf

Frey, Karl: Die Projektmethode. In: Wiechmann 1999, S. 155-162.

Funke, Joachim/Zumbach, Jörg: Problemlösen. In: Mandl/Friedrich (Hrsg.) 2006, S. 206-220.

Gerecke, Patrik/Opitz, Diane: Kooperatives Lernen – eine Chance auch für „schwierige" Schüler? In: Sportpädagogik. Heft 2, 2008, S. 32-34.

Gräsel, Cornelia/Gruber, Hans: Kooperatives Lernen in der Schule. In: Seibert, Norbert (Hrsg.), Unterrichtsmethoden kontrovers. Bad Heilbrunn 2000, S. 161-175.

Green, N./Green K.: Kooperatives Lernen im Klassenraum und im Kollegium. Das Trainingsbuch. Seelze-Velber 2005.

Haag, Ludwig: Zwischen Anleitung und Freiheit. Auch Arbeitsgruppen brauchen gute Instruktionen. In: PÄDAGOGIK, H. 11, 2007, S. 26-29.

Hänze, Martin: Was bringen kooperative Lernformen? Ergebnisse aus der empirischen Lehr-Lern-Forschung. In: Biermann u.a. 2008, S. 24f.

Helmke, Andreas: Unterrichtsqualität – erfassen, bewerten, verbessern. 3. Aufl. Seelze 2004.

Ders.: Aktive Lernzeit optimieren. Was wissen wir über effiziente Klassenführung? In: PÄDAGOGIK, H. 5, 2007 a, S. 44-48.

Ders.: Lernprozesse anregen und steuern. Was wissen wir über Klarheit und Strukturiertheit? In: PÄDAGOGIK, H. 6, 2007 b, S. 44-47.

Hemmer, Karl-Edmund/Wüst, Achim: Handbuch zur Wiederholungsmappe. Würzburg 2006.

Herling, Jochen/Kuhlmann, Karl-Heinz/Scheele, Uwe/Wilke, Wilhelm: Mathematik 7 (Westermann-Verlag) 2008.

Heymann, Katrin: Unterrichtsentwicklung, Vorbereitung und Aufbau von Routinen. In: Pädagogik 10/2007, S. 16-19.

Hoenisch, Nancy/Niggemeyer, Elisabeth: Mathe-Kings. Junge Kinder fassen Mathematik an. Weimar und Berlin 2004.

Huber, Günter L. (Hrsg.): Neue Perspektiven der Kooperation. Ausgewählte Beiträge der Internationalen Konferenz 1992 über Kooperatives Lernen. (Grundlagen der Schulpädagogik, Bd. 6) Baltmannsweiler 1993.

Ders.: Lernen in Gruppen/Kooperatives Lernen. In: Mandl/Friedrich 2006, S. 261 - 272.

Huber, Anne H. (Hrsg.): Kooperatives Lernen – kein Problem. Effektive Methoden der Partner- und Gruppenarbeit. Leipzig u.a. 2004.

Jacobs, George M./Power, Michael A./Inn, Loh Wan: The Teacher's Sourcebook for Cooperative Learning. Practical Techniques, Basic Principles, and Frequently Asked Questions. Thousand Oaks (USA) 2002.

Johnson, David W./Johnson, Roger T.: Learning Together and Alone: Cooperative, Competetive an Individualistic Learning. 5. Aufl., Boston (USA) 1999, S. 183 - 218.

Dies./Stanne, Mary Beth: Cooperative Learning Methods: A Meta-Analysis. Minneapolis (USA) 2000 (http://www.co-operation.org/pages/cl-methods.html).

Dies.: Teaching Students To Be Peacemakers: Results of Twelve Years Of Research. University of Minnesota, 2000 b (http://www.co-operation.org/pages/peace-meta.html).

Dies./Johnson Holubec, Edythe: Kooperatives Lernen, kooperative Schule. Tipps – Praxishilfen – Konzepte. Mülheim a. d. Ruhr 2005.

Joyce, Bruce/Weil, Marsha/ Calhoun, Emilys: Models of Teaching. 7. Aufl., Boston u.a. (USA) 2004.

Kant, Immanuel: Kritik der reinen Vernunft, Bd. 1, Wiesbaden 1974.

Klieme, E./Baumert J. u.a.: TIMSS – Impulse für Schule und Unterricht. Forschungsbefunde, Reforminitiativen, Praxisberichte und Video-Dokumente. (BMF Publik). Bonn 2001.

Konrad, Klaus/Traub, Silke: Kooperatives Lernen. Theorie und Praxis für Schule, Hochschule und Erwachsenenbildung. Hohengehren 2001.

Kornfeller, Manfred: Begriffsbildung und Begriffsvorstellung. Sektionsvortrag während der Jahrestagung der Gesellschaft für Didaktik der Mathematik vom 13.3. bis 18.3.2008 in Budapest. Download unter: http://www.mathematik.uni-dortmund.de/ieem/BzMU/BzMU2008/BzMU2008/BzMU2008-Inhalt.htm

Kruse, Lutz: Gruppenunterricht – eine Entlastung für Lehrer? Ein Vergleich zwischen Gruppenunterricht und fragend-entwickelndem Frontalunterricht. In: Lernchancen, Heft. 56, 2007, S. 52f.

Kunze, Ingrid: Begründungen und Problembereiche individueller Förderung in der Schule – Vorüberlegungen zu einer empirischen Untersuchung. In: Kunze/Solzbacher (Hrsg.) 2008, S. 13-26.

Dies./Solzbacher, Claudia (Hrsg.): Individuelle Förderung in der Sekundarstufe I und II. Baltmannsweiler 2008.

Leuders, Timo: Mit Aufgaben Kommunikation und Kooperation im Mathematikunterricht fördern – fachliches und soziales Lernen miteinander verbinden. (Erläuterungen zu Modul 8: Entwicklung von Aufgaben für die Kooperation von Schülern, BLK-Programm SINUS-Transfer) 2006. Download unter: sinus-transfer.uni-bayreuth.de/fileadmin/MaterialienBT/Leuders_Eigenverantwortliches_Lernen.pdf

Liebermann, Ann/Miller, Lynne: Revisting the Social Realities of Teaching. In: Dies. (Hrsg.): Staff Development for Education in the '90s: New Demands, New Realities, New Perspectives. New York (USA) 1991. S. 92 - 109.

Mandl, Heinz: Effektive Lernumgebungen. In: Praxis Schule 5-10. H. 5, 2005, S. 18-20.

Ders./Friedrich, Helmut Felix (Hrsg.): Handbuch Lernstrategien. Göttingen u.a. 2006.

Marzano, Robert J./Pickering, Debra J./Pollock, Jane E.: Classroom Instruction that works. Research-Based Strategies for Increasing Student Achievment. Alexandria (USA) 2001.

Ders./Marzano, Jana S./Pickering, Debra J.: Classroom Managment that works. Research-Based Strategies for Every Teacher. Alexandria (USA) 2003.

Meyer, Hilbert: Unterrichtsmethoden (Bd. II: Praxisband). 4. Aufl., Frankfurt a. M. 1991.

Ders.: Was ist guter Unterricht? Berlin 2004.

Meyer, Hilbert/Pfiffner, Manfred/Walter, Catherine: Variabel unterrichten. Was wissen wir über die Wirksamkeit von Methoden? In: Pädagogik H. 10, 2007, S. 44 - 48.

Moser, Urs: Unterrichtserfolg: kein Zufall. Vortrag für die Medienkonferenz „Best Practice in der Schule“ 2003. Download unter: http://www.ibe.uzh.ch/downloads/berichte/bestpractice_medien.pdf

Ders./Tresch, Sarah: Best Practice in der Schule. Von erfolgreichen Lehrerinnen und Lehrern lernen. 2. Aufl., Aargau (Schweiz) 2005.

Newmann, Fred M./Thompson, Judith A.: Effects of Cooperative Learning on Achievement in Secondary Schools. A Summary of Research. Prepared at the National Center on Effective Secondary Schools, School of Education, University of Wisconsin, Madison (USA) 1987.

Nürnberger Projektgruppe: Erfolgreicher Gruppenunterricht. Praktische Anregungen für den Schulalltag. Leipzig u. a. 2001.

Paradies, Liane/Wester, Franz/Greving, Johannes: Leistungsmessung und -bewertung. Berlin 2005.

Roemer, Urs: Wer ist schuld am Ersten Weltkrieg? In: Praxis Geschichte, H. 123, 2008, S. 57-62.

Roseth, Cary J./Johnson, David W./Johnson Roger T.: Promoting Early Adolescents' Achievement and Peer Relationships: The Effects of Cooperative, Competitive and Individualistic Goal Structures. In: Pychological Bulletin, Vol. 134, Nr. 2, 2008, S. 223-246.

Schneider, Andreas: Damit im Unterricht bleibt, was man zu Beginn erhofft. Kooperatives Lernen nachhaltig implementieren. In: Fördern und Fordern (Loseblattsammlung), Berlin (Raabe Verlag) 2007 c, Abt. E 6.2.

Shachar, Hana/Sharan, Shlomo: Schulorganisation und kooperatives Lernen im Klassenzimmer. Eine Interdependenz. In: Huber 1993, S. 54-70.

Sharan, Shlomo (Hrsg.): Handbook of Cooperative Learning Methods. Westport (USA) 1999. S. 97-114.

Sharan, Yael/Sharan, Shlomo: Group Investigation in the Cooperative Classroom. In: Sharan 1999. S. 97-114.

Singer, Wolf: Was geschieht im Gehirn, wenn wir lernen? In: Becker, Gerold u. a. (Hrsg.): Lernen. Wie sich Kinder und Jugendliche Wissen und Fähigkeiten aneignen. Seelze 2006, S. 22-25.

Slavin, Robert E.: Synthesis of Reasearch on Cooperative Learning. In: Educational Leadership. Jahrgang 48, Nr. 5. 1991, Seite 71-82.

Ders.: Kooperatives Lernen und Leistung: Eine empirisch fundierte Theorie. In: Huber 1993, S. 151-170.

Ders.: Student Teams-Achievement Divisions. In: Sharan 1999, S. 4-19.

Spiegel, Hartmut/ Ernst, Annette/ Schmelter, Anja: Wenn die Rechnung nicht den Tatsachen entspricht: Kognitive Konflikte beim Rechnen mit Nummern am Fallbeispiel „Felix". in: Selter, Chr. & Walther, G. (Hrsg.): Mathematikdidaktik als design science. Festschrift für Erich Wittmann. Leipzig: Klett 1999 S. 217-225 (auch unter: http://math-www.uni-paderborn.de/~hartmut/Publikationslisten_Dateien/Schriften.html).

Spitzer, Manfred: Lernen. Gehirnforschung und die Schule des Lebens. Heidelberg und Berlin 2002.

Stäudel, Lutz: Aus Fehlern lernen (Erläuterungen zu Modul 3, BLK-Programm SINUS-Transfer) 2007. Download unter: sinus-transfer.uni-bayreuth.de.

Stroebe, Wolfgang/Nijstad, Bernard: Störe meine Kreise nicht! In: Gehirn & Geist – Dossier: Abenteuer Alltag. Spektrum der Wissenschaft, Dossier Nr. 2/2004. S. 64-69.

Tepner, Markus/Roeder, Burkhard/Melle, Insa: Gruppenpuzzle und Frontalunterricht im Vergleich. In: Unterricht Chemie, H. 88/89. 2005, S. 82ff.

Textor, Martin R.: Lew Wygotski – der ko-konstruktive Ansatz. In: Fthenakis, Wassilios E./ Textor, Martin R. (Hrsg.): Pädagogische Ansätze im Kindergarten. Weinheim und Basel 2000, S. 71-83 (auch unter http://www.kindergartenpaedagogik.de/1586.html).

Thüringer Institut für Lehrerfortbildung (Hrsg.): Entwicklung von Sozial- und Selbstkompetenz durch Kooperatives Lernen. Konzeption für die Umsetzung eines Schwerpunktes der Lehrplanimplementation in Thüringen (Lehrplanentwicklung und Medien) Bad Berka 2002.

Tippelt, Rudolf/Schmidt, Bernhardt: Was wissen wir über Lernen im Unterricht? In: Pädagogik, H. 3, 2005, S. 6-10.

Traub, Silke: Unterricht kooperativ gestalten. Hinweise und Anregungen zum kooperativen Lernen in Schule, Hochschule und Lehrerbildung. Bad Heilbrunn 2004.

Vollrath, Hans-Joachim: Zur Rolle des Begriffs im Problemlöseprozeß des Beweisens. In: Mathematische Semesterberichte, Nr. 39, 1992, S. 127-136.

Ders.: Klassifikationen nach Ähnlichkeit. In: Der Mathematikunterricht. Jg. 24, H. 2. 1978, S. 105-115.

Wahl, Diethelm: Das Lerntempoduett. In: Huber 2004, S. 58-67.

Ders.: Die Gruppenrallye. In: Huber 2004, S. 86-94.

Ders.: Lernumgebungen erfolgreich gestalten. Vom trägen Wissen zum kompetenten Handeln, 2. erw. Aufl., Bad Heilbrunn 2006.

Weidenmann, Bernd: Angst vor guten Noten. Warum Lehrer sich beim Zensieren ans Mittelmaß halten müssen. In: Frankfurter Rundschau, Nr. 192, vom 18.08.2008.

Weisgerber, Leo: Vom inhaltlichen Aufbau des deutschen Wortschatzes, Frankfurt 1939.

Wiechmann, Jürgen (Hrsg.): Zwölf Unterrichtsmethoden. Vielfalt für die Praxis. Weinheim und Basel 1999.

Weil, Warsha L./Horan-Herrick, Jeannne: Concept Attainment. A Modell of Teaching. O.J., o.O., S. 26. (Vervielfältigt)

Weinert, Franz E.: Die fünf Irrtümer der Schulreformer. In: Psychologie heute. H. 7, 1999, S. 28-34.

Wellenreuther, Martin: Lehren und Lernen – aber wie? Empirisch-experimentelle Forschungen zum Lehren und Lernen im Unterricht (Grundlagen der Schulpädagogik, Bd. 50). Baltmannsweiler 2004.

Winter, Felix: Leistungsbewertung. Eine neue Lernkultur braucht einen anderen Umgang mit den Schülerleistungen. (Grundlagen der Schulpädagogik, Bd. 49). 3. Aufl., Baltmannsweiler 2008.

11.2 Themenhefte mit dem Schwerpunkt Kooperatives Lernen

11.2.1 Fachdidaktik

- Unterricht Physik, Heft 84, Ausgabe 6/2004, 15. Jg. (Friedrich-Verlag)
- Unterricht Chemie. Heft 88/89, Nr. 4/5, 2005, 16. Jg. (Friedrich-Verlag)
- Sportpädagogik. Zeitschrift für Sport, Spiel und Bewegungserziehung. Heft 6/2005, Jg. 29. (Friedrich-Verlag)
- Mathematik lehren. Heft 139, Dez. 2006. (Friedrich-Verlag)
- Pädagogikunterricht Heft 2/3, 2007. (Zeitschrift des Verbandes der Pädagogiklehrer und Lehrerinnen)
- Ethik und Unterricht, H. 2, 2007. (Friedrich Verlag)
- Praxis Deutsch, H. 205, 2007. (Friedrich Verlag)

11.2.2 Allgemeindidaktik

- Schulmagazin 5-10. Kooperative Lernformen. Heft 12/2006. (Oldenbourg Verlag)
- Lernende Schule. Kooperatives Lernen. Heft 33, 2006. (Friedrich Verlag)
- Lernchancen, H. 56, 2007. (Friedrich Verlag)
- Friedrich Jahresheft XXVI (2008) Themen-Schwerpunkt „Individuell Lernen – kooperativ arbeiten“.

11.3 Adressen im World Wide Web

11.3.1 Deutschsprachige Seiten

- **www.educ.ethz.ch** EducETH ist das Bildungsportal der ETH Zürich. Auf der Seite stellen Lehrpersonen und Dozierende kostenlose Unterrichtsmaterialien zur Verfügung. Ergänzt wird die Homepage durch viele Beiträge aus der Lehr-Lern-Forschung. Die Seite ist nicht auf das Kooperative Lernen ausgerichtet, bietet aber auch Materialien für Kooperatives Lernen.

- **www.greeninstitut.com** Diese Homepage des „Green-Instituts – Verein für kooperatives Lernen, Lehren und Leiten" möchte vor allem die Ideen von Norm und Kathy Green in Deutschland verbreiten.
- **www.IQESonline.net** Auf der Homepage des Büros für Schulentwicklung & Evaluation finden Sie verschiedene Beiträge zur Unterrichts- und Schulentwicklung.
- **www.schule-bw.de** Auf dem Bildungsserver Baden-Württemberg finden sich Materialien zum Wechselseitigen Lehren und Lernen und Übersetzungen von Norm und Kathy Green.
- **http://sinus-transfer.uni-bayreuth.de** Das Programm SINUS-Transfer hat die Förderung der mathematisch-naturwissenschaftlichen Kompetenz zum Ziel. Auf der Seite finden sich viele instruktive Hinweise zum Unterricht und auch zum Kooperativen Lernen.

11.3.2 Englischsprachige Seiten

- **www.co-operation.org** Homepage der Gebrüder Johnson und Johnson. Viele Aufsätze und Studien sind hier kostenfrei zugänglich, es finden sich viele weiterführende Links.
- **www.kagancooplearn.com** Spencer Kagan bietet hier viele praktische Hinweise und weitere Links.
- **olc.spsd.sk.ca/DE/PD/instr/index.html** Die Homepage der kanadischen „Saskatoon Public Schools" hat einen Schwerpunkt auf instructional strategies. Dort finden sich u. a. Beispiele für Concept Attainment und Concept Formation.
- **www.successforall.net** Die sehr lesenswerte englischsprachige Homepage der „Success for All Foundation" dokumentiert die auf Slavin u.a. zurückgehenden Bemühungen, jedem Kind eine optimale Förderung zu ermöglichen. Das Kooperative Lernen steht dabei im Mittelpunkt.
- **www.instructionalintelligence.ca** Auf der Homepage von Barrie Bennett finden sich verschiedene Beispiele für Concept Attainments.

12. Anhang

12.1 Verzeichnis der Exkurse

12.2 Verzeichnis der Methoden-Übersichten und Vorlagen

12.3 Lösungsvorschläge zu den Übungen

Lösung zur Übung von Seite 36

Vergleich der Strukturierten Kontroverse mit dem Fishbowl-Verfahren.

	Fishbowl-Debatte	Strukturierte Kontroverse
Gleichzeitige Aktivierung aller Schüler	nicht zwingend mehr als Diskussionsteilnehmer	gegeben
Grad der individuellen Verantwortung für das Gelingen der Methode	gering, selbst Diskussions-teilnehmer könnten schweigen	hoch, kleine Gruppen, Aufgabenverteilung
Veranlassung zum Perspektivwechsel	nicht gegeben, im Gegenteil Verhärtung möglich	Perspektivwechsel in Methode angelegt
Druck auf zurückhaltende Schüler bei Diskussion	sehr hoch, da Beobachtungs-situation	gering, da Diskussion in Kleingruppe
für Lehrkraft beobachtbares Diskussionsverhalten	gut zu beobachten	gezielte Beobachtung einzelner Kleingruppen notwendig
erforderliche Sitzordnung	doppelter Stuhlkreis Tische an den Rand	Gruppentische für vier Schüler
Anforderungen an die Lehrkraft	Erläuterung, dann eher Zurückhaltung	sorgfältige Moderation, da relativ viele kleine Schritte notwendig sind

Lösung zur Übung von Seite 62

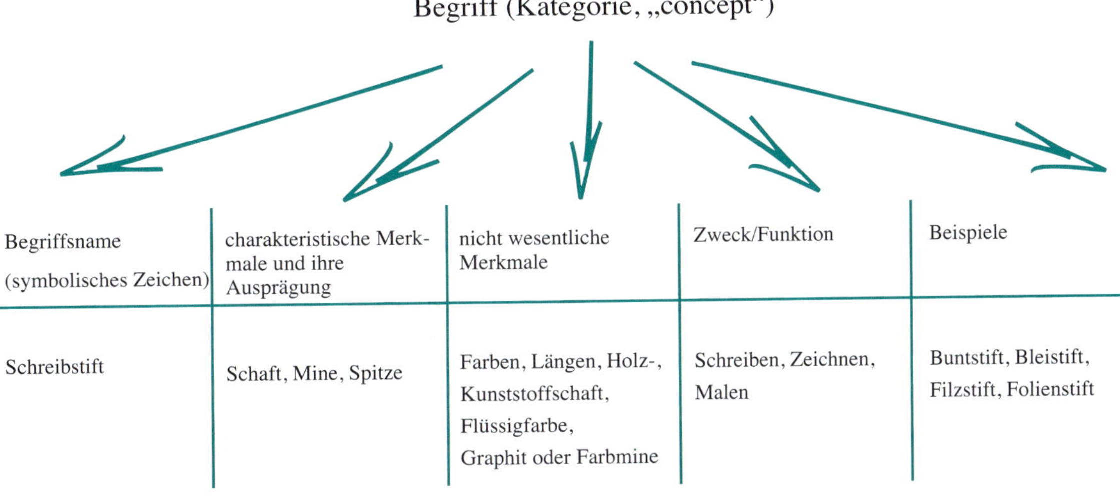

Begriffsname (symbolisches Zeichen)	charakteristische Merkmale und ihre Ausprägung	nicht wesentliche Merkmale	Zweck/Funktion	Beispiele
Schreibstift	Schaft, Mine, Spitze	Farben, Längen, Holz-, Kunststoffschaft, Flüssigfarbe, Graphit oder Farbmine	Schreiben, Zeichnen, Malen	Buntstift, Bleistift, Filzstift, Folienstift

Lösung zur Übung von Seite 73f.

Die Bildung von Begriffen in kooperativen Verfahren – Concept Formation.

Aufgabenstellung: Sortiere die Blätter nach den Formen der Blätter (wozu auch der Rand gehört):

- herzförmige Blätter
- Blätter mit gesägtem Blattrand
- Blätter mit gebuchtetem Blattrand
- Blätter mit glattem Blattrand
- zusammengesetzte Blätter

Lösung der Übung von Seite 76f.

Die Gruppe 1 trägt Schnürschuhe, Gruppe 2 hingegen Schuhe ohne Schnürsenkel. Im Tester gehört die Person C zur Gruppe 1.

Lösung der Übung von Seite 79

Concept Attainment zu den Kirchen der kunstgeschichtlichen Epochen Romanik und Gotik

ROMANIK	**GOTIK**
Rundbogenfenster	Spitzbogenfenster
kleinere Fenster	(bunt gefüllte) große Fenster
klare, kubische Formen; eckige Elemente	runde Elemente
große glatte, schmucklose Wandflächen	Wandverzierungen, schlanke Säulen an Außenwand
klein, Türme nicht sehr hoch	hohe Gebäude mit hohen Türme
1-3 schiffig	3-5 schiffig

Lösung der Übung von Seite 90-92

Säugetieren	**Vögel**
Fell/Haare	Federn
Gebiss	Schnabel
Lebendgeburt	Kinder schlüpfen aus Eiern
Säugen	(Füttern, wird aber nicht bei jedem Beispiel deutlich)
vier Beine oder Arme und Beine	Flügel

Diese typischen Eigenschaften lassen sich aus der zweiten Beispielsammlung entnehmen. Aus der ersten Beispielsammlung können sie nicht entnommen werden. Im Falle der ersten Sammlung benötigen die Schüler das eigentlich erst noch zu vermittelnde Wissen über die Eigenschaften. Die eigentliche Begiffsbildung ist in diesem Fall mit der Beispielsammlung nicht möglich.

Lösung der Übung von Seite 95

Deutsch, Jg. 7

- feiges, ängstlich-angepasstes Verhalten im Gegensatz zu Zivilcourage

Lösung der Übung von Seite 97f.

Deutsch, Jg. 12

- Anaphern – Metaphern

Lösung der Übung von Seite 99f.

Mathematik, Jg. 7

- proportionale Zuordnungen (ungerade) – antiproportionale Zuordnungen (gerade)

Lösung der Übung von Seite 101f.

Mathematik, Jg. 7

- Bei allen acht Versuchen handelt es sich um sogenannte Zufallsversuche.

Das sind Versuche, bei denen ich weiß, welche Ergebnisse auftreten können, ich weiß aber nicht, welches Ergebnis bei der nächsten Durchführung des Zufallsversuchs nun tatsächlich eintreten wird. So weiß ich beim Würfel (Ja-Beispiel Nr. 1), dass eine der Ziffern 1-6 fallen wird, ich weiß aber nicht, welche Ziffer denn nun beim nächsten Wurf auftreten wird. Diese Überlegungen sind analog auf die anderen sieben Beispiele zu übertragen. „Laplace-Versuche" sind nun dahingehend besondere Zufallsversuche, als dass bei diesen Versuchen jedes Ergebnis die gleiche Chance (Wahrscheinlichkeit) besitzt. Damit ist es möglich, eine Aussage über das zukünftige Eintreten von Ergebnissen zu machen. Wenn ich z. B. den Würfel nehme (Ja-Beispiel Nr. 1), dann ist die Chance für das Auftreten der 1, 2, 3, 4, 5 und 6 jeweils 1/6, d. h., dass ich beim häufigen Würfeln damit rechnen kann, dass jede Ziffer ungefähr gleich oft auftritt. Würfelt man also 600mal, dann taucht jede Ziffer ungefähr 600 : 6 = 100mal auf. Dies ist mit der Münze, den Kugeln und dem Glücksrad genauso.

Bei den Nein-Beispielen kann ich aufgrund dessen, dass die „Spielgeräte" keine Symmetrie besitzen, keine solche Aussage machen. Beim ersten Spielgerät (einem Prisma) muss man übrigens festlegen, dass die Zahl, die unten liegt, gewinnt, weil der Ausgang sonst nicht eindeutig ist. Man kann nur spekulieren, dass die 3 und die 5, die gegenüberliegen, weniger häufig auftreten werden als die 1, 2 und 4, da die Fläche der 3 und 5 kleiner ist. Ich kann aber keine Chance direkt angeben wie beim Würfel, sondern ich muss, um eine Chance festlegen zu können, über eine große Versuchsserie eine Vermutung über diese Chance erhalten. So ist es auch mit dem Quader, den Schweinen und den Reißzwecken.

Lösung der Übung von Seite 103f.

Englisch, Jg. 8

- aktiv – passiv

Lösung der Übung von Seite 104

Erdkunde, Jg. 8

Wetter und Klima sind zwei Begriffe, die umgangssprachlich häufig ohne Unterscheidung verwendet werden. Das ist aber falsch: Während der Begriff „Klima" die Temperaturen und Niederschläge eines Gebietes über einen sehr langen Zeitraum beschreibt (Durchschnittswerte), bezieht sich der Begriff „Wetter" nur auf die augenblicklichen Werte, z. B. im Wetterbericht. Diese Unterscheidung ist wichtig, wenn in Erdkunde über Klima und Klimazonen, Vegetation etc. gearbeitet wird, aber auch bei der Erklärung für den Treibhauseffekt ist die Unterscheidung von grundsätzlicher Bedeutung.

Im obigen Beispiel gehören die ungeraden Aussagen zum Wetter, die geraden zum Klima. Im Test gehört a, b, d zum Klima, c zum Wetter.

12.4 Index

Liebe Leser,

liebe Kolleginnen und Kollegen,

wir hoffen, dass Sie auch mit den in unserem 2. Band veröffentlichten Erfahrungen, Ideen und Vorschlägen Ihren Unterricht bereichern können.

Wir freuen uns sehr, wenn Sie uns zu diesem Buch eine Rückmeldung geben, Erfahrungen mitteilen oder auch Verbesserungsvorschläge anmerken möchten.

Senden Sie Ihre Hinweise an

Neue Deutsche Schule Verlagsgesellschaft

Nünningstr. 11

45141 Essen

oder als E-Mail an

office@nds-verlag.de

Stichwort: Erfolgreich unterrichten, Bd. 2

Mit freundlichen Grüßen

Ludger Brüning und Tobias Saum

Zu den Autoren

Tobias Saum ist Lehrer für Deutsch und Philosophie an der Gesamtschule Haspe in Hagen (NRW), war als Fachmoderator und Fachberater für die Bezirksregierung Arnsberg tätig und ist nun Fachleiter am Zentrum für schulpraktische Lehrerausbildung (Gy/Ge) in Hagen.

Ludger Brüning ist Lehrer für Deutsch, Geschichte und Sozialwissenschaften an der Gesamtschule Haspe in Hagen (NRW). Daneben ist er in der Lehrerfortbildung im Bereich Unterrichtsentwicklung tätig.